現代教育の理論と実践

改訂版

曽我雅比児・皿田琢司 編著

大学教育出版

本書発行にあたって

『現代教育の理論と実践』（2015 年）の刊行にあたり、その冒頭「本書発行にあたって」以下のような刊行の辞を掲げました。

　本書は『現代社会における人間と教育』（曽我雅比児・皿田琢司編著、大学教育出版、2012 年）をベースにし、一部の章に加筆修正を行うとともに、新しい教育課題に対応する章を追加し、内容構成を基礎理論編と現状と実践編の2部立てに組み替えたものです。『現代社会における人間と教育』は、教育学と教育心理学の研究者が、それぞれ専門の視角から教育の問題を論じ、全体として、学校、家庭、地域社会と幅広い領域にわたり総合的に教育と人間形成の問題を考察できることを目的に刊行されました。

　近年、グローバリゼーションの進行に伴う「知識基盤社会」を力強く生き抜いていくために、子どもたちの「生きる力」を育むことをお題目に、いわゆる「教育改革」が休む間もなく行われ続けています。特に 2006（平成 18）年の教育基本法の全面改定は、「教育憲法」とも呼ばれ、別格の扱いを受けてきた教育基本法が抜本的に見直されるという衝撃だけでなく、実際問題として教育基本法の示す理念に根拠を置く主要な教育法令が次々と改正・修正されるという事態を引き起こしました。例えば、改正の翌年（2007 年）には早速、学校教育法、地方教育行政の組織及び運営に関する法律、教育職員免許法、教育公務員特例法の改正が、翌々年には社会教育法や学校保健法等の見直しが行われました。また 2008（平成 20）年には教育基本法に新たに盛り込まれた教育振興基本計画の具体的内容が策定され、実施に移されました。

　さらにこの時期は、学習指導要領の恒例の 10 年ごとの見直しの時期とも重なっており、2008 年の中央教育審議会答申「幼稚園、小学校、中学校、高等学校及び特別支援学校の学習指導要領等の改善について」を受け、同年内に小学校と中学校の学習指導要領が、翌 09 年には高等学校のそれが改訂されました。

　そこで、本書は、基本的目的は『現代社会における人間と教育』のそれを踏まえ、なおかつこのような大規模、広範囲に及ぶ変化にも対応しつつ、生涯学習社会における新たな学びのあり方や、青少年が豊かな人生を築いていく上でのキャリア教育の充実など、今日の教育課題の視点を補強することをめざし、新しい書名のもとに装いを改めて出版することになりました。

　同書の出版後も、「地方教育行政の組織及び運営に関する法律」の一部改正による新教育委員会制度の発足（2015 年 4 月）や「文部科学省設置法」の一部改正に伴う部局の任務・所掌事務の見直し（2018 年 3 月）、さらに「第 3 期教育振興計画」の実施（2018 年 6 月）と、相当大規模な教育改革が連続しました。そして 2017 年には、幼稚園、小学校、中学校、高等学校などの新学習指導要領が告示されました。そこで本書は、『現代教育の理論と実践』をベースにして、その後の法改正や学習指導要領の変更などを正確に反映するために一部手直しをして、書名を同じくしつつも「改訂版」の装いで改めて出版することになりました。

　最後に、今回の改訂版発行にあたってもまた、大学教育出版の佐藤守氏に大変お世話になりました。記して、篤く感謝を申し上げます。

2020 年 3 月

曽我雅比児
皿田　琢司

改訂版　現代教育の理論と実践

目　次

第2部　教育の現状と実践編

執筆者一覧（五十音順）

皿田　琢司　（さらだ・たくじ）
岡山理科大学　教育推進機構　教職支援センター　准教授
（編著者　第2章、第3章、第6章、第9章）

曽我　雅比児　（そが・まさひこ）
岡山理科大学　教育推進機構　教職支援センター　教授
（編著者　第1章、第5章）

中島　弘徳　（なかじま・ひろのり）
岡山理科大学　教育推進機構　教職支援センター　教授
（第4章、第8章）

松岡　律　（まつおか・ただし）
岡山理科大学　教育学部初等教育学科　教授
（第7章、第9章）

第1部

教育の基礎理論編

第1章　人間にとっての教育の意義

　いつの時代も人々は教育のことを好んで話題とする。しかもその話題の仕方はいつも共通したスタイルをとる。その時々の教育や青少年の現状の問題点を指摘し非難を加えるというスタイルである。いわく、学校教育の画一性や管理強化、偏差値による輪切り進路指導と学校の序列化、いじめに不登校や学級崩壊、新人類、ひきこもり、ニート… etc. しかしこのような批判的反応は人間の本質に根ざすやむを得ざる現象であろう。なぜなら人間は、常に「善さ」を追求する生き物であるからである。いつの時代にも、親はわが子の育て方に迷い、教師は生徒の指導に悩み、一般の人々は自分たちの跡を継ぐべき若い世代の現状と力量に物足りなさを感じるからである。

　しかしながら教職をめざす人々には、これら教育問題の現象面にとどまることなく、「教育とはいったい何であるのか」という教育の本質への問いに分け入ってもらいたい。教育の本質を探究するということは、教育が本来的に有している独自の性質を明らかにすることである。言い換えれば、「教育」の中に常に存在し働いている不可欠の性質なり要素なりを明らかにするということである。以下、諸君の探究のための一助となることを希求して、教育の本質を考察する上で基本的な課題となると考えられる若干の問題、例えば人間を対象とした働きかけとしての教育の本然的性質は何か、教育を成り立たせる要件としての自然的なものと社会的なもの、それらを基盤とする人間形成の全体像はどのようなものかなどについて、原理的な検討を加えていくことにする。

　＊キーワード：教育の語義、人間＝生理的早産説、新生児の教訓、遺伝 v.s 環境論争、2つの教育観

1.　語源的考察

「教育とは何か」を考えるにあたって、教育という言葉の成り立ちから考察することにする。言葉の成り立ちを見ることによって、人々がいかなる経験的意味をその言葉に込めてきたかを知ることができるからである。

①　漢語

諸橋轍次の『大漢和辞典』（大修館書店）によると、漢字「教」の語源は「敎」という字で「𡥈」（ならう、一説では学の古字）と「攵」（軽くたたいて注意する、上から施す）との合字であるという。上から施すのが「攵」で、下からならうのが「𡥈」である。「𡥈」には子どもが手振り身振りをならいまねるという意味があり、「攵」は手にムチを持っていることを表している。したがって「教」には、一字で教えると学ぶの両方の意味が込められているが、その「学ぶ」は自主的学びではなく強制的にならわせるという意味合いの強い学びである。

他方「育」の字は、子をさかさにした様子を表す「𠫓」と身体に関係する語に使われるにくづき「月」の合字である。母から生まれ出た子に肉が付き大きく成長していくさまを表した語である。

「教育」という漢語の成り立ちについて、まず親が子どもを生み大きくするという事実があり、この事実を表す「育」の字が成立し、これに「教」の字が加えられて、今日われわれの意味する「教育」に近い概念が発展したのではないかと思われる。いずれにせよ、「教育」という言葉が、もともと成長の助成と文化の伝達との両面を具備している点を確認しておこう。

②　やまとことば（和語）

漢字「教」の読みを表すやまとことば「をしふ」は、大槻文彦の『大言海』（冨山房）によれば、「愛む」（オシム）と通ずる語であるとされる。「教」えることは「愛」の衝動から発し、相手を「愛しむ」（いつくしむ、慈しむ）感情を内包する行為であると昔人は認識していたことが分かる。「育」の訓「そだつ

（そだてる）」の語源は「巣立つ」にあるとする説と「副え立つ」であるとの説がある。

このように、やまとことばの「教育」には、大人が愛する子どもを善導し、子どもは大人の助けを受け伸びやかに大きく成長し自立する、という意味が込められているのである。まさに「教育」は「愛し育て愛され育つ、愛し導き愛され学ぶ」人間的行為としてとらえられていたといえるであろう。

③　西洋語

「教育」に該当する単語は英語で education、フランス語では éducation と綴るが、これらはラテン語の教育（educatio）の語に由来する。その語源は動詞 educare（エドゥカーレ）で、動物や植物を「飼育する、大きくする」という意味であるので、教育の原意は「子どもを大きく育てる」ということに求められるとする。また他説によれば、その語源は「引き出す」を意味する動詞 educere（エドゥケーレ）にあるのであり、教育とは「素質として内在する才能や性質を引き出し発展させる」ことであるとする説もある。

この点について寺澤芳雄編『英語語源辞典』（研究社）には、educate の語源は educare でありその原義は「卵をかえしてひよこにする」であり、「児童の隠れた能力を引き出す」との解釈は俗説であると述べられている。このことから、西欧語の「教育」の語源はラテン語の educare であり、原義は「動植物を育て大きくする」という意味であったといえよう。この語が人間関係にも適用され、親が子を生み育てる養育行動を指す言葉として定着していったのであろう。そして後に、その養育のプロセスは、子どもの変容という側面からみると、当初その子に見いだせなかった数々の能力が現出するプロセスでもあることが一般に認識されるようになって、「引き出す」という語とも結び合わさって考えられるようになったのであろう。

このように教育を意味する西洋の言葉にも、「育てる」（bring up）と教えて「引き出す」（teach）の2つの行為が含まれていることは、漢語の「教育」と同一であることが認められるのである。

④　語の成り立ちが語ること

今日の「教育」という言葉に該当する漢語、やまとことば、西洋語の成り立ちを考察することによって、人間の子どもを育てる過程には、人間としての行動や生活に必要な知識・技術・方法・態度・生き方などを、親（大人）が子どもに教えるという事実が不可分に入り組んでいることが確認できる。人間においては、子どもを「育てる」ことと「教える」こととが、本質的に結び合っているのである。このことは、人間が社会的文化的生活を営んでおり、親が子どもに人間らしい人間になることを期待して、子どもを育てることから必然のことである。人間の子どもの養育は、かくて、生後1年もたたないうちから教育と結び合い、養育と教育が不可分の関係で進められるのである。

2.　なぜ教育が必要か

(1)　新生児＝あまりにも無力な存在

人間の子どもを養い育てる行為が常に教え導く働きかけを伴わざるを得ない必然的理由の1つは、人間の生物学的特質、特に本能の無力さという点に求めることができよう。

人間の新生児は体力的に無力であるばかりでなく、生得的能力もほとんど備わっていない。直立歩行のような基本的行動さえ、生後1年近くたってようやくできるようになる。しかも、その過程は親の励ましと助けを必ず必要とする。このように、人間の場合、他の動物が本能的にできる種の固有の行動についても、その習得のためには大人の保護のもとでの特別な助力と指導を必要とするのである。

この点スイスの比較動物学者ポルトマン（Adolf Portmann, 1897 〜 1982）は哺乳動物の新生児に関するデータをもとに、実にユニークかつ示唆的な学説を展開する。彼は、人間も一種の動物として哺乳動物がたどる生物学的一般原則から例外的ではあり得ないが、その経過は他の動物とはまったく異なる人間特有のものであり、その意味で人間は動物であって動物ではない、動物とは質的に異なる存在であることを動物学的に明らかにしたのである。

　彼は哺乳動物を妊娠期間と出生時の状態の特徴から、「就巣性」（巣に座っているもの）と「離巣性」（巣立つもの）の2種に分類する。就巣性とは、ネズミやウサギのように妊娠期間が短く、一度の出産で多数の子を生み、かなり長期間親の保護のもとで成長する動物のことであり、離巣性とは、ウシやウマのように妊娠期間が長く、一度の出産で少数（通常1匹）の子を生み、子は生まれたときから親に似た姿をしており、早くから独り立ちできる動物のことを指す。概して下等な哺乳動物ほど就巣性、高等な動物はたいてい離巣性である。

表 1-1　哺乳類の新生児の分類とその特徴

分　　類	動物群	身体構造と発達	妊娠期間と子どもの数	その他の特徴
就巣性（巣に座っているもの）	ウサギネズミモグラ等	脳髄のあまり発達していない集団	妊娠期間は短く、一度に生まれる子の数は多い。	自らの体温調整をすることが不可能であり、感覚器官も機能しておらず、発育も十分とはいえない。
離巣性（巣立つもの）	人間アザラシクジラ等	哺乳類中、より高度な発達段階に属する集団	妊娠中の在胎期間は長く、子どもの数は少ない。	新生児としての発育は、就巣性に属する動物に比べてはるかに富んでおり（人間は除く）、誕生時にある程度の諸能力を発揮することが可能である。

出典：児玉邦二・上野恭裕編著『保育原理Ⅰ・Ⅱ』三晃書房、1994。

　ところで、霊長類は長い妊娠期間と少産少子、身体構造が複雑でよく発達した感覚器官をもって誕生するという点で、離巣性のグループに属する。ヒトに近いサル類の新生児は、有蹄類（ウシ、ウマ、ゾウなど）の新生児ほどの独立性はないが、それでもよく発達した上肢のおかげで自分で母親にしがみつき、乳を吸うことができる。

　しかし、霊長類の中で人間だけがこの範疇にうまく当てはまらない。妊娠期間が長く（類人猿より1か月長い）少産という点では離巣性群に属するが、新

生児が一人で何もできず独り立ちするまでに長期間を要するという点で就巣性の仲間でもある。人間は離巣性の系統に属しながら就巣性の傾向をも示す独自のタイプである、とポルトマンは指摘する。ヒトの出生時の能なしという一種独特な親への依存性のために「二次的な就巣性のもの」であるという。ヒトの子が、人間になるための3つの基盤的条件―直立歩行・言葉と身振りなどでのコミュニケーション能力・ある種の洞察に基づく行動―を獲得するのは生後1年ぐらいからである。生後約1年を経て、ヒトの子は霊長類のスタート・ラインに達するので、ポルトマンは、人間は「1年の生理的早産」の動物であるというのである。

⑵　無力さ＝後の力強さ

　それではこの人間の新生児の出生時の能なし状態は、その不完全で未確定である点をとらえて、単に無力で無価値なものとして否定的に評価されるだけのものであろうか。いうまでもなくそうではあるまい。この点について、ポルトマンは「人間の新生児がひどく重いこと……それは脳髄がはじめからひどく重いことと相互関係にあること……この脳髄がひどく重いことは、人間の中枢器官が、霊長類のうちでも例外的な地位をしめていることをあきらかにしめしている」と述べ、新生児の能なし状態の最大の原因は「頭でっかち」という点にあること、しかしそのことは逆にその後の驚異的な成長や発達の潜在的可能性を秘めたものであることを指摘する。

　大脳生理学研究によると、脳細胞は細胞分裂によってではなくて、細胞間が髄鞘によって配線づけられることによって成熟していくとのことである。その成熟は一般的に、誕生から3歳ころまでの急激な進行期、4歳から7歳ころまでの時期、10歳前後の時期、という3つのピークを伴いながらも20歳前後まで続く。重量はやたらに重いが未分化で未成熟な新生児の脳は、約20年間の長期にわたってゆっくりと成長を続けていくのである。

　このように、脳髄の質量が相対的に大きいということとその成熟がゆったりと進行するということは、人間においては本能体制が相対的に弱いということを意味している。また本能行動の多くの部分でさえ、個人的な決定という自由

表1-2　類人猿と人間の脳髄の重さの増加量の比較

妊　娠　日　数	誕生に際しての		成人した	
	合計体重	脳の重さ	合計体重	脳の重さ
	gr.	gr.	kgr.	gr.
ゴ　リ　ラ　？	1500（1800）	約　130	100	430
チンパンジー　253	1890	約　130	40〜75	400
オランウータン　275	1500	約　130	75	400
人　　　間　280	3200	360〜386	65〜75	1450

出典：ポルトマン著、高木正孝訳『人間はどこまで動物か』岩波新書、1961。

な選択に任されているということも意味していよう。さらに、本能的にきわめて未成熟な状態で誕生するということは、人間は遺伝的な発達法則にすべて支配されて出生後の環境にふさわしいように形作られた動物ではなく、誕生後の環境の中で自由に成長を遂げ発達していく存在であるということと、人間の子どもが人間らしく成長・発達するためには、かなりの長期にわたって教育的援助という「外からの働きかけ」が是非必要であり、かつ必ずそれを受容しなければならないという、人間にとっての宿命の根拠をも物語っているといえよう。そうした未成熟で未完成な子どもに対して、自分の力で生きてゆけるように援助する外部からの働きかけこそが、人間としての存在を現実的に保障してくれるものとなるのである。

　以上、人間の子は見かけ上「能なし」であっても、それは裏面において新しい世界に開かれた豊かで幅広く柔軟な発達可能性を秘めていることを意味しているのである。このことをとらえてポルトマンは人間行動の本質を次のように意味深い言葉で指摘する。「動物の行動は、環境に拘束され、本能によって保証されている……これに対して、人間の行動は、世界に開かれ、そして決断の自由を持つといっていいだろう。」

(3)　人間＝社会的生活を営む存在

　人間の子どもを養い育てる行為が常に教え導く働きかけを伴わざるを得ない必然的理由のいま1つは、人間が独自の社会生活を営んでいることに由来す

る。人間の社会生活は、動物のそれとは異なり、言葉の使用や、道具を使っての労働、その他さまざまな文化を通して営まれている。

　ところが、子どもはこのような社会生活を営むために必要な能力や行動様式を生得的に備えておらず、しかもこれらの能力や行動様式の中には、大人が多少なりとも意識的に教えなければ獲得できないものが少なからずある。このことは見方を変えれば、人間の子は子どもの時期に大人社会から隔離されれば、人間としての能力や行動様式を獲得することができないということを意味していよう。

　人間の子が人間社会から隔離された状況下で育つと、人間以外の存在になっていくという衝撃的な事実を示すのは「野生児」の記録である。野生児とは、「生後間もなくからか、発達期の長い期間にわたって、人間社会の外で成長せざるをえないような状況に置かれた子ども」（『現代学校教育大事典』）をいい、よく知られた事例として、フランスのアヴェロンの野生児とインドの狼少女のデータが現存している。

　1799年、南フランスのアヴェロンの森で推定年齢11歳前後のまったくの自然人が発見された。ヴィクトールと名づけられたこの男の子の治療に当たった医師団の見解は、重度の白痴で治療不能と診断するものと教育可能であると主張するものに分かれた。後者の立場に立つ医師イタール（Jean Itard, 1774～1838）が5年間にわたって献身的な人間性回復の教育に当たったが、結果的には、知能や感情は粗野のままにとどまり、簡単な文字を少しは理解するものの終生ことばを発せず、思春期になっても異性に関心を示さなかったとのことである。

　他方の狼少女とは、1920年にインド、カルカッタ南西のジャングルの狼のねぐらで発見された推定年齢8歳と1歳半の少女たちのことである。彼女たちは、発見時、言葉が話せず、四つ足で歩き、食事は手を使わず生肉を好み、夜行性の生活をし、夜間には野外で遠吠えをするなど、狼と変わらない習性を身に付けていたという。イギリス人のキリスト教布教師シング夫妻が年長児のカマラをその死に至るまで約10年間養育した記録を残した（年少児は発見後、間もなく死亡）。それによると、6年目にして人間らしい表情が表れるようになり、大小便など身の回りの始末もでき、衣服を身に着ける習慣も身に付いた

ようである。知能面では、45の言葉を覚え、片言の会話ができ、幼児なみの人間らしさを表した。しかし動作面では、2歳児なみのヨチヨチ歩きしかできず、四つ足での疾走という習性からは脱せられなかったようである。

　野生児の事例はわれわれに、人間形成と教育の関係について2つの教訓を語りかけてくれる。1つは、人間は人間的な環境の中で育たないと人間的な能力の発達が阻害されるということ、今1つは、とりわけ言語運用力や直立歩行等、人間であることの基本的な能力の獲得において教育の適時期を逃すと致命的な欠陥を引きずることになることである。

　さらに、野生児の事例はこのような教訓を超えて、次のような人間形成における本質的な問題をわれわれに教えてくれる。つまり、人間の新生児は豊かな素質を持って生まれてくるものの、それは大人社会との出合いと交互作用があって初めて花開く可能性なのだと考えなければならないということである。人間の子どもは動物一般のように、本能や遺伝的なもののみに頼って生きることはできない。人間は社会を媒介することによって初めて「人間」となることができる、まさに社会的存在なのである。子どもは、社会的環境の中で大人との人間的相互影響作用を通してのみしか、生得の資質・能力を現実化していくことができないという意味で、教育を必要とする動物なのである。自分がどのような存在になり、どのような生き方をするかに至るまで、こうした生後の経験や学習に委ねられているところに、人間にとって教育が必要不可欠なものである理由が求められるのである。

⑷　人間、文化、社会

　生まれたばかりの人間の子どもは、社会とはまったく無縁のいわば前社会的存在でしかない。親をはじめさまざまな人間的関係の中で育てられることを通して、文字通り人と人との間に生きる人間となる。その過程で、子どもは自己の属する社会のさまざまな価値や規範を学び、行動様式を身に付けることによって、社会の中に自分の位置を獲得していくのである。

　一方、社会の側からいえば、前社会的存在である新生児をそのまま放置することは許されない。なぜならば、それを許せば社会生活の随所に混乱をもたら

し、最悪の場合社会の崩壊をもたらしかねないからである。社会の側にはどうしても彼を一人前の人間にする必要がある。現存の社会に同化させる社会化の働きかけが不可欠である。

　このように、人間が特定の社会において生育することを通してのみ具体的な人間存在としてあり得るという厳然たる事実を重く受け止めれば、子どもを特定の社会によりよく適応させようとする大人の側からの働きかけは当然のことであり、その行為はまさに教育の1つの姿であるといえる。

　ところで、人間が社会をつくり維持していくさまざまな能力は、人類の長い歴史の中で、文化として外在化され蓄積されてきた。人間社会とは、独自の歴史的に蓄積されてきた文化を所有する人間集団にほかならない。したがって、社会の存続発展は、文化の存続発展によってこそ満たされる。社会が根元的要求としてその存続と発展を追求する社会的生命の本源は、その独自の文化であるといえよう。それゆえ大人の側は、その保持する文化を次世代に伝達しようとする強い要求を持つ。他方子どもの側も、社会から承認され、社会に参加したいとする本然的要求を有しているがゆえに、積極的に文化を受容せざるを得ない。

　このように、社会は若い世代に文化を伝達することによって社会の統一と存続を図ることになり、個人は生まれ落ちた社会の文化を内面化することを通して社会の一員として必要な態度や能力を身に付けることになるのである。

　以上、個人と社会、文化、教育の関係を概観してきたが、最後にこの関係において重要な視点を指摘しておきたい。すなわち、個人が文化を受容して社会に真の意味で適応するということは、単に既存の社会規範や文化内容に受動的に順応することのみを意味しているわけではないということである。ドイツの教育学者シュプランガー（Eduard Spranger, 1882 ～ 1963）が指摘するように、真の文化伝達は文化の「受容」と同時に「新たな創造」を伴うことによって可能になる。人間が社会に適応するということにおいても同様に、社会の変革や新たな社会を創造する能力を獲得することを伴って初めて可能になるのである。人間は社会的存在であると同時に個人として主体的存在でもあることを見落としてはなるまい。

3.　発達と教育

(1)　発達についての基礎知識

　子どもが時間の経過とともに大きく賢くなっていくことは「成長する」とか「発達する」と表現される。教育の世界では、主として発達という言葉が使われる。いずれも元来は生物学的用語であるが、「発達」がより包括的概念用語として使われるのに対し、「成長」は通常、発達の量的側面をいい、体重や身長の増加など生物個体の大きさが増大し体形が変化することを指し、外からの刺激や影響とは直接に無関係な内発的過程について用いられる。また、成長とよく似た言葉として「成熟」という用語があるが、これは成長を有機体の体形や機能が成体の標準的状態、つまり成熟した状態としてとらえた場合の概念である。

　これらに対して、「発達」の概念は、このような成長や成熟という生理的な側面を基礎としつつも、さらに社会的心理的側面をも含んだ広い概念として使われている。例えば、個体が環境との間でよりよき適応を実現していく側面に注目すれば、発達とは個体が成長と学習によってよりよい適応を実現していく過程といえよう。しかし、人間の発達は、人間特有の社会的文化的生活との関連でとらえられなければならない。その観点からすると、発達とは個人が客観的精神の形成物、つまり文化の諸領域と対決する中で実現される人間の諸能力の価値的な上昇・発展の過程であるということができる。

　このように、教育学では発達を時間の経過に伴う人間一人ひとりの心身の価値的な上昇と発展の過程やその様相ととらえている。発達は主体である人間の諸能力の拡大・拡張の過程であるので、人間一生涯にわたる問題ではあるが、その変化の様相は人間形成の基礎をつくる子どもの時期に特に著しい。

　子どもは大人とはまったく違った存在であるという考えは、ルソーの「子どもの発見」以来人々の子ども観の中心を占めてきた。この指摘は、発達における子ども時期の特別な重要性と特殊性を指摘したものといえる。教育が人間の発達の段階に即して行われるべきことは、もはや常識である。子どもが発達す

る過程を助け導くことこそ教育の本質であると主張する論者もいる。したがって、発達を理解することは教育とは何かを考える上で避けて通れない問題である。

　そこで以下、発達のしくみについて若干触れておきたい（詳しくは第4章を参照）。まず、発達は無原則、偶発的に進むのではなく、そこには一定の法則あるいは原理が存在する。すなわち、発達は分化と統合の繰り返しを伴う構造的連関を持っていること、連続的で順序性があること、段階的に現れること、個人差を伴うことなどの特徴を持っている。ここで段階というのは、ある一定の時期が来るたびに現れる全体としていくつかの特徴を持った新たなまとまりのことであるが、子どもの場合に特にその段階性が明瞭に現れることから、段階的な発達把握が是非必要である。

　発達段階の理論として有名なものに、ピアジェとフロイトの理論がある。ピアジェ（Jean Piaget, 1896 ～ 1980）は、子どもの知能や思考の発達は感覚運動的知能の段階（2歳頃まで）、前操作的思考の段階（6・7歳頃まで）、具体的操作の段階（11・12歳頃まで）、形式的操作の段階（それ以降）を踏んで進行すると指摘する。一方、フロイト（Sigmund Freud, 1856 ～ 1939）は人間の究極的な欲動として性愛的エネルギー（リビドー）なるものが存在するとし、情意の発達はリビドー対象の移動に伴って起こると想定し、その発達段階を口唇期（0 ～ 1歳頃）、肛門期（1歳半～ 3歳頃）、男根期（3 ～ 5歳頃）、潜在期（5 ～ 12歳頃）、性器期（12歳以降）に区分した。

　次に、発達と教育の関係を考えるに当たって「発達課題」という概念を理解しておくことも是非必要である。人間は学習的存在である。学習は人間の幼少期において特に重要な意味を持つが、成人期、老年期においても学習がなくなるわけではない。「より善き」を求める人間にとって、学習はそのよりよい発達を実現するための条件であるからである。ある時期の学習内容は次期の成長のための学習課題となり、その学習課題をうまく達成すればその個人の幸福とその後の諸課題の成功を保証するが、逆にその課題の達成に失敗するとその個人の不幸や社会からの否認を招き、その後の課題の達成を困難にする。人間の各成長段階におけるこのような学習課題のうちの基本的なものをハヴィガース

ト（Robert Havighurst, 1900〜1991）は「発達課題」（developmental tasks）
と名づけ、各段階における諸課題を整理し、それらは社会的・教育的目標とし
てとらえられるべきであると指摘した。発達課題と向き合いその解決を迫られ
ている子どもを導く教師として、教育的努力目標とその契機を指し示すこの発
達課題について理解を深めることは不可欠な課題であるといえよう。

(2)　発達の要因

　発達の問題を教育の視点から考える場合、人間の発達は遺伝的要因と環境的
要因のどちらにより強く規定されるかという、発達の規定因をめぐる問題が
関心を呼んできた。環境論者が人間の発達的変化は環境との接触を通した経
験によってもたらされる学習因子によって決定づけられると主張するのに対
し、素質論者は各人には個体の経験差にかかわらず個体の内部からその個体
の発達的変化の方向や発達の時期等について大まかに規定する要因（＝成熟因
子）が遺伝によって与えられており、その因子こそが各人の発達的変化を規定
づけるのであると主張する。遺伝（成熟）か環境（学習）かの二者択一的論争
は 20 世紀初頭アメリカの学界で華々しく展開された。

　行動主義心理学の創始者ワトソン（John Watson, 1878 〜 1958）は、行動
を「刺激─反応」の最小単位である条件づけの複合的なものとみなし、環境内
の刺激の統御により人間行動をつくり出すことができると、極端な学習優位論
を展開した。これに対して、児童心理学の泰斗であったゲゼル（Arnold
Gesell, 1880 〜 1961）は、行動の第 1 次形式は神経組織の成長に伴う内在的
パターンによって形成されるとし、発達における成熟の優位性を強く主張し
た。

　条件づけによってどのような人間でもつくれると主張するワトソンらの環
境万能論に対して、ゲゼルらは、個体の内部に適切な成熟状態の準備（レディ
ネス）ができていない限り訓練は効果を上げないとする成熟優位の実験結果を
もって反論したのである。

　しかし、人間の発達的要因をこのどちらか一方のみに決定づけることはそも
そも無理なことである。素質はあくまで素質でしかなく、これを具体化するた

めには環境の働きかけがなくてはならない。家系研究などで力説される優秀遺伝子や劣等遺伝子の圧倒的パワーは、環境すなわち教育の役割をほとんど無視しているという点で正しくない。一方、人間はどのような人間にもなることができる、天才は創られるというようないい方も、素質的要因から故意に目をそらしているという点で承服できない。素質も環境も人間形成に資するのである。

　どちらが欠けても人間的発達は不可能であることは見やすい道理であるので、両要因を総合的にとらえようとする試みが当然ながら現れる。その代表例として、デューイの説が挙げられよう。デューイ（John Dewey, 1859 〜 1952）は遺伝的素質を教育の起点としてとらえ、その事実を尊重する。しかし彼は、それは元来無形のものであって、それが現実的に具体化し顕現するのは社会的・文化的環境の洗礼を受けて初めて可能であるとする。無形の遺伝的素質を有形なものに顕現する契機こそが社会的・文化的な環境条件にほかならない。生得的素質と学習的環境との有機的相互作用の過程において人間の発達が現実具体的に展開するというのである。

　人間は、環境との主体的かかわり合いを通して、自らもって生まれた人間的素質を開花させてゆく。発達とは、そのようなプロセスの中での個々人の身体・精神両面の素質の段階的現実化の過程であるともいえよう。教育とは、この発達のプロセスを助成し促進する作用なのである。

(3)　人間＝主体的に決断する存在

　人間は遺伝あるいは環境のいずれか一方の要因のみによって形成されるものではないし、また両者の相互作用のみに拘束される存在でもない。人間は主体的に判断し、行動を選び取る力を持った存在である。教育とは持って生まれた人間的諸能力をできるだけ十分に発達させようとする働きであるとの視点から人間の発達を見るとき、自己形成による発達という側面の重要さが注目されよう。そこにこそ人間に固有の発達の姿があるといえるからである。

　もちろん、この自己形成の方向を切り開いていく力は遺伝や環境からまったく自由なわけではないが、そうかといってその中に埋没しているものでもな

い。同様の環境に育った一卵性双生児でもやがて個性的な存在としてそれぞれ異なる人間性を作っていく事実がそのことを証拠立てていよう。この事実は、自己形成において主体的な動機が重要な役割を果たしていることを示唆するものである。先天的要因と後天的要因の制約を受けながらも、それらに自己自身による決断を加え、両要因をからませ統合していくところに、人間形成の本質を理解していく鍵があるものといえよう。

　いうまでもなく、自己形成による発達が十全に行えるようになるのは青年期からではあるが、すでに幼い子どもの時期からも自己形成の主体としての発達の歩み―例えば、直立歩行のための努力と練習―をはっきりと見て取ることができる。そこから始まり青年期に至る十数年間の発達の積み重ねによって、個人は意識的に自分の内的・外的な行動を規制する能力を獲得し、かつ自分を望ましい方向へと形成していこうとする自覚的要求も高めていく。幼少期のころから随所にみられる自己形成の能動的現れを励まし、暖かく指導していくことの積み重ねが、やがて青年期を迎えたときの自己形成による人間的発達を進めてゆく決意と能力を持った主体形成につながっていくのである。

　まさにペスタロッチが指摘するように、人間は、生得的な生物学的基盤の上につくられる「自然の作品」であると同時に、人間的交流や社会的環境を通してつくられる「社会の作品」でもあり、そして何よりも最終的な自己規定においては、自己の決断と責任においてつくり上げていく「私自身の作品」なのである。

4. 2つの教育観 ―「教」か「育」か

　以上、語源的検討から始め、社会や文化との関連についての考察に至るまで、一貫して教育的営為は「教」と「育」の2面を含んでいることを述べてきた。いずれを欠いても「教育」とはならないのである。

　この2面は、理想的には調和的・統合的に機能することが望まれるが、実際には二律背反的関係にあるため、いずれに重きを置くかによって、教育の本質についての見方や考え方は大きく異なる。これまでの教育に関する思想や学説

を振り返ると、この両面に対応して、「教」に重きを置く立場、すなわち子ども
に働きかける社会や大人の側に視点を置く見方と、「育」を重視する立場、すな
わち成長・発達する個体としての子どもの側に視点を置く見方の、大きくは 2
つの立場を見いだすことができる。また、両者を総合しようとする試みも行わ
れてきた。

(1)　「教」重視の教育観

　「教」に重きを置く教育観も子細に検討すると、教育を現存社会の維持あるい
はあるべき社会を構築するための調整手段としてとらえる立場と、文化伝達に
おいて社会存続の課題を図ろうとする立場の、2 つの見解があることが分かる。

①　教育＝社会の統制機能の教育観

　これは、教育を単純に社会の集団的統一性を維持・発展させるための手段と
してとらえる見方である。社会の利害を第一とし、その調整手段として教育を
みるこの見方はどの社会にもみられる伝統的な発想である。古くは、古代ギリ
シャの哲学者プラトン（BC427 ～ 347）が『国家篇』の中で展開した理想国家
実現のための教育論にこのような教育観の萌芽をみてとることができる。プラ
トンによれば、理想国家とは「理性」に相当する哲人、「勇気」に相当する軍
人、「情欲」に相当する農工商人がおのおのその職分を果たす正義の国家のこと
であり、教育はその実現のため、理性、勇気、情欲の 3 要素の均衡のとれた正
義の人間を養成する働きであるとしたのである。

　また新しくは、19 世紀後半から 20 世紀にかけて近代国民国家が義務教育制
度（＝国民教育）の整備を進めていった背景にもこのような教育観の存在を認
めることができよう。国民教育の普及は、国家がその体制の維持と繁栄のため
に、国民に一定の能力を付与しナショナリズム（国家主義、愛国主義）を高揚
させるための手段として位置づけられたことは紛れもない歴史的事実である。

　この当時のドイツの指導的教育学者であったクリーク（Ernst Krieck, 1882
～ 1947）の「教育は成長しつつある個人に共同社会の類型を移植することを
目的としており、したがって、個人を共同社会の中の有機的一員とすることで

ある」(『教育哲学』)との言明に、この教育観が典型的に表れているといえよう。彼は、教育を社会の持つ基本的な機能ととらえる立場から、子どもや青年を社会の中へ同化・編入することに教育の意義を求めていたのである。

② 教育＝文化の伝達の教育観

　教育を素朴に社会の存続機能としてとらえる視点は、人間の主体的条件を軽視することにつながる。そこで、社会の要請として教育をとらえようとする論者の中から、社会と個人の間に文化を中間項として位置づけ、社会と個人の関係を再構成しようとする理論が提出されることになる。文化の持つ人間形成的契機を視野に入れた見解である。

　このような見方の1つとして、それぞれの社会に固有な行動様式と、そこに込められている価値観や道徳的志向など（＝文化）を子どもに内面化せていく働き（＝社会化）を教育ととらえる主張がある。フランスの社会学者デュルケーム（Émile Durkheim, 1858 ～ 1917）がその代表である。彼は「教育とは、成熟した諸世代によって、未だ社会生活に馴れない諸世代の上に行われる作用である。教育の目的は、全体としての政治的社会が、また個人に対して特に予定されている特殊的環境が、子供に対して要求する一定数の肉体的、知的、及び道徳的状態を、子供の中に現出させまた発達させることにある。……教育は若い世代に対して行われる一種の方法的社会化に於いて成立する」（『教育と社会学』）と述べ、教育を個人の人格の形成にあるとみるよりも、集団への適応を促すための最も組織的で有効な方法（＝方法的社会化）とみなす観点を明確に示したのである。

　これに対して、いま1つの見方は、文化の内面的価値に着目し、学問・芸術・道徳などの高次の文化の伝達や創造という観点から教育の意味を見いだしていこうとする見解である。教育の本質理解に文化的な視点を導入するこの立場の典型は、ドイツの文化教育学派にみられる。その創始者ともいえるパウルゼン（Friedrich Paulsen, 1846 ～ 1908）は、「教育は精神的文化財を前代から後代に伝えること」とみなし、教育の本質を文化の担い手の育成を目的とする文化伝達という点においてとらえた。

⑵ 「育」重視の教育観

　教育の本質を既成の文化遺産の伝達という点に求めるのではなく、子どもの側の成長・発達を見守り育むことに見いだす教育観の系譜がもう一方にある。この教育観に立つ人々は、一人ひとりの子どもの内面に秘められている可能性を目覚めさせ自己発展・成長の活動を助成・援助することに教育の本当のあり方を求める。

　このような教育観は、古くは、若者との問答を通して自らの無知を自覚させ、そこから確実な知を自ら生み出させようと意図した古代アテネのソクラテス（BC469 ～ 399）の教育法（産婆術）にみることができる。また、ルネサンス期の人文学者エラスムス（Desiderius Erasmus, 1446 ～ 1536）もその著書（『幼児教育論』）の中で、子どもの興味と能力に適合した教材の選択と配列や遊技的方法を活用した教授方法を採用することなどを提唱した。

　しかし、このような教育観が力強く主張されるようになるのは、人々の人権意識が目覚めていく近代社会以降のことである。とりわけこの教育観の確立に貢献した人物は「子どもの発見者」と称えられるフランスのルソー（Jean-Jacques Rousseau, 1712 ～ 1778）である。ルソーは中世キリスト教の原罪思想に由来する伝統的な人間観（＝性悪説）を批判し、自然が人間に与えた性質は本来善きものであり、その本質は善性であるとした。彼の著書『エミール』の中の次の一節はつとに有名である。「万物をつくる者の手をはなれるときすべてはよいものであるが、人間の手にうつるとすべてが悪くなる」。ルソーによれば、人間を邪悪にし、利己的な者にするのはほかでもなく人為的社会とその文明である。現実の歪んだ大人社会の文明に対抗し、それを本来的なものへと回復させる課題は、いまだ人為的な手が加えられていない子どもの善き自然性に期待するしかない。自然性はそれ自体完全なものへと発展する力を宿しているので、われわれは子どもの自然の内発的成熟を見守り、それに基づく学習に援助の手を差し伸べることをこそ心がけるべきである、と彼はいう。「教育は生命とともにはじまるのだから、生まれたとき、子どもはすでに弟子なのだ。教師の弟子ではない。自然の弟子だ。教師はただ、自然という主席の先生のもとで研究し、この先生の仕事がじゃまされないようにするだけだ。」ル

ソーが提唱するこのような教育のあり方を「自然の教育」あるいは「消極教育」という。

　学生時代からルソーの影響を受け、貧民や孤児の教育実践に生涯を捧げたペスタロッチ（Johann Pestalozzi, 1746 ～ 1827）も、「あらゆる人間の教育は、自己の発展を今や遅しと待ちかまえている自然に、助力を提出する技術にほかならない」と、教育の原則は子どもの自然本性の固有の法則に従うことにあると述べ、教育は自ら発展する子どもの内的自然の力を、自発的・調和的に発展せしめる作用であるとした。

　ペスタロッチの指導を受け、後に「幼稚園の父」と称えられたフレーベル（Friedrich Fröbel, 1782 ～ 1852）も、「意識し、思惟し、認識する存在としての人間を刺激し、指導して、その内的な法則を、その神的なものを、意識的に、また自己の決定をもって、純粋かつ完全に表現させるようにすること、及びそのための方法や手段を提供すること、これが人間の教育である」（『人間の教育』）と述べ、子どもの内部に神性を認め、この内的生命の内からの成長・発展・展開に教育の本質を見いだしたのである。

　このように、この教育観は、子ども期の価値や、子どもの発達の自然的法則性が発見されていく過程から生まれてきた。それは20世紀に入ると、個性や興味・関心という子どもの内面的価値を尊重し、その伸長を子ども自身の活動や経験を通して図っていこうとするエレン・ケイやデューイらの、子どもを教育の主体とする新教育運動を生み出していくのである。

⑶　両者の統合をめざして

　上述の2つの立場に対して、両者を統一あるいは統合しようとする試みを、シュプランガーらのドイツの文化教育学の主張やデューイの教育学の中に見いだすことができる。

　シュプランガーは、パウルゼンが提唱した「教育＝文化の伝達」という観点をさらに発展させた。彼は次のように、文化の伝達（「教」）と創造（「育」）、文化の受容（「教」）と内面的な自己変容（「育」）を相互媒介的にみる視点を打ち出したのである。

「文化の生命は、2つの同じように重要な、しかし実際上は異なった活動によって完成される。1つは文化創造であって、これによって精神的世界は、常に新しい年輪を加える。もう1つは文化の伝播であって、これによって精神的世界における新鮮な液の循環が確保される。……教育の課題が、歴史的所与の客観的文化財を、古い世代から若い世代へと伝播するだけのことだと解されてはならない。確かに教育は客観的な、歴史的所与の文化を理解しうるように、人間を知育しなければならないが、必ずしも、その文化を是認せねばならぬわけではない。むしろ教育において、所与の文化を通過させることは、純粋な文化意志を呼び覚ますための一手段にすぎない。」

このように、シュプランガーは教育の本質を単なる文化の伝達にとどまらないとする。教育の受け手である若い人々の能動的主体性を重視し、彼らの内面において文化価値が再発見・再構成され、それを通して彼らをして真の文化社会の創造的担い手たらしめていく点にこそ教育の本質をみようとしているのである。

他方、デューイは人間の生活を主体と環境との相互作用を通しての連続的な経験の再構成の過程としてとらえ、この立場から「教」と「育」の立場を総合しようとした。彼はいう、「経験における2つの要因—すなわち、客観的条件と内部的条件—に平等の権利を割り当てる。正常の経験であるなら、それがどのようなものであろうと、これら2組の条件の相互作用である。」デューイは、教育とは青少年（＝内部的条件）と文化（＝客観的条件）との出合い、あるいは両者の相互作用を媒介として、青少年の成長・発達を助け導いていく働きであるという。したがって教育は、単なる文化伝達でもなければ、成熟助成でもない。教育実践とは、両者をともに働き合わせ、あるいは対立させながら、青少年を人間として高めていくことであるというのである。

教育は、素質として持って生まれた生命的基礎の上に他者との社会的かかわりを通して個性的な価値を具現化させていく、人間存在の全体にかかわる作用である。それは単に精神性が未発達の子どもへの「しつけ」的な社会化の過程でもないし、また人間的素質の内発的な成長過程を見守り保護することに終わる行為でもない。教育とは、シュプランガーやデューイが指摘するように、主

体的自己と外在的文化との出合い、対話、あるいは相互作用を媒介とする価値
創造の過程を通して、人間存在全体を統合的な人格として価値的なものに変容
させていく働きであるといえるのである。

参考文献

田原恭蔵、林 勲編『教育概論』改訂版、法律文化社、2001

黒澤英典ほか『現代社会の教育課題』学文社、1987

竹中良成、黒柳晴夫編著『入門教育学』福村出版、1982

田嶋 一ほか『やさしい教育原理』有斐閣アルマ、1997

宮崎和夫ほか『新現代教育原理』学文社、1999

武安 宥編『人間形成のイデア』昭和堂、2002

松島 鈞監修『新・現代教育要論』日本文化科学社、2000

熊谷一乗編『新・人間性と教育』学文社、2002

倉田侃司、山﨑英則編著『教育の基礎』ミネルヴァ書房、1994

海原 徹『教育学―歴史、理論、課題（改訂版）』ミネルヴァ書房、1991

森 昭『改訂 現代教育学原論』国土社、1973

村田 昇編『現代教育学』東信堂、1986

山崎清男編著『教育学をまなぶ』川島書店、2004

黒崎 勲、大田直子編著『学校をよりよく理解するための教育学1 ―教育の原理―』学事出版 、2005

佐藤晴雄『現代教育概論（第3次改訂版）』学陽書房、2011

安彦忠彦、石堂常世編著『最新教育原理』勁草書房、2010

竹中暉雄ほか『時代と向き合う教育学』ナカニシヤ出版、1997

広田照幸『ヒューマニティーズ教育学』岩波書店、2009

高橋陽一『教育通義』武蔵野美術大学出版局、2013

第2章　西洋と日本の教育観の変遷
―教育目的の推移―

　人類は長い歴史の中で、どのように教育を行うのが望ましいかを絶えず考え
てきた。各時代の教育観は、現実に営まれてきた教育実践への反省と再構築の
繰り返しであった。

　教育実践は、民族、社会、文化などによって異なるものであり、各時代によっ
てさまざまに変化してきた。教育観もこれと同様に、人間やその生活を取り巻
くさまざまな条件の影響を受けてきた。実際的条件ばかりでなく、各時代や社
会の人間観、社会観、歴史観などとも切り離せない関係にあった。

　こうした多様な教育観の中には、時代や社会の歴史的現実をより強く反映し
ているものもあれば、逆に現実社会を批判し、より望ましいものを理想として
追求するものもあった。このように、教育観、教育実践、人々の価値観は、相
互に影響し合う関係にある。

　一口に教育観といっても、その内実は単純ではない。教育目的・目標、教育
内容・教材、教育方法、指導者像など多岐にわたっている。本章ではこのう
ち、主として教育目的、すなわちどのような人間を育てることが望ましいと考
えられてきたかを中心に、教育観の変遷を概観してみよう。

　＊キーワード：教育目的、教育理念、教育観、教育史・教育思想、人間観、理
　　　　　　　想的人間像、価値の実現、人間形成、知識・技能・態度、社
　　　　　　　会・個人・文化

1.　教育実践と教育目的

⑴　何のために教育は行われるか

　教育の目的が問われるとき、漠然と「人間の育成（または形成）」と答えられることが多い。このことは、今日では半ば自明のものとなっているが、その際に考えられる人間像はきわめてあいまいなものである。今日のように価値観の多様化が進んだ社会においては、求められる人間像もまた多様である。しかし、めざされる人間像と教育の営みとの関係については、ある種の基本的前提が暗黙のうちに了解されている。

　実際の教育場面で具体的に扱われるものは、必ずしも抽象的な人間像ではない。個別の知識であり、技能であり、態度や姿勢などである。その直接のねらいは、それらの知識、技能、態度などを学習者に習得させることである。したがって、個々の教育場面で目的がどの程度達成され、どのような成果が得られたかは、これらの知識や技術などがどの程度習得されたかによって評価される。

　もちろん、個別の知識、技能、態度等を習得させることのみが教育目的であるわけではない。人間はある特定の用途にのみ使われる道具や手段などではないからである。教育が究極的にめざすものは、このような個別の目的にとどまらない。習得した知識、技能、態度等を調和的に統一し、主体的に駆使することのできる人間として成長することが期待されているのである。したがって、知識・技能・態度等を習得させようとする具体的な取り組みも、このような全体的な見通しを前提として行われる必要がある。

⑵　教育目的の特殊性と難しさ

　一般に、人間が何らかの意図をもって行動しようとするとき、政治的目的、経済的目的、研究的目的などさまざまな目的を伴っている。これらの目的の多くは、行動する者自身にとって望ましい価値や理想であって、基本的には行動する本人の内部に実現することがめざされる。

　これに対して教育目的は、教育する者（指導者）にとって望ましい価値ではなく、教育を受ける者（学習者）にとって望ましい価値である。それは、直接には指導者の内部に実現しようとする価値や理想ではなく、学習者の内部に実現しようとするものである。

　もちろん、究極的に人間形成をめざすという意味では、指導者と学習者の双方にとって望ましい価値は多くの点で共通している。しかし、実際に習得することが期待される個々の知識、技能、態度等についてみれば、指導者は、他者である学習者にとって望ましい価値をあらかじめ想定しておかなければならない。このため指導にあたっては、学習者の内部に実現すべき価値に対する深い感受性や洞察力を備えている必要がある。学習者にとって望ましい価値がどのようなものであるかを深く理解していなければ、学習者とともに価値の実現をめざすことは望めないからである。

　これに対して、教育の目的を学習者自身の内部にのみ求めようとする見解もある。これは、教育を単に将来の生活の準備や何らかの行動の手段とみなす考え方の欠陥を浮き彫りにしている点で、注目すべき指摘ではある。しかし、現実の生活がさまざまな社会的・文化的環境に取り囲まれて営まれていることを考えれば、社会の中である程度共通に望ましいと認められている価値を指導者が体現し、学習者の中に実現しようとすることは、より望ましい人間の育成、社会の実現、文化の創造などにとって必要な課題であるといえよう。

　だからといって、教育目的は、学習者の成長・発達、興味・関心、素質・適性などの条件とまったく無関係に設定されてよいわけではない。教育は、何よりも学習者自身にとって望ましい価値を実現しようとする営みだからである。指導する以上は、学習者との人格的な共感と信頼を保ちながら学習者への理解と洞察とを深めるとともに、教育目的についての価値感受性を自らの内部で高める努力を続けなければならない。

　なお、公教育における教育目的は、教育を行う多数の人々にとって共通の教育目的（理想規範）であると同時に、教育を受ける多数の人々にとって共通の教育目的（課題規範）となり得るものでもある。

2.　西洋における教育目的

(1)　教育目的の歴史的検討

　教育目的は、各時代や社会状況などと関連しながら論じられ、実現がめざされてきた。したがって、教育目的は、絶対普遍のものというよりもむしろ相対的なものであって、過去の教育目的や諸外国の教育目的をそのまま現代の教育目的に置き換えることは妥当ではない。

　だからといって、教育目的を歴史的に検討することが無意味であるわけでない。今後の教育についての深い見識を培うには、教育目的についての先覚の思索の跡をたずねつつ、繰り返された試行錯誤を掘り起こして評価と反省を絶えず加えていくことが必要である。教育を含む社会現象のあり方についての研究は、諸条件を統制して再検証の可能な物理や化学の実験などとは基本的に異なり、歴史的・理論的検討を欠いては成り立たないからである。

　教育の究極目的を人間自身におく教育観は、近代になって登場した。これより前の時代には、教育は特定の身分・階級、職業などと深く結びついていた。貴族の子どもは貴族に、農民の子どもは農民に、商人、職人の子どもはそれぞれ商人、職人になることが教育目的とされた。このような時代の人間像は、基本的には身分や職業の枠内にとどまるものでしかなかった。

(2)　古代・中世における教育目的

①　原始社会・古代社会における教育

　原始時代の教育は生活と一体化したものであった。学校のように時間や場所を特定して行われる教育はほとんどみられなかった。このような社会においては、教育についての自覚そのものが不明確であって、教育目的は生活目的と不可分のものであった。

　原始社会においては、衣食住にかかわる慣習や生活行動様式、道具や武器の使用、宗教儀式などあらゆる文化が、生活の中で若い世代に伝えられた。これらを通して集団の維持・存続を図ることが生活目的であり、個人の教育目的、

集団の教育目的のいずれもが、同時に生活目的であった。こうした状況においては、個人的目的と集団的・社会的目的との間に明確な区別はなかった。

　古代ギリシャのスパルタにおいては、古典期前後から、国家（ポリス）に奉仕する強い戦士を育成することが教育目的に据えられるようになった。このため、体育と軍事訓練を施すことが教育であって、知的教育はほとんど行われなかった。

　アテネ（アテナイ）においても戦士の育成は行われていたが、紀元前5世紀の黄金時代以降には、平和時における市民の育成が求められるようになった。教育の根底におかれていたのは、美にして善なることを示す「カロカーガティア kalokagathia」という人間の理想であった。このため、心身の調和的形成が教育の目的と考えられるようになり、文芸・音楽・舞踊の教育と体育が重視された。

② 　古代ギリシャのソフィストと哲学者

　紀元前5世紀以降、アテネを中心に、ソフィストとよばれる職業的教師の一団が現れた。彼らはポリスからポリスへと遍歴しつつ、青年たちを教えて報酬を得ていた。彼らにとって教育目的は、有力な政治指導者を育てることであった。彼らはさまざまな学問や技術の知識をもち合わせていたが、教育内容としては特に弁論術を重視した。

　ソフィストが弁論術を教えたのは、物事の真偽や正誤にかかわらず議論の相手を説得するためであった。このため彼らの議論は普遍妥当的真理を顧みず、しばしば詭弁に陥った。

　これに対してソクラテスは、徳に基づく魂の完成された状態を理想的人間像とした。したがって、人間にとって最も大切なことは、魂が優れたものになるように配慮することであった。それゆえ、ソクラテスにとっての教育目的は、このような「魂の配慮」にあったともいえる。ただし、ソクラテス自身は「私は未だかつて誰の教師にもなったことはない」（『ソクラテスの弁明』）と述べており、彼の人間観は教育だけではとらえきれない側面を多分に含んでいるといえる。

　ソクラテスの弟子を自認するプラトンは、国家のあり方と結びつけて教育を論じた。国家を構成する諸階級のうち、彼はもっぱら守護者階級と支配者階級の教育を取り上げた。その教育の目的は、知恵と勇気を涵養することであった。これらは、守護者と支配者の各階級に課せられた職分の遂行に必要な徳だからである。特に理想的国家の支配者であるためには、善のイデアを認識できる哲学者でなければならなかった。

　アリストテレスも国家の枠内で教育を論じ、市民の教育を国家の任務とみなした。しかし、その思想は、プラトンに比べて個人主義的なものになっている。アリストテレスにとって人間の究極目的としての最高善とは幸福にあり、人間のさまざまな卓越性（徳）に即して活動することの中にこそ幸福は見いだされるものであった。したがって、教育の目的は、将来市民になるべき若者のうちにこのような卓越性（徳）を実現することであった。

③　中世の教育目的

　中世ヨーロッパ文化の根幹をなしたキリスト教においては、人間の理想的な生き方は現世的世界に生きる人間ではなく、神の国に生きる人間に求められた。したがって教育の目的も、人間を真のキリスト教信仰に導き、「神の国」の成員にすることに置かれた。

　中世中期以降には、騎士階級や職人階級を対象とする各種の教育機関が設けられ、世俗的教科が次第に増加した。このような教育機関においても、キリスト教信仰の教育目的は基本的に変わらなかった。

　このように、中世の教育においては、総じて人間の知的形成は二義的なものとされ、身体的形成に至ってはほとんど考慮されなかった。しかし、超越的な神への絶対的服従と、それに基づく隣人愛の実践を中心とする教育は、人間の内面性を深く開拓し、国家や階級の違いを超えた普遍的な人間形成への道を用意するものであった。

(3)　近代黎明期における教育目的

①　ルネサンス期の教育目的

　神を中心とし現世を否定的にみる中世の世界観に対して、ルネサンス期のヒューマニストたちは、人間を中心とし現世を肯定する立場から、古代ギリシャ・ローマの学芸の復興に努めた。すなわち、聖書やスコラ哲学よりも「人間的な学芸」を重視し、普遍的な教養人（homo universalis）の理想を掲げたのである。これは、人間の自然性を肯定し、職業的拘束を脱して、自由に現世を生き抜く個性的な人間、特に古代ギリシャ・ローマの文芸、哲学、修辞学などに精通した雄弁家を意味した。

　一方、ルターによって始められた宗教改革の運動は、庶民の間にも広く浸透し、庶民教育の普及、発展に大きな影響を与えた。ルターは特に聖書中心、万人司祭の立場から、階級や性別の違いを超えた公立・無償の義務教育の確立や、職業人の養成の必要性などを強調した。彼の主たる教育目的は、神の子、信仰者としての人間の育成にあったが、職業召命観の立場から、職業教育も教育の重要な目的であった。ただし、彼が重視した職業は神学者、法律家、作家、教師、官吏などであって、その養成のためには古典的・人文的教養、特にラテン語を教えるべきであると述べられている。

　17世紀には、近代自然科学の発達や、世界全体の合理的・体系的認識をめざした哲学などを背景に、人間や社会も自然界の法則によって支配されていると考えられるようになっていた。教育についても、「自然の秩序と歩み」に従うことが重視された。

②　コメニウス

　コメニウスは、「万人にすべての事柄を教授すること」を教育学の基本命題とした。この教育観は、すべての国民を対象とする普通教育制度の実現を200年以上も先取りしたものであって、今日の「教育の機会均等」の理念にも通ずる。三十年戦争の争乱の中で亡命生活を続けたコメニウスは、荒廃した国土に平和をもたらすには青少年の教育に最も力を入れなければならないと考えた。その根底には、人間の可塑性に対する彼の深い確信があった。本来の人間たる

に必要な知識、道徳、宗教の基礎は、素質として人間に内在していると考えていたのである。

コメニウスは、「合自然」の立場から従来の不自然な詰め込み主義や暗記主義を否定し、子どもの生活・経験に基づき、年齢段階に即して学習が行われるべきであると主張した。著書『大教授学』（1657）は、これらの方法原理を含め、教育の全領域にわたって原則とすべき指針を述べたものであった。しかし、彼の「合自然」の教育は概して方法面の主張にとどまり、目的にまで及ぶものではなかった。

図2-1　コメニウス
出典：金子茂、三笠乙彦編著
　『教育名著の愉しみ』
　時事通信社、1991。

⑷　近代の子ども観と教育目的

①　ルソー

近代思想の先駆者として知られるルソーは教育小説『エミール』（1762）を著し、前近代的な身分的、階層的な教育を批判して次のように述べている。「自然の秩序のもとでは、人間はみな平等であって、その共通の天職は人間であることだ。だから、そのために十分に教育された人は、人間に関係のあることならできないはずはない。……両親の身分にふさわしいことをするまえに、人間として生活するよう自然は命じている。生きること、それがわたしの生徒に教えたいと思っている職業だ」（今野一雄訳『エミール』岩波文庫、1962年）。ルソーにとっては、職業からも社会からも自由な人間こそが、教育によって育成すべき人間であった。

図2-2　ルソー
出典：フレデリック・ドリューシュ編、
　木村尚三郎監修、花上克己訳
　『ヨーロッパの歴史』第2版、東
　京書籍、1998。

　しかしながら、人間は周囲の環境と無関係に生きられる存在ではない。社会の中で生活を営む限り、孤立した個人ではあり得ない。社会人としての資質を身に付け、職業生活に必要な知識や技能を習得しなければならない。

　ルソーはわれわれに、人間か市民か、「自然人」か「社会人」かの選択を迫る。世間の教育は、この「二つの相反する目的を追求して、どちらの目的にも達することはできない……。それは、いつも他人のことを考えているように見せかけながら、自分のことの他にはけっして考えない二重の人間をつくる他に能がない」（前掲書）。ルソーが選択したのは「自然人」であった。「社会人」が社会を分母にして価値の決まる分子のような存在であるとすれば、「自然人」とは絶対的整数のようなものである。それは社会から独立した、純粋に自由な個人であった。

　しかし、ルソーは社会を否定したわけではない。このことは、『エミール』と同じ年に刊行された『社会契約論』に明らかである。「［各構成員の身分と財産を、共同の力のすべてを挙げて守り保護するような、結合の一形式を見出すこと。そうしてそれによって各人が、すべての人々と結びつきながら、しかも自分自身にしか服従せず、以前と同じように自由であること。］これこそ根本的な問題であり、社会契約がそれに解決を与える」（桑原武夫、前川貞次郎訳『社会契約論』岩波書店、1954 年）。

　それにもかかわらず、ルソーは教育目的を市民性には求めなかった。主人公エミールは、誕生直後から一貫して純粋な個人として育てられる。市民としての義務を与えられるのは、教育の最終段階においてである。社会的目的は、個人的目的の達成を基礎にして成就されると考えていたのであろう。その一方でルソーは、他の著作においては社会的目的を優先させている（『政治経済論』、『ポーランド統治論』）。個人的目的と社会的目的をいかにして統一すべきかは、ルソーにとっても重い課題であったといえよう。

②　コンドルセ

　市民革命を背景に新たな時代に対する期待が高まると、個人的目的と社会的目的との調和は楽天的にとらえられるようになった。フランス革命期の思想家

コンドルセは、当時の革命議会に提出した報告書の中で、次のように述べている。

「人類に属するすべての個人に、みずからの欲求を満たし、幸福を保障し、権利を認識して行使し、義務を理解して履行する手段を提供すること。各人が生業を完成し、各人に就く権利のある社会的職務の遂行を可能にし、自然から受け取った才能を完全に開花させ、そのことによって市民間の事実上の平等を確立し、法によって認められた政治的平等を現実のものにする方策を保証すること。これらのことが国民教育の第一の目的でなければならない。そしてこの観点からすれば、国民の教育は公権力にとって当然の義務である」（コンドルセほか著、阪上孝編訳『フランス革命期の公教育論』岩波文庫、2002 年）。

③ ペスタロッチ

ルソーの教育思想を受け継ぎ、幾多の困難な実践を重ねたペスタロッチは、その著『隠者の夕暮』（1780）の中で次のように述べている。「人間性のこれらの内面的な諸力を純粋の人間の智慧にまで一般的に向上させることは、最も賤しい人びとによってすら陶冶の一般的目的だ。

人類の特殊の状態や境遇における力と智慧との練習と応用とそして使用とは職業陶冶であり職域陶冶である。これはいつも人間陶冶の一般的目的に従属しなければならない」。

ペスタロッチは、教育を社会改革の最も基本的な手段とみなし、民衆の生活の徹底的な内的革新を図ることを教育の目的と考えた。彼にとって教育は「自助への補助」、すなわち民衆一人ひとりを自立させ、独立した人格にまで高めることであった。このためには、人間のもつ道徳的・宗教的、知的、身体的諸能力を調和的に発展させることが重要である。君主、職人、農民のいずれを問わず、人間である以上、誰も

図2-3 ペスタロッチ
出典：日本ペスタロッチー・フレーベル学会編『ペスタロッチー・フレーベル事典』玉川大学出版部、1996。

が全面的に発達した人間にまで教育されなければならないというのである。

　この主張はルソーのそれと同様に、人間としての一般的・人間的教育を基底に据えつつ、経済的に自立するための職業教育を含み込むものとしても示された。その教育観は、一般的・人間的教育は同時に職業教育であり、職業教育は同時に一般的・人間的教育であるとみなすものであった。これ以後、ヨーロッパ諸国においては、「一般陶冶（教育）」と「職業陶冶（教育）」をいかに統合または接合させるかをめぐって、さまざまに議論された。現代における普通教育と専門教育との関係も、このような思想的系譜をもとに理解されなければならない。

④　フレーベル

　ペスタロッチのもとで働いた経験をもち、その思想と実践を主として幼児教育の分野に深化させたフレーベルは、子どもの内的本性の開発と展開を通して人類の再生を図ることを教育の基本的な課題と考えた。敬虔（けいけん）なキリスト教徒であった彼は、自己に内在する神的な本性を意識的、自覚的に実現させる存在として人間をとらえた。フレーベルによれば、教育の目的は、子どもに万物の使命を自覚させ、その自覚に基づいて、自らの内的本性を形成するように子どもを導くことである。しかも、神の創造物である人間は、根源的に善であるだけでなく、自己活動的、自己形成的な存在でもある。したがって、これを指導する者は、子どもの生活と無縁な目的や規範を外部から与えて、子どもの自己活動を妨げてはならない。むしろ生命を傷つけたり、歪（ゆが）めたりしないように守り育て、子ども自身が自らの目で見、自らの足で立ち、固有の存在として生きられるようにしなければならない。

　このように自己活動を通して子どもの個性を形成することこそが、フレーベルにとっ

図2-4　フレーベル
出典：小笠原道雄『フレーベルとその
　　　時代』玉川大学出版部、1994。

ては子どもの神的な生命を実現することであった。このことは、人類の再生、社会の革新をもたらす可能性をも秘めている。人間は孤立して存在するのではなく、家庭、学校、社会、自然界を含む神的な世界を有機的に構成する存在の一部であり、個性の十分な形成は、同時に社会性を形成することになるからである。

⑤　ヘルバルト

　これに対してヘルバルトは、児童中心の教育を退け、倫理的態度の育成や道徳観の形成と、知識・技能の習得を結合させることを重視した。彼はこれを「教育的教授」と称し、意志や道徳的観念をつくり出す「教育」と、多様な表象群を結合させながら知識体系をつくり出す「教授」とが結びついて初めて教育目的の実現が可能であると述べた。

　ヘルバルトのいう教育目的は、人間自身からではなく、主体と環境のかかわり合いの中から導き出される。個人と社会との関係がどのようなものになるかは、人間の意志によって決まる。究極的な教育目的は「道徳的品性の陶冶」であるが、その基礎には、知識・技能の裏づけを伴った表象の形成が必要である。道徳的行為を導き出すには意志的態度の基準を総合化する必要があり、表象を意志的活動に導くものは「興味」である。したがって「教育的教授」においては、「多方面の興味」を喚起することが必要であるというのである。

⑥　国家主義的傾向

　教育目的を個人とその社会生活との関係からとらえようとする試みに対して、19世紀中期以降には、教育目的を国家の必要性から決定しようとする考え方も現れた。フランス革命期以降に登場した国家主義は、当時の自由主義的傾向を排除し、排他的帝国主義の様相を呈するようになった。各国は、富国強兵のために国民の精神を統合し、知識、技能の向上を図る観点から、国民教育制度の確立を急ぐようになった。

　産業革命の進展や民主主義、国家主義の台頭などを背景に、19世紀末頃までには近代的な国民教育制度の整備が進められるようになった。そこでは、国家

にとって望ましい国民の育成に力が入れられ、もっぱら知識、技術の伝達・注入を中心とする書物中心、教師中心の教育が行われた。

(5)　新教育運動とその影響

このような動きに対して、19世紀から20世紀にかけて、主としてドイツやアメリカにおいて、児童中心の教育運動が展開されるようになった。

①　エレン・ケイ

ドイツの児童中心主義教育に影響を与えたのは、スウェーデンの思想家エレン・ケイであった。その著『児童の世紀』（1900）の中で彼女は、20世紀こそは児童の世紀であり、これまでもっぱら大人のものであった教育を子どもの立場から見直すべき時期であると述べた。後に「新ルソー主義者」と称されるケイの主張によれば、教育の目的は、大人の干渉を排除し、子どもの自然性を尊重して自由に活動させ、子どもが自らの力で生活規範を獲得できるようにすることであるという。

図2-5　エレン・ケイ
出典：唐澤富太郎編著『図説 教育人物事典』上巻、ぎょうせい、1984。

②　ドイツの新教育運動

ドイツではエレン・ケイの影響を受け、1908年頃から、いわゆる芸術教育運動が盛んになった。これは、芸術作品の鑑賞や子どもの創造活動を通して子どもの内部にある個性を開発し、機械文明と主知主義教育によって抑圧され歪曲された人間性を回復しようとする試みであった。

このころ、児童心理学の研究をもとにいわゆる実験教育学の取り組みが進められるようになり、子ども固有の心理に基づいて教育が行われるべきことが強調されるようになった。モイマンらの述べた「児童から」（Vom Kinde aus）

は、児童中心主義教育のスローガンとなり、第1次世界大戦頃まで盛んな運動が展開された。

　しかし、こうした華々しい運動の背景には、19世紀末のドイツにおける政治的、経済的、文化的な状況に対する強い不安感、危機感があった。児童中心の教育運動は、このような不安の克服を新しい時代の子どもたちに託そうという期待感の表れでもあった。

③　デューイ

　20世紀初頭のアメリカにおいては、発展期にあった資本主義経済と個人主義的、自由主義的な民主主義社会の形成を背景に、児童中心の教育が進歩主義教育として成立、発展した。

　新教育運動の理論的指導者とも評されたデューイのねらいは、日常の行為や生活そのものを改善することであった。彼によれば、人生の意義は日常的な行為や生活を豊かなものにすることにある。科学的研究、社会運動、道徳的実践、芸術制作のような創造的・組織的な活動も、その根本には日常的な行為や生活があり、同時にそれを改善しようとする行為を含んでいるからである。日常の行為や生活は、社会を構成するすべての人々によって共有される行為や生活の基本的な様式を含んだものでもある。

図2-6　デューイ
出典：唐澤富太郎編著『図説教育人物事典』上巻、ぎょうせい、1984。

　日常的な行為や生活が豊かであるとは、多面的で深い意味に満ちていることである。それを可能にするのは、行為に先立つ想像的試行、すなわち熟慮である。人が多面的に熟慮するようになるのは、自らの中に育まれてきた習慣やさまざまな行為への傾向や関心が作用するためである。それらの傾向や関心が互いに対立し葛藤が生ずるとき、それらの調整を図ろうとして特に深く徹底した熟慮が生まれ、さらに意味の豊かな行為が生まれる。デューイは、このような熟慮の過程を「知性」と呼び、知的な行為こそが多様な習慣や関心を柔軟なも

のにし、それらに活気を与えると考えた。

　日常的な行為や生活を知的に行えるようになるには、上述のような人々の意識的・組織的な活動とその成果を普段の行為や生活の中に取り込み、これらを連続的に再構成する必要がある。デューイにおいては、この課題は同時に教育の課題でもあった。彼は、子ども自身が熟慮を重ねる過程に教育の本質を見いだし、子どもの思考と活動を活発にし質的に高めるさまざまな試みを行った。

　しかし、デューイの影響を受けて拡大した進歩主義教育運動は、個々の子どもの興味や個別的な活動を極端に重視し、もっぱら児童中心の教授・学習の方法論を議論の対象とするようになった。デューイの教育理論の基底にあった日常的な行為や生活、伝統や文化の意味に対する深い思いは、ほとんど顧みられなくなったのである。

⑹　社会的目的の台頭
①　新教育運動への批判

　児童中心の教育運動は世界各地に波及し、日本においても大正新教育運動として花開いた。これに対して第1次大戦後のドイツや、1930年代以降のアメリカにおいては、児童中心主義に内在するさまざまな問題点が指摘されるようになった。すなわち、子どもの個々の活動に振り回されて教育目的の一貫性が乏しくなり、伝統的文化を伝える意義が見失われるようになったことに強い批判と警鐘が加えられるようになったのである。こうして個人中心の教育目的に代わって登場したのは、民族、文化、国家、社会などを重視する教育目的観であった。

②　ドイツの教育観

　ドイツでは、ナトルプの主張した社会的教育学や、ケルシェンシュタイナーの唱えた公民教育論などにその典型が見いだされる。ケルシェンシュタイナーは、職業教育を通して有用な国家市民を育成し、道徳的国家を実現することを教育目的と考えた。彼によれば、人間の活動の究極目的は道徳によって基礎づけられた文化国家、正義の国家を実現することであって、このために自己を顧みず奉仕する真の公民を育成することが教育の課題であった。

文化教育学を唱えたシュプランガーは、世界の本質は精神にあり、精神の領域を文化ととらえて「文化の繁殖」を教育の課題と考えた。彼によれば、教育とは「発達しつつある個人の中に主体的文化（教養）を発展させようとする文化活動」である。これを実現するには、個人を客観的文化に正しく触れさせ、倫理的に要求される文化の理想を確立しなければならないという。

図2-7 シュプランガー
出典：唐澤富太郎編著『図説 教育人物事典』上巻、ぎょうせい、1984。

③ アメリカの教育観

一方、世界恐慌のもたらす危機的状況に直面したアメリカにおいては、本質主義（essent-ialism）の立場に立つ教育観が示された。これによれば、進歩主義教育は子どもに極端な自由を与え、規範の習得や学力の形成を損なうおそれがある。したがって、教育がめざすべきものは、子どもを現実生活に適応させ、知識・技能・態度・理想など文化に内在する共通の核心を体系的に身に付けさせることであるという。

これに対して進歩主義の立場からも、児童中心主義への批判がみられるようになった。例えばデューイは、児童中心に傾いた教育を退けると同時に、本質主義者にも批判の目を向けた。彼は、これまで以上に社会の要求を学校教育の目的や内容に取り入れ、現実の社会生活に子どもを深くかかわらせる教育を実現できるよう進歩主義教育自体を見直すべきであると述べた。

④ 社会主義諸国の教育観

マルクス＝レーニン主義に基づく社会主義国家においては、ナチズムの国家観とも本質主義とも異なる社会・国家優先の教育目的が掲げられた。共産主義の教育観によれば、万国の労働者階級のためにこそ青少年を教育すべきであって、その枠組みは国家を超えたものである。このためには、教育と労働とを結合させる総合技術教育の原則に基づいて、人間の全面的発達を図ることが重要

であるとされた。しかし、社会主義諸国における教育は多くの場合、国家による強い統制下に置かれていた。

3.　日本における教育目的の変遷

(1)　明治期以前の教育目的

①　古代・中世

儒教や仏教などの大陸文化が伝えられ、古代律令制が確立すると、有能な官吏を養成する必要から大宝律令（701）に基づいて都に大学寮が、地方（国府）に国学がそれぞれつくられた。これらは、貴族の子弟に儒教的教養（明経）や法律（明法）などを教授し、官吏登用（貢挙）に対応できるようにする教育機関であった。一方、鎮護国家の法とされた仏教は学問研究の対象であり、寺院は学問僧にとって学業・修行の場であった。

律令制の衰退し始めた平安中期以降には、朝廷内の勢力確保をめざす有力貴族が一族子弟を大学寮に入学させるようになり、その便宜を図るため周辺に一族用の寄宿舎と学習場を兼ねた機関（曹司）を設けて運営するようになった（大学別曹または大学寮別曹）。よく知られる曹司には、藤原氏の勧学院、橘氏の学館院、在原氏の奨学院、和気氏の弘文院がある。教育内容としては儒教の中でも文芸的教養（文章道）が重視されるようになり、学問の奥義は家伝として私的に研究され、伝授されるようになった。

なお、私立学校としては、空海（弘法大師）が平安京に開いた綜芸種智院に注目すべきであろう。空海がめざしていたのは、貴族階級に独占されていた儒教にとどまらず、仏教や道教などあらゆる思想・学芸を、身分や貧富にかかわらず誰もが学べる機会を設けることであった。

鎌倉から室町、戦国時代に至るいわゆる中世期は、貴族に代わって武士階級が政治的・社会的に活躍するようになる移行期として位置づけられる。これに伴って、武士の生活を律する慣習や倫理が求められるようになり、武士にとって望ましい生き方は、文武両道に優れ、生死を顧みず主君のために戦い、名誉を重んじ、信義に厚く、厳しく自己を規制する生活態度とされた。これは同時

に教育目的でもあった。

移行期の政治体制は概して不安定であって、教育制度にも大きな進展はみられなかった。武家の教育を担ったのは基本的に家であって、武家によっては文庫を備えた教場が設けられたり家訓が用いられたりした。記録に残るもののうち前者としては金沢文庫や足利学校が、後者としては北条家、斯波家、武田家などの家訓が知られている。

室町時代以降には、手習いや日常の基本的な礼儀作法・立ち居振る舞い、精神修養などを目的に「寺入り」の慣習がみられるようになった。これは寺子屋（手習塾）の原初形態とされ、そのテキストには、手紙（往復書簡）の手本に由来する『庭訓往来』などの往来物や、『実語教』、『童子教』などの教訓書が用いられた。

② 近世

江戸時代の武家社会には文武両道の理念と学問を重んじる気風が広がり、教育目的の基盤を形成した。この背景には、中江藤樹や貝原益軒など優れた思想家によって武士道論が普及したこと、幕府に好学の将軍が代々続き、文治政策を進めて学問を大いに奨励したことなどが挙げられる。

江戸時代に発達した私塾は、学者・思想家らが学問・技芸などを授けるため、幕府や藩の政策とかかわりなく私宅を教場として開設したものである。藩校（藩学）が普及する以前、読み書きの初歩を終え一定水準以上の学問への要望を高めた若者にとっては身分にかかわらず貴重な学習の場となり、藩校が普及した後には、既成の儒学に飽き足らない学習需要の拡大にも対応した。

幕藩体制を維持する武士の精神的支柱として重視されたのは儒学であって、特に「寛政異学の禁」（1790）以降は、大義名分や秩序礼節を重んじる朱子学こそが学問の正統とされた。儒学は統治者・指導者としての徳性や責任の意識と結びつき、道徳的模範たる人倫の道を実現することが武士の職分とされた。幕府の学問所や諸藩の藩校は、儒学の学習を通してこのような武士道精神（「士道」）を修練する場であった。

昌平坂学問所（昌平黌）は幕府直轄の学問所であって、諸藩の藩校の模範と

された。開設当初は幕府の文教を担当した林家の家塾であったが、後に幕府によって接収され、幕藩子弟のみを対象とする教育機関となった。

　幕末に至り、欧米列強諸国との接触等に伴って統治体制に不安定さが増すなど諸課題に迫られた幕府は、和学講談所や蕃書調所（のち開成所）、医学所などの研究・教育機関を設けて国学や洋学の研究を進めさせた。なお、昌平坂学問所、開成所、医学所の3校は明治期に復興・再編され、東京大学の母胎となった。

　藩校は、地方の各藩が昌平黌にならって設けた教育機関であって、江戸後半期に急増した。主な教育内容は漢学と武芸であったが、時勢の推移とともに人材養成の課題が多様化し、国学や洋学も採り入れられるようになった。

　江戸時代には、庶民子弟の教育を担う寺子屋（手習所）も自然発生的に広がった。これは、農業や手工業生産、商取引の発展に伴って生活や家業に読み書きの能力が必要とされるようになったためである。江戸時代後期から幕末期にかけて急増し、明治初期の調査では全国に約16,000校あったとされるが、後の調査研究などから実数はこれをはるかに上回る3〜4万校に達していたと推測される。

　寺子屋では主として手習い（習字）が行われ、寺子の家業に応じて「読物」、「計数」（そろばん）などの実用的知識・技能も授けられた。テキストには、先述の『庭訓往来』をはじめ多様な往来物や教訓書などが用いられた。

表 2-1　江戸時代の主な私塾・藩校・郷学

私塾	漢学系	藤樹書院（中江藤樹）、古義堂（伊藤仁斎）、梅園塾（三浦梅園）、咸宜園（広瀬淡窓）、松下村塾（吉田松蔭）
	国学系	鈴屋（本居宣長）
	洋学系	芝蘭堂（大槻玄沢）、象先堂（伊東玄朴）、鳴滝塾（シーボルト）、適々斎塾（緒方洪庵）
藩校		興譲館（米沢）、日新館（会津）、弘道館（水戸）、明倫堂（名古屋）、明倫館（萩）、時習館（熊本）、造士館（鹿児島）
郷学		会輔堂（江戸、菅野兼山）、懐徳堂（浪速、三宅石庵）、閑谷学校（岡山）

表 2-2　寺子屋の主な教科書

『庭訓往来』、『都路往来』、『東海道往来』、『商売往来』、『農業往来』、『百姓往来』、『諸職往来』、『実語教』、『童子教』、『御成敗式目』、『今川状』、『女今川』

　庶民対象の教育機関としてはこのほか、幕府または藩の保護・支配のもと、寺子屋に比べて高水準の教育を施す郷学（郷校）もみられたが、これらの教育目的は総じて、身分制社会の維持、再生産の域を出るものではなかった。

(2)　近代以降の日本の教育目的

　西洋の列強諸国と対等な地位の獲得をめざした明治政府は、近代的な国家体制の確立を急ぐようになった。教育制度もまた、旧来のような階層ごとに異なる教育を排し、西洋にならって国民全員に共通の教育を施すことができるよう整備が図られた。

　近代的学校制度の出発点となる「学制」（1872）に先立ち、太政官布告「学事奨励に関する被仰出書」が出された（巻末資料参照）。その中では、近世以前の儒教的封建的教学は「詞章記誦・空理虚談」などと断罪され、個人の立身・治産昌業に資する実学が重視され、功利主義的・実学主義的な目的が掲げられた。これを国家の側からみれば、西洋の文明を身に付けた国民を育成することが教育目的とされたのである。

　欧米の教育制度を模した「学制」は、多くの点で当時の日本の実情に適さず、これに代えて 1879（明治 12）年に「教育令」が出された。これは各地方の実情や意向に配慮したり地域の裁量を拡大したりするなど自由主義的な性格をもち「自由教育令」と呼ばれたが、放任や無秩序をもたらすなどとして混乱を招いた。このため翌年、教育令は干渉主義的な性格の強いものに改められた。これは、自由民権運動の台頭を背景に、儒教的封建道徳の涵養を目的としたものでもあった。

　1886（明治 19）年、初代文部大臣森有礼は、いわゆる諸学校令（帝国大学令・師範学校令・中学校令・小学校令）を制定し、国家主義の立場から「国家

ノ須要ニ応スル」ことを学校教育の目的に
据えた。彼は、国民教育の根拠を国家に求
めながらも儒教主義を排し、近代市民社会
を構成する西洋道徳を重視した。

　1890（明治23）年、「教育ニ関スル勅語」
（教育勅語）が渙発された（巻末資料参照）。
これは天皇個人の意見を表明した文書で
あったが、法を超越したものとされ、全国
の各学校にその謄本が配布され奉読される
などして深く教育界を支配した。

　教育勅語は、「臣民」が忠孝により万世
一系の天皇を支えてきたことが「国体ノ精
華」であり、「教育ノ淵源」もここにある
という。教育の根本目的はこれをさらに発

図2-8　森　有礼
出典：唐澤富太郎編著『図説　教育人
物事典』中巻、ぎょうせい、
1984。

展させることにあるとされ、その実現に必要な家庭、個人、公民の道徳が挙げ
られた。これらの徳目は、対立関係にあった儒教主義、開明主義のいずれの立
場からも挙げられたものであって、いわば妥協の産物であった。

　教育勅語自体は、極端な国家主義や軍国主義を含むものでは必ずしもなかっ
た。しかし、対外情勢が緊迫化し政治的・思想的な体制批判が強まるにつれ、
日清・日露戦争後のナショナリズムや家族国家観の高揚などを背景に、教育勅
語に依拠した皇国主義教育が強力に推進されるようになった。

　大正期には、資本主義の進展とともに民主主義の思想が普及する一方、労働
者や農民による解放運動も活発になった。1917（大正6）年に「臨時教育会
議」が招集され、このような社会状況に対応した教育改革案が建議された。こ
こではあらためて国体主義が徹底され、「護国ノ精神ニ富メル忠良ナル臣民」
の育成と「国家有用ノ人材」の養成が求められた。

　国内の各地では、世界の潮流を受けて「新教育運動」が展開された。この運
動の主な担い手になったのは、一部の私立学校と師範学校附属小学校の教師た
ちであって、総じて児童の個性や活動、生活・経験などを重視した。その成果

表2-3 八大教育主張講演会（1921［大正8］年8月、東京高等師範学校講堂）

講演題目	講演者（所属・職名等）
1 自学主義教育の根底	樋口長市 （東京高等師範学校附属小学校）
2 自動主義の教育	河野清丸 （日本女子大学附属豊明小学校長）
3 自由主義教育の真髄	手塚岸衛 （千葉県師範学校附属小学校長）
4 衝動満足と創造教育	千葉命吉 （広島県師範学校附属小学校長）
5 真実の創造教育	稲毛詛風 （金七）（早稲田大学教授）
6 動的教育の要点	及川平治 （兵庫県明石女子師範学校付属小学校長）
7 全人教育論	小原國芳 （成城小学校教頭）
8 文芸教育論	片上 伸 （英文学者。早稲田大学卒）

出典：鈴木博雄編著『原典・解説 日本教育史』日本図書文化協会、1985、より作成。

　の一部はいわゆる「八大教育主張」などに表れ（表2-3参照）、芸術教育運動や自由大学運動など学校外にも展開をみせたが、やがて国家の統制が強まり抑え込まれるに至った。

　大正末期から昭和初期にかけて、日本の社会的基盤は、折からの経済的不況に加えて世界恐慌と国内の金融恐慌に巻き込まれることにもなった。国民の生活は窮乏の一途をたどり、労働運動・農民運動が激しさを増した。政府は思想統制をさらに強化し、学校教育、社会教育のいずれを問わず皇国主義の徹底を図った。

　脆弱な経済的基盤は矛盾を露呈し、その打開への渇望は軍国主義的愛国心の高揚と相まって、侵略戦争の拡大をもたらした。戦時体制への移行に伴って家庭教育、学校教育、社会教育のあらゆる面において「皇国民の錬成」が目的とされ、皇国史観に依拠する極端な道徳が強要された。1941（昭和16）年には「国民学校令」が出され、「皇国ノ道ニ則リテ初等普通教育ヲ施シ国民ノ基礎的錬成ヲ為ス」ことが目的とされた。戦局が悪化すると学校教育は事実上不可能となり、1945年5月、「戦時教育令」によって国民学校を除く教育はことごとく停止された。

4.　現代日本における教育目的と目標

(1)　戦後教育改革と教育目的

　1945（昭和 20）年 8 月の終戦を機に、日本の教育方針は大きく転換した。1946 年、国民主権・平和主義を基調とする日本国憲法が公布され、翌年には「新しい日本の教育の基本を確立するため」教育基本法が制定された。

　教育基本法第 1 条は、教育の目的を次のように規定している。

　　　教育は、人格の完成をめざし、平和的な国家及び社会の形成者として、真理と正義を愛し、個人の価値をたつとび、勤労と責任を重んじ、自主的精神に充ちた心身ともに健康な国民の育成を期して行われなければならない。

　1947（昭和 22）年 5 月 3 日の文部省訓令（第 4 号）では、「人格の完成とは、個人の価値と尊厳との認識に基き、人間の具える（そな）あらゆる能力をできる限り、しかも調和的に発展させることである」と説明されている。教育基本法第 1 条は同時に、「平和的な国家及び社会」にも言及している。これは「民主的平和的な国家及び社会」（教育刷新委員会建議、1946 年）と同義であって、国民主権、基本的人権の尊重、平和主義を原則とする日本国憲法のもとにおける国家社会を意味する。

　しかし、教育基本法第 1 条は全体として、「個人」の尊厳を強調したものとなっている。この法案を審議した第 92 帝国議会（1947 年 3 月）においても、「個人の完成ということに重きが置かれてあって、国家社会の一員としての義務」への言及が少ない点について多くの質問が出された。

　これに対して政府は、戦前日本の国家主義の教育に対する反省の上に立って、①個人の価値、個人の尊厳に立脚する教育の重要性を力説し、②個人の重視がやがて、祖国愛、人類愛に伸張していくと説明して、結論的に、個人と国家社会の一致調和という理念が示されているとした。すなわち、教育基本法の定める教育目的においては、個人としての完成は、同時に国家社会の責任ある成員となることでもあり、これによって初めて個人として完成され、このよう

な人間の状態が理想とされるというのである。そこには、人間と社会像が予定調和的に一体のものとしてとらえられている。

この場合、教育のめざす理想的人間像（個人）は、理想の社会（国家）において初めて考えられ、逆に、理想の社会は、理想の人間によって初めて可能となる。しかし、個人と社会のこのような関係は必ずしも安定したものではない。むしろ国家によって否定されやすいことも事実である。

例えば 1962（昭和 37）年、いわゆる高度経済成長政策に対応するため、教育の再編成をめざす「人的能力開発」の教育政策（マンパワー・ポリシー man power policy）が打ち出された。この基本構想を示した経済審議会答申（「養成訓練分科会報告」1963 年）は、人間形成を「社会人として、経済人としての人間の形成」ととらえており、明らかに社会的目的を優先させたものと解される。

(2) 現代の教育改革と教育目的

1985（昭和 60）年から 87 年にかけて、臨時教育審議会（臨教審）は教育改革に関する答申（1 ～ 4 次）を発表した。90 年代以降には、生涯学習に関する答申が中教審などから次々に出された。これらは、産業構造の変化、情報化、国際化の進展などの時代的要請を受け、教育体系全体の総合的再編成を提言したものである。学校教育については、学ぶことの意味や目的を、生涯にわたる長期的視点からとらえ直そうとしている点が重要である。

1996（平成 8）年、第 15 期中央教育審議会（中教審）は「21 世紀を展望した我が国の教育の在り方について」（第 1 次答申）答申した。同答申は、「学校ですべての教育を完結するという考え方」を退け、今後は「自ら学び、自ら考える力などの〈生きる力〉という生涯学習の基礎的な資質の育成」が重要であると述べている。

2006（平成 18）年 12 月、教育基本法は制定以来初めて改正された。改正法の教育目的には「必要な資質を備えた国民の育成」が加えられた。その「資質」の内実は、第 2 条の教育目標に記されている。道徳心、公共心、愛国心のほか「国際社会の平和と発展に寄与する態度」など、旧法に比べ総じて教育の

社会的側面への重点化が図られている（巻末資料参照）。

(3)　学校教育法にみる各学校の目的と目標

　教育基本法第18条の規定に基づき、学校教育法は各学校段階ごとの目的と目標を示している。同法の定める学校とは、幼稚園、小学校、中学校、高等学校、中等教育学校、特別支援学校、大学及び高等専門学校の8種類である（第1条）。このうち、初等・中等段階の各学校の目的は次のように定められている。

　　小学校は、心身の発達に応じて、義務教育として行われる普通教育のうち基礎的なものを施すことを目的とする（第29条）。

　　中学校は、小学校における教育の基礎の上に、心身の発達に応じて、義務教育として行われる普通教育を施すことを目的とする。（第45条）。

　　高等学校は、中学校における教育の基礎の上に、心身の発達及び進路に応じて、高度な普通教育及び専門教育を施すことを目的とする（第50条）。

　　中等教育学校は、小学校における教育の基礎の上に、心身の発達及び進路に応じて、義務教育として行われる普通教育並びに高度な普通教育及び専門教育を一貫して施すことを目的とする（第63条）。

　これによれば、小学校及び中学校は普通教育を目的とし、高等学校はこれに専門教育を加えて目的としている。中等教育学校については、その前期課程は中学校と、後期課程は高等学校とそれぞれ目的を共通にしている。また、中等・高等の教育は、このそれぞれに直接接続する下位の学校の教育を基礎として行われることが定められ、人間の心身の発達の連続性を考慮したものとなっている。この構造は、後述する教育目標にも共通にみられる。

　この場合の普通教育には2つの意味がある。1つには、将来の職業や性別等を問わず、人間としての調和的発達をめざす教育を意味し、いま1つには、社会の成員すべてが共通にもつべき基礎的な知識・技能・態度等を身につけさせる教育を意味している。

　一方、高等学校において普通教育と並行して行われる専門教育は、この語の一般的な語義や狭義の「職業教育」などとは異なる意味で用いられている。公

教育として行われる以上、社会成員の差異化・異質化・分業化を相互に補完し、協同関係を強化するために共通に行われる教育を意味するものと理解するべきであって、特定の職業に従事するための準備教育と考えるのは妥当ではない。

　これらの目的を実現するためには、より具体的な目標が必要である。学校教育法においては、教育基本法の規定に基づいて義務教育の目標（第21条）、小学校（第30条）、中学校（第46条）の教育目標とともに、高等学校（第51条）、中等教育学校（第64条）の教育目標がそれぞれ掲げられている。

　これらを主観的側面からとらえれば、おおむね①知的な理解力、②技能、③態度、④習慣などからなる能力観が浮き彫りになる。この場合、各能力間の関連性についての検討が必要である。これに対して、社会的側面から教育目標を整理すれば、①社会・経済生活、②自然的環境、③言語と数、④身体、⑤芸術の5領域に区分される。これらの各領域間には、相互に補完関係が成り立つ。教育目標の全体像を明らかにするには、これら両側面を構造的に理解する必要がある。

参考文献

唐沢富太郎編著『図説 教育人物事典』全3巻、ぎょうせい、1984

荒井 武編著『教育史』福村出版、1985

鈴木博雄編著『原典・解説 日本教育史』図書文化社、1985

荒井 武、小林政吉、牧野吉五郎、前田 幹編『教育原理』改訂第2版、福村出版、1991

大浦 猛編『教育の本質と目的』教育課程講座1、学芸図書、1991

金子 茂、三笠乙彦編著『教育名著の愉しみ』時事通信社、1991

上原貞雄、三好信浩編『教育原論』福村出版、1992

三好信浩編『日本教育史』福村出版、1993

池端次郎編『西洋教育史』福村出版、1994

小笠原道雄『フレーベルとその時代』玉川大学出版部、1994

教師養成研究会編著『近代教育史』新訂版、学芸図書、1994

大浦 猛編『教育学』第5版、医学書院、1996

岩本俊郎編『原典・西洋の近代教育思想』文化書房博文社、1998

フレデリック・ドリューシュ編、木村尚三郎監修、花上克己訳『ヨーロッパの歴史』第2

版、東京書籍、1998

　TEES 研究会編『学校と教師』新版、学術図書出版社、1999

　山﨑英則、徳本達夫編『西洋の教育の歴史と思想』ミネルヴァ書房、2001

　寄田啓夫、山中芳和編『日本の教育の歴史と思想』ミネルヴァ書房、2002

　山田恵吾、貝塚茂樹編著『教育史からみる学校・教師・人物像』梓出版社、2005

　日本ペスタロッチー・フレーベル学会編『ペスタロッチー・フレーベル事典』増補改訂版、玉川大学出版部、2006

　新井保幸、上野耕一郎編『教育の思想と歴史』新教職教育講座第1巻、協同出版、2012

　佐藤 環編著『日本の教育史』現場と結ぶ教職シリーズ2、あいり出版、2013

　鈴木理恵、三時眞貴子編『教育の歴史・理念・思想』教師教育講座第2巻、協同出版、2014

　鈴木晶子、山名淳、駒込武編著『教育思想・教育史』教職教養講座第2巻、協同出版、2018

第3章　教育課程の理論
―教育内容の編成原理―

　これまでにみてきたように、教育は一般に、人間を人間らしい存在にまで高めることを目的として行われる。一人前の人間として身に付いていて当然である、もしくは身に付けることが望ましいと一般に認められている知識、技術、価値規範などが教育を通して伝えられてきたのである。

　人間が創造し、蓄積して伝え、発展させてきたものは、「文化」と総称される。教育を通して次の世代に身に付けさせようとしてきた知識、技術、価値規範などもまた文化であり、教育そのものも文化である。

　しかし、教育内容は文化のすべてを意味するわけではない。特に、近年のように社会全体の情報化が複雑かつ高度に進み、価値観が多様化した現代においては、そのすべてを教育によって伝えることは、事実上不可能である。では、次代を担う世代が学ぶべき教育内容として、どのような文化が取り上げられ、どのような順序で教えられることが望ましいのであろうか。

　この疑問に答える手がかりとして、これまで人間がより望ましい教育内容を求めて試行錯誤を繰り返してきた足跡の一部を振り返り、その主な成果に学んでみたい。

　＊**キーワード**：教育課程、カリキュラム、学力、学習指導要領、教科・科目、
　　　　　　　　道徳、総合的な学習の時間、特別活動

1.　教育課程の意義

(1)　教育の目的・目標、内容、方法

　教育内容は、教育目的、目標や教育方法とは異なる概念である。しかし現実には、これらを意識的に分けて教育を行うことは困難である。そのように区別して教育を行うことに大きな意義があるとも思われない。

　教育内容は、教育目標や教育方法との間で互いに作用し合う関係にある。目標なしに内容の選択はあり得ず、内容なしに目標を立てることはできない。内容を抜きに方法を考えれば活動は形式的なものになり、方法についての検討を欠いた内容の編成は意味の乏しいものになる。教育目標を達成するために、教育内容を具体的な教育実践に反映させようとすれば、教育方法と結びつくのである。

　教育目的を実現するために、その下位概念として具体的な目標が設けられる。教育目標とは、教育を通して学習者が特定の知識や技術を習得したり態度を身に付けたりすることである。この場合の知識や技術は、身に付けるべき目標であると同時に、教育の内容を具体的に表したものでもある。

　例えば、数学科の学習で「三平方の定理」を学ぶとき、その定理の意味を理解し、解法に適用したり実際生活に応用したりする方法を習得することは教育目標である。しかし同時に、三平方の定理そのものは教育内容でもある。

　読解力や計算力などのように、学習者の何らかの能力を高めることが目標である例もある。この場合、教育活動の中で扱われる題材や事象は、客観的な文化財から取り上げられるだけではなく、学習者自身の生活や経験からも選ばれる。このときの教育内容は、文化財または生活経験から選ばれた具体的な題材や事象である。

　このように、教育の目標と内容は、具体的な教育活動の中ではいわば表裏一体の関係にある。教育内容は、教育活動を通して学習者の中に形成されることが期待される資質や能力を具体的に述べたものなのである。

(2) 文化と教育内容

「文化遺産（cultural heritage）」の語に象徴されるように、人間が過去から現在に至るまでその英知と経験によって築き上げてきた文化は、幅広く奥の深い領域にまで及んでいる。

公教育において扱われる教育内容は、多くの人にとって共通の課題意識や関心に基づいていること、思想的、政治的、あるいは分野の点で極端な偏りのないことなどを条件としている。公共図書館の資料がある程度網羅的に収蔵され、日本図書館協会の定める十進分類法などに基づいて利用の便が図られていることなどはその典型例である。

文化財の中から、特に次代の社会を担う青少年の現在及び将来にとって、共通に身に付ける価値のあるもの、学ぶ必要のあるものを選んで編成されたものが、公教育の場である学校において教えられる。多種多様な文化財の中から何を取り上げ、どのような順序で教えるかは、文化内容そのもののもつ論理的性質、学校を取り巻く社会の状況、学習者の心身の発達段階などによって決められる。

もちろん、学校は単に過去の文化を伝承するだけの機関ではない。現在の生活に直接役立つ表層的な知識や技能を伝達するだけの機関でもない。少なくとも、次の時代に向けて心身のさまざまな発達の可能性を有する青少年たちに、その発達の源泉となる文化を伝え、新たな文化創造の担い手として彼らを育てる場であることが期待されている。

したがって、学校をはじめ公教育において取り上げられる内容は、文化財のうち最も基本的なもの、普遍的なもの、多くの人にとって共通のものである必要がある。それは、人類の真理探究の成果とされるもろもろの学問、技術、芸術等の根幹をなすものだからである。これら基本的な文化内容を、学習者の心身の発達をはじめ学習に適した教材の系列として編成したものが教科（subject）である。

(3)　教育内容と教育課程

　今日の学校の時間割には、広範な教科の授業のほか、道徳、学級活動（ホームルームなど）、総合的な学習の時間（総合学習）などが組み込まれている。時間割以外にも、運動会・体育祭、文化祭などの学校行事、児童会・生徒会、部活動などの自治的・自主的活動、地域における奉仕活動や自然・社会体験などがある。このように、学校における教育活動はきわめて多彩であって、いずれも何らかの教育的意図のもとに実践されている。

　これらのうち教科の授業は、文化財を直接に用いて行われる教育活動であって、古くから「知的陶冶」などと呼ばれてきた。学校においてはこのほかに、子どもの生き方や行動の変容に直接働きかける「訓育」（生活指導）の活動も行われている。今日の小・中学校、高等学校に取り入れられている総合的な学習の時間（総合学習）は、教科や教材を直接には扱わず、活動そのものの中に文化を取り入れている例である。クラブ活動は、児童・生徒自身が自主的に活動しながら、高度な文化の伝達を伴っている例である。これらの中には、いずれも何らかの形で教育内容が含まれている。

　日本の学校教育においては、「教育課程」の語が広く用いられている。これは教科の内容だけでなく、上述のような広範な教育活動全体を含むものである。教育課程は一般に、「学校のような組織的な教育機関が、その教育の目的や目標を達成するために選択した教育内容と教育活動を計画的に編成したもの」と説明される。

　日本語の「教育課程」は、戦後教育改革の過程で、curriculum（カリキュラム）の訳語として充てられたものである。しかし、「教育課程」の意味する範囲とカリキュラムのそれとは、必ずしも一致しない。

　カリキュラムの原語はラテン語の currere（競走路）であって、後に履歴、学習のコース（course of study）の意味に転じたという。このうち「履歴」は「個人の成長の軌跡」を意味するようになり、今日でも、履歴書を Curriculum Vitae と表記することがある。「学習のコース」は「一定の教育機関に用意されている学習コース」を意味している。

2.　教育課程の構成原理

(1)　教育課程の規定要因

　教育課程のあり方は、直接には教育目的や目標によって決まる。しかし、その背後にある社会または指導者のもつ教育観もまた、教育課程を決定する要因の1つである。個々の時代や社会についてみると、教育課程は次の3つの条件によって規定されてきたといえる（図3-1）。

　第1は文化的条件である。教育は伝統的に、社会が継承し蓄積してきた文化遺産を伝える役割を求められてきた。したがって、各時代の学問や芸術等の論理や水準によって教育課程は異なるものである。

　第2は社会的条件である。教育は本質的に社会的な営みであるから、何らかの形で社会の要請や社会制度等の規制を受けざるを得ない。特に近代以降においては、社会の諸課題を実現するために学校は大きな役割を果たすことが求められ、法令などにもさまざまな形でそれらの要求が反映されている。

　第3は学習者の主体的条件である。教育は指導者と学習者との間で行われるものであるから、学習者の心身の発達状況は教育内容の水準や配列等を決定す

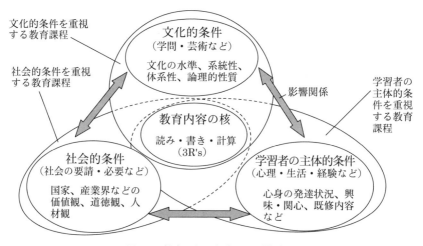

図3-1　教育課程の規定要因（模式図）

る重要な要因である。学習者が無理なく学び、その成果が有効なものになるための最低条件の1つは、教育課程が学習者の知的・情緒的・身体的発達に適していることである。

　これらの要因はそれぞれ独立したものでなく、さまざまな形で相互に作用し合いながら、教育課程のあり方に影響を与えてきた。

　教育課程の編成にあたっては、教育目標に照らして次の2つの要素を検討する必要がある。1つは、文化財の中からどのような種類や範囲のものを取り上げて教育内容とするかであって、スコープ（scope）と呼ばれる。もう1つは、教育目標を最も効果的に達成するために教育内容をどのような順序で配列するかであって、シークエンス（sequence）と呼ばれる。

　教育内容の配列については、学習者の発達段階が考慮されることが一般には多いが、教育内容相互の間に継続性や系統性が保たれていることも重要である。継続性とは、学習された内容がその後も必要に応じて活用されることであり、系統性とは、学習内容が連続的に高い水準に進んでいくことをいう。今日では、子どもの経験、理解度や社会的必要度などが重視される傾向にあるが、文化財の体系性や論理的性質についての検討も怠ってはならない。

(2)　教育課程の類型

　教育の内容を何に求めるかによって、教育課程は教科型と経験型に大別される。かつてのヨーロッパの大学や中等学校の教育課程の多くは、典型的な教科型であった。教育内容は学問そのものであり、学問の系統と論理によって教科が構成されていた。

　しかし、20世紀初頭から主としてアメリカで教育課程の改造運動が展開され、伝統的な教科型教育課程に代えて学習者の経験や活動を促すものに見直す取り組みがみられるようになった。伝統的教育課程がこれまで考慮していなかったとして批判された主な点は、①教科間の関連性や統一性、②社会的必要性、③学習者の心理や発達の状況であった。

　多数の並立する教科目を統合しようとする試みは、ツィラーの「中心統合法」をはじめ、ドイツの「合科教授」、アメリカの「コア・カリキュラム」などに

みられる。ボッシングらは、教科統合の程度によって教育課程を次の5つに類型化した。

　　ⅰ．教科中心カリキュラム　独立した各教科を、相互に関連なく教えるもの。

　　ⅱ．相関カリキュラム　各教科は独立しているが、類似の内容は異なる教科間でも関連させて教えるもの。

　　ⅲ．融合（合科）カリキュラム　類似の教科どうしを1つの領域にまとめ、これらの領域のまとまりを単位に教育課程を編成して教えるもの。

　　ⅳ．広域（広領域）カリキュラム　教育内容をあまり細かい教科に分けず、自然、社会、人文などのように広い文化分野の枠内で教えるもの。

　　ⅴ．コア・カリキュラム　教育内容を構成する要素の中から、全体の核になるものを選び出して中心に位置づけ、他の内容をこれと関連づけて教えるもの。

これに対して、各教科間の類似性によってではなく、生活や活動との関連から教科そのものを分類することもできる。

　　ⅰ．基礎教科群（用具教科）　社会生活のさまざまな活動の手段となる教科。国語、算数など。

　　ⅱ．内容教科群（内容教科）　自然、社会、人間等についての一般的な知識や理解を深めることをねらいとする教科。社会、理科など。

　　ⅲ．表現教科群（技能教科）　鑑賞、創作、表現活動などを通して豊かな情操を養い、生活に潤いをもたせる教科。音楽、美術など。

　　ⅳ．技術教科群（生活教科）　生活に直接必要な具体的で実際的な知識、態度、技術などを身に付けさせようとする教科。技術・家庭、保健・体育など。

教育課程に深いかかわりをもつ教材、学習者、社会のうち、どの要素を重視するかによって、教育課程を類型化しようとする考え方もある。

　　ⅰ．教材中心カリキュラム　人類が継承し発展させるべき学問や芸術等の文化遺産の体系をもとに教育課程を編成するもの。

　　ⅱ．学習者中心カリキュラム　学習者にとっていかに有効な経験や活動

を組織するかを基本的な視点に、児童・生徒の関心、必要、能力などに応じて教育課程を編成するもの。

ⅲ．社会中心カリキュラム　社会的な現実をもとに教育内容を選択し、社会の変化や要求に対応できる能力や態度を育てることを強調する教育課程。

　近年においては、教育目標の違いによって教育課程の類型化を図る試みもある。

ⅰ．完全習得カリキュラム　必修でテストによる検証が可能。構造性も重要度も高い。

ⅱ．拡大カリキュラム　選択必修で検証が可能。構造性は高いが、重要度は低い。

ⅲ．発達カリキュラム　必修でテストによる検証が可能。構造性は有機的で低いが、重要度は高い。

ⅳ．個人カリキュラム　自由選択で検証は不可能。構造性も重要度も低い。

　いずれの類型についても、それらのうちの特定の型の教育課程を絶対視するようなことは避けるべきである。教育に影響を与える要因は多様であり、教育を通して育成すべき資質・能力にもさまざまなものがある。育てるべき資質・能力が異なれば、教育課程のあり方も異なって当然である。社会の変化、文化の多様性、目標やねらいなどを考慮に入れ、必要に応じて柔軟に使い分けたり、組み合わせたりできることが重要である。

3.　学校教育の内容とその変遷

(1)　欧米における教育課程の変遷

　カリキュラムの用語が「学習のコース」の意味で用いられたのは、17世紀以降とされるが、「学習のコース」という概念そのものの歴史はこれに比べてはるかに長い。教育機関が設けられ、人材を養成したり若い世代を一人前にしたりする仕事が登場して以来、途絶えることはなかったといってもよい。最も古く

は、原始社会の「イニシエーション（入社式）」に至る過程にも、何らかの形で「学習のコース」が用意され、年長者による指導が想定されていた。

　文字の発明や政治機構の発達に伴って、書記や学者などが重んじられるようになると、その種の専門家を組織的に養成する機関が設けられるようになり、そこには一定の知識や技能を修得するためのプログラムが設けられた。例えば、古代ギリシャの哲学者プラトンやアリストテレスは学校（スコレー）を設け、自らの教えを弟子に伝えようとした。宗教上の聖職者（僧侶）の後継者を養成する場合にも、寺院や修道院に所定の教育プログラムが用意されていた。

　このように、初期の学校は特定の専門職の養成機関として成立したため、教育内容も各職種に必要な教養を与えるという観点から選ばれた。選択された内容は、当時の学問の分類や論理的性質に従って区分された。古代ギリシャに始まるいわゆる「リベラル・アーツ（liberal arts 自由学芸）」の系譜は、その典型例である。

　プラトンは哲学を理解させるため、基礎学科としての体育、音楽（詩歌を含む）、上級学科としての算術、幾何、天文、音楽、最上級の弁証法（哲学）からなるカリキュラムを構想した。ローマ帝政時代には、これを継承して「自由学芸」が確立し、中世においても中等教育の代表的内容とされた。これらを経ていわゆる「七自由科」が成立し、文法・修辞学・弁証法（論理学）からなる三学と、算術・幾何学・音楽・天文学からなる四科に分類、構造化された。この流れは、大学などの一般教養の内容構成として、各段階の学校のカリキュラムにも影響を与えてきた。

　絶対主義の国家体制が広がるようになると、軍事、政治、経済などの面で有能な知識・技能を身に付けた国民が必要とされるようになった。学校教育には、従来のような古典的・人文主義的教養よりも、現実生活に直接役立つ実際的、世俗的な教養が取り入れられるようになった。

　人々は拡大した知識をもとに物事を理性的、自律的にとらえるようになり、自然界を中心とした諸現象の中に秩序や法則を求めるようになった。このようにして生まれたのが近代自然科学であった。この成果はやがて国家、法制、教育などの領域においても、理性に基づいた普遍的法則性を求める動きとなって

現れた。学校教育においては、いわゆる近代的教科が成立し、文化の内容を広く、系統的に学習することができるようになった。

　一方、一般庶民のための学校は、上流階層のそれに比べて遅れて成立した。これは、生産活動や商品の流通が盛んになり、人々の教育要求が高まったことなどを背景としたものであった。当時の主な教育内容は、読み、書き、算術のいわゆる3R's（reading, writing, arithmetic）であった。

　近代国家の成立や資本主義の拡大に伴って、学校に子弟を通わせる階層はさらに広がった。これは、新たに登場した産業支配層の要求を背景としたものであった。学校は実用的な知識を伝達するだけでなく、技術科・家事・裁縫科などのような技能的教科（実科）を伝える場にもなった。教科のほか、従順で勤勉な労働者を育成するための宗教教育または世俗的な道徳教育を施す役割も担わされることになった。

　19世紀以降、国家主義が急速に進展すると、各国とも国民の精神的統一と知識、技能の向上を図ることに強い関心を示すようになり、公教育制度の成立を促した（第5章参照）。このために学校教育に取り入れられた内容には、国民として共通に身に付けておくべき「国語」、祖国や民族の「歴史」（郷土史）、国勢の版図である「地理」、国民・公民の育成を特に意識して設けられた「公民科」（郷土科）、民族の伝統的な文化としての「芸術」（音楽、美術）などがあった。

　教科の中には、「歴史（国史）」、「道徳」、「修身」などのように、知識の伝達にとどまらず、愛国的な心情を高めようとするものもあった。アメリカの「市民科（civics）」、「社会科（social studies）」のように、国家が理想とする社会のあり方を政治的教養として身に付けさせようとするものもあった。教科の授業だけでなく、集団生活や団体行動の規律・訓練、儀式などの学校行事、集会などでの訓戒や訓話などにも、国民精神を統合しようとする意図が反映された。

　1920年代のアメリカでは、ガイダンス（guidance）と呼ばれる各種の教育活動が学校に導入された。例えば、進路指導や各種の相談（カウンセリング）、ホームルームなどがこれに相当する（第7章参照）。これらはいずれも、当時の社会的・時代的状況を反映したものである。

(2) 近代教育思想と教育内容

　理想的な教育のあり方を模索する近代教育思想家は、伝統的なカリキュラムにさまざまな修正を施し、それぞれ独自の構想を試みた。その先駆は、「統一学校の父」と称されるコメニウスの学校論にみられる。大著『大教授学』（1657）第27章には、母親学校（6歳まで）、母国語学校（12歳まで）、ラテン語学校（18歳まで）、大学（アカデミア、24歳まで）の4段階の学校を設け、「汎知」（汎ゆること）をすべての子どもに教えられるようにすべきことが強調されている。コメニウスは、子どもの年齢や能力に応じて教授すべきであるとも述べているが、この主張は概して方法論についての言説であって、教育内容の編成にまで及んでいるわけでは必ずしもなかった。

　イギリスの政治思想家ロックは『教育に関する考察』（1693）第3章において、徳性、分別、育ち、知識の習得を目的とするカリキュラムを構想した。徳性は宗教を、分別は「ずるさを避ける指導」を、育ちは「礼儀作法のしつけ」をそれぞれ内容とし、知識については国語、外国語、速記法、地理、算術、幾何、年代学、歴史、道徳、市民法、自然哲学を内容とするものであった。このほかに技能教育の内容としてダンス、音楽、剣術、乗馬が、「手織」教育の内容として絵画、手工、園芸、細工技術、商業簿記、総仕上げとして旅行が、それぞれ挙げられていた。

　18世紀の思想家ルソーのカリキュラム構想は、その著『エミール』（1762）に記されている。これは子どもの発達段階に基づいて4期に分けられ、身体的発達と言語指導の初歩（離乳期）、感官の訓練と知育・徳育の入門（12、3歳まで）、実物中心の自然学習と実地体験中心の社会学習（15歳まで）、感情の教育（20歳）からなっている。

　ヘルバルト学派のツィラーは、「中心統合法」と「文化史的段階説」に基づくカリキュラム論を構想した。これは、道徳的・宗教的教科を核として歴史または情操教科と自然科を置き、言語科と数学科をこれに従属させ、さらにこれらの両教科群に地理、体操、技能、唱歌を従属させるものである。このうち歴史教育の内容は、神話の時代から現代に至るまでの時代の順序を学年進行に対応させて配列したものであった。

　哲学者スペンサーは『教育論』（1861）を著し、「完全な生活へわれわれを準備すること」を目的に教育内容を構想した。それは、①直接的な自己保存活動に必要な知識（健康、傷害の治療等）、②間接的な自己保存活動に必要な知識（諸科学、技術等）、③親になるために必要な知識（初歩的な生理学としつけ）、④市民になるために必要な知識（歴史、政治的知識を含む生物学、心理学、社会学）、⑤余暇の充足に必要な知識（美的教養のための美術、芸術等）からなるものであった。

　20世紀初期には、児童中心主義の台頭を背景に、子どもを中心とするカリキュラムの統合が主張された。例えば1910年代のドイツでは、合科教授（Gesamtunterricht）が試みられた。アメリカの教育学者デューイは、教育を「経験の再構成」の過程とみなし、子どもの生活経験を中心とするカリキュラムを主張した。「広域カリキュラム」や「コア・カリキュラム」などのように、教科中心主義と児童中心主義を折衷しようとする試みもみられた。

　その後のカリキュラム改革の試みは、子どもの心身の発達段階、心理（興味・関心など）、経験、活動等を中心とするものへ、次第に重点を移行させていった。その結果、学習活動の自由度は増し、その内容は豊富になった。しかしその反面、社会生活の場面よりもむしろ個人的活動を重視する傾向が強まった。

　このようにして、新教科を増設したり個々の教科内容を修正したりするだけでなく、構成そのものを見直して教科間の関連・統合を図る試みや、子どもの生活経験や社会的要求に応じてカリキュラムを構成する試みなどもみられるようになった。

(3)　戦前期日本における教科課程の変遷

　国民全体を対象とする近代的な公教育制度を日本にもたらしたのは、「学制」（1872）であった。これは、教育課程を編成する日本最初の本格的な取り組みでもあったが、基本的には欧米の学校制度のそれを模倣したものであった。

　「学制」は小学校を上下2等、各4学年に分け、下等小学には「綴字・習字、単語、会話、読本、修身、書牘、文法、算術、養生法、地学大意、理学大意、体術、唱歌」の14科目を置いた。上等小学にはこれらに「史学大意、幾何学、

罫図大意、博物学大意、科学大意」の4科目を加え、土地の情況によって「外国語、記簿法、画学、天球学」を置き得ると定めた。この構成は、封建的教学を退け、知識主義・実学主義に立つ「被仰出書」の趣旨に基づくものであった。

「学制」は当時の日本の実情に合わず、1879（明治12）年に「教育令」（自由教育令）が出された。しかし、これも自由放任など混乱をもたらすなどと批判され、早くも翌年には改正された（いわゆる改正教育令）。これを機に、日本の教育は皇国主義へと転じ始めた。

改正教育令に基づいて1881（明治14）年に「小学校教則綱領」が出され、小学校は初等（3年）、中等（3年）、高等（2年）に分けられた。初等科では「修身、読書、習字、算術ノ初歩及唱歌、体操」の6科が、中等科ではこれに「地理、歴史、図画、博物、物理ノ初歩、裁縫［女児］」が、高等科では中等科の各科に「化学、生理、幾何、経済ノ初歩［女児では経済に代えて『家事経済ノ大意』］」の4科がそれぞれ加えられた。ここでは修身が筆頭教科とされたこと、歴史による徳育の強化と実用的教科の導入が主な特徴であった。

1890（明治23）年に「小学校令」が、翌年に「小学校教則大綱」がそれぞれ出され、日本の近代公教育制度の基盤が確立することになった。教育内容については「徳性ノ涵養ハ、教育上最モ意ヲ用フベキナリ。故ニ、何レノ教科目ニ於テモ道徳教育国民教育ニ関連スル事項ハ、殊ニ留意シテ教授センコトヲ要ス」などと定められ（第1条。濁点及び句読点は引用者による）、特に「教育ニ関スル勅語」（教育勅語）の精神を深化徹底することが求められた。例えば「日本歴史」には、神話をはじめとする建国の過程や歴代の天皇の治世、人物の説話など主観的な教材が用いられた。

このような教育課程の構造は、1903（明治36）年の教科書の国定化などにみられる国家統制の強化と相まって、戦前期の教育内容の根幹を強く規定した。大正期の新教育運動においては、自学自習主義や合科教授の主張もみられたが、国家の統制はなお強く、概して一過性のものに終わった。

1941（昭和16）年、「国民学校令」が出され、国民学校初等科の目的は「皇国ノ道ニ則リテ初等普通教育ヲ施シ国民ノ基礎的錬成ヲ為ス」こととされた。

教育内容は「皇国民錬成」の目的のもとに、①国民科（修身、国語、国史、地理）、②理数科（算数、理科）、③体錬科（体操、武道）、④芸能科（音楽、習字・工作、[初等科女児のみ裁縫を加える]）、⑤実業科（農業、工業または水産）の5教科に再編成された。編成の基準は学問の論理に基づくものでは必ずしもなく、儀式、学校行事、修練なども教科と一体のものとみなされた。

(4)　戦後日本における教育課程の変遷

　戦後の教育課程は、第1次米国教育使節団報告書（1946）の勧告によって方向づけられた。同勧告は教育内容の画一主義と統制主義を廃し、それを選択する自由を教師に与えること、教育の根幹は民主主義社会の市民の資質の育成にあること、そのため教育課程は子どもの個性と能力差に応じ、社会生活の実際に即して編成すべきことなどを求めていた。

　1947（昭和22）年、文部省はこれを受けて学習指導要領一般篇及び教科篇を編集し、新たな教育課程の基準として示した。教科はアメリカの経験主義の教育理論に基づいて構成され、小学校の場合、国語、社会、算数、理科、音楽、図画工作、家庭、体育及び自由研究とされた。

　新設された教科の中でも注目すべきは「社会科」、「家庭科」（小学校では男女共通）、中学校「職業」（のち「技術・家庭」第10章参照）、「自由研究」である。特に「社会科」は従来の「修身」、「公民」、「地理」、「歴史」に代わって「青少年が現実の社会の問題にふれ、これを解決していく実践的能力を身に付けさせる」民主主義の時代を担う教科として期待された。

　なお、このときの学習指導要領は「試案」とされ、教師の自発的な教育・研究活動を促すための参考資料として扱われていた。このことは、次の記述からもうかがわれる。

　　　この書は学習の指導について述べるのが目的であるが、これまでの教師用書のように、1つの動かすことのできない道をきめて、それを示そうとするような目的でつくられたものではない。新しく児童の要求と社会の要求とに応じて生まれた教科課程をどんなふうに生かしてゆくかを教師自身が自分で研究してゆく手びきとして書かれたものである。

表 3-1　学習指導要領の変遷と主な改訂点

主な理念	改訂年	学校種	主な特徴
戦後新教育試案・手引	1947（昭和 22）	小・中学校	経験主義。自由研究、男女共修家庭科（小）、職業科（中）
	1951（昭和 26）	小・中学校・高等学校	自由研究廃止、教科以外の活動（小）、特別教育活動（中・高）
	1956（昭和 31）	高等学校	
系統主義学習	1958（昭和 33）	小・中学校	告示（法的拘束力・法的基準性）、系統主義、道徳の時間（小・中）、技術・家庭科の男女別学（中）、倫理・社会（高）、外国語必修（高）
	1960（昭和 35）	高等学校	
	1968（昭和 43）	小学校	高度経済成長、教育内容の現代化、能力別指導（中）、看護・理数（高）
	1969（昭和 44）	中学校	
	1970（昭和 45）	高等学校	
ゆとり教育	1977（昭和 52）	小・中学校	ゆとり、詰め込み教育の是正、豊かな人間性、基礎基本の重視
	1978（昭和 53）	高等学校	
	1989（平成元）	小・中学校・高等学校	豊かな心、個性を生かす教育、生活科（小）、習熟度別指導（中）世界史必修（高）、家庭科男女必修（高）
脱ゆとり教育	1998（平成 10）	小・中学校	生きる力（確かな学力、豊かな人間性、健やかな身体）、総合学習、完全学校週5日制、外国語必修（中）、クラブ活動廃止（中・高）、情報科（高）、福祉科（高）
	1999（平成 11）	高等学校	
	2003（平成 15）	小・中学校・高等学校	個に応じた指導、習熟度別指導（小）
	2008（平成 20）	小・中学校	生きる力、確かな学力、豊かな人間性、学習意欲・学習習慣、思考力・判断力・表現力、伝統文化、言語活動の充実、理数教育の充実、道徳教育の充実、外国語活動（小）
	2009（平成 21）	高等学校	
	2017（平成 29）	小・中学校	主体的・対話的で深い学び、特別の教科道徳（小・中）、プログラミング教育、英語を教科に（小）、総合的な探究の時間（高）
	2018（平成 30）	高等学校	

出典：文部省・文部科学省『学習指導要領』各年度版、林尚示「学習指導要領と教育課程の法制」（田中統治、大髙泉編『学校教育のカリキュラムと方法』協同出版、2013年）、鄭谷心「戦後日本における教育課程の変遷」（西岡加名恵編著『教育課程』協同出版、2018年）等をもとに作成。

　これを受けて全国各地の小・中学校においては、教育課程の研究、自主編成の運動が盛んに行われるようになり、これ以後 1950 年代にかけて各種の民間教育研究団体も結成された。その中には、「コア・カリキュラム連盟」（1948年結成）や、『山びこ学校』の実践（1951 年発表）などがあった。

　1951（昭和 26）年、学習指導要領は改訂された。このとき、従来の「教科課程」の語は「教育課程」と改められ、その内容も見直された。それによれば、教育課程は教材・教科だけでなく「特別教育活動」なども含め、「児童・生徒たちが望ましい成長発達を遂げるために必要な諸経験とかれらに提供する全体的計画」とされ、児童生徒の成長に必要な経験や活動として認識されるようになった。

　その後、戦後教育に対する批判や反省の声が聞かれるようになり、1958（昭和 33）年から翌々年にかけて、学習指導要領は全面的に見直された。この改訂では、学習指導要領の法的な取り扱いが改められた。学校教育法施行規則は小学校等の教育課程について、「文部大臣が別に公示する学習指導要領の基準によるものとする」と定め、「試案」としては扱われなくなった。これによって学習指導要領は、法的拘束力を伴う基準となったのである。

　内容面では、基礎学力の充実、科学技術教育の向上、各教科内容の精選、基本的事項の重点学習、道徳教育の徹底などが重視された。小・中学校の教育課程は一般教科、道徳、特別教育活動、学校行事の 4 領域とされ、道徳の時間が特設された。教科のうち中学校の社会科は、歴史、地理、政治経済社会の 3 分野に分けられ、学年別に学習されることになった。各教科、学年ごとに目標、内容から指導計画の作成、指導上の留意点などに至るまで細かく規定されることになり、各学校の教育課程の編成や教育実践について、国の統制が強まったとみることができる。

　1968（昭和 43）年から翌々年にかけても学習指導要領は改訂された。経済の発展期を迎えたこの当時、「教育内容の現代化」の必要性が叫ばれ、理数系教科を中心に教育水準の向上が課題となった。改訂に際しては「調和と統一のある教育課程」、「有効適切な基本的事項の精選」などが強調された。授業時数は最低時数から標準時数としての扱いに改められ、従来の特別教育活動と学校

行事は統合されて「特別活動」となった。

　1977（昭和52）年から翌年にかけて、小・中学校の学習指導要領は三たび改訂された。当時の学校教育のあり方をめぐっては、知育偏重に流れ、受験競争などが過熱していることなどに批判が集まった。このため、改訂にあたっては、人間性豊かな子どもの育成、ゆとりある充実した学校生活、児童・生徒の個性、能力に応じた教育の実現などが主なねらいとされた。

　1989（平成元）年から翌年にかけて、幼稚園教育要領及び小・中・高等学校学習指導要領が全面改訂された。ここで課題とされたのは、変化の激しい時代情勢を背景に、学校教育を生涯学習体系の中に位置づけ、青少年が心豊かに、主体的・創造的に生きていけるようにすることであった。このため、「自ら学ぶ意欲と社会の変化に主体的に対応できる能力」の育成を図ることや、「基礎・基本の重視と個性を生かす教育」に力が入れられた。

　小学校低学年には、従来の社会・理科に代えて「生活科」が新設され、高等学校には総合制や単位制が導入された。「文化と伝統の尊重」も強調され、「特別活動」の学校行事に際して「国旗」を掲揚し、「国歌」を斉唱することがあらためて義務づけられた。

　1998（平成10）年及び翌年、新学習指導要領が告示された。改定の方針は、各学校が「ゆとり」の中で「特色ある教育」を展開すること、基礎的・基本的な内容を確実に身に付けさせること、自ら学び自ら考える力など「生きる力」を育むことに置かれた。その上で教育課程実施の基本的な視点として、①豊かな人間性や社会性、国際社会に生きる日本人としての自覚を育成すること、②多くの知識を教え込む教育を改め、子どもたちが自ら学び自ら考える力を育成すること、③ゆとりある教育を展開し、基礎・基本の確実な定着と個性を生かす教育を充実すること、④各学校が創意工夫を生かした特色ある教育、特色ある学校づくりに努めることが挙げられた。

　2003（平成15）年12月、学習指導要領の一部が改定された。これは同年10月の中央教育審議会（中教審）答申を受けて、「確かな学力」を育成し、「生きる力」を育むねらいの一層の実現を図ることを目的としたものである。

　新しい時代にふさわしい教育の基本理念は、2006（平成18）年12月の教育

基本法改正により、法的に明らかにされた。翌年 6 月には学校教育法が改正され、教育課程についてもこれらを踏まえた見直しが図られることになった。08年 1 月の中教審答申「幼稚園、小学校、中学校、高等学校及び特別支援学校の学習指導要領等の改善について」は、その基本的な考え方を次のように示している。

　　ⅰ．改正教育基本法等を踏まえた改訂

　　ⅱ．「生きる力」という理念の共有

　　ⅲ．基礎的・基本的な知識・技能の習得

　　ⅳ．思考力・判断力・表現力等の育成

　　ⅴ．確かな学力を確立するために必要な授業時数の確保

　　ⅵ．学習意欲や学習習慣の確立

　　ⅶ．豊かな心や健やかな体の育成のための指導の充実

　2008（平成 20）年から翌年にかけて学習指導要領が改訂され、09 年 4 月から順次移行期間を経て施行されることになった。改訂の主な観点は、「生きる力」を育むというこれまでの理念を維持しつつ、これをさらに確かなものとして実現するため、その具体的な手立てを確立することとされた。改訂の背景には、いわゆる学力問題をはじめとする子どもの心身の発達上の課題や、新しい時代にふさわしい教育理念の見直しなどが挙げられる。

　このうち学力低下の懸念は、「ゆとり教育」の是非をめぐるかねてからの議論に加え、国内外の各種学力調査の結果を受けて、さらに深まったものである（第 9 章参照）。

　子どもの生活習慣の乱れやそれに伴う体力の低下傾向、集団不適応、自己肯定感・規範意識の低下などの諸課題についても、家庭や地域との緊密な連携協力のもと早急な対応が求められている（第 8、9 章参照）。

　教育内容の主な改善事項としては、次の点が強調されている。

　　ⅰ．言語活動の充実

　　ⅱ．理数教育の充実

　　ⅲ．伝統や文化に関する教育の充実

　　ⅳ．道徳教育の充実

　ⅴ．体験活動の充実

　ⅵ．小学校段階における外国語活動

　ⅶ．社会の変化への対応の視点から教科等を横断して改善すべき事項

　　　情報教育、環境教育、ものづくり、キャリア教育、食育、安全教育、心身の成長発達についての正しい理解

　2017（平成29）年から翌年にかけて学習指導要領は改訂され、2020年から実施されることになった。育成すべき資質・能力として大きく見直されたのは、従来の「何を学ぶか」だけでなく、「何ができるようになるか」、「どのように学ぶか」まで重視されるようになったことである。これは、グローバル化のさらなる進展や、AI（人工知能）をはじめとする技術革新など社会の急速な変化を背景に、次代に求められる資質・能力に再検討が迫られているためである。

　上述の「何ができるようになるか」については、①生きて働く知識・技能、②未知の状況にも対応できる思考力・判断力・表現力等の育成、③学びに向かう力、人間性等が強調されている。

　「どのように学ぶか」については、「主体的・対話的で深い学び」を推進すべきこととされている。従来のように、教科・科目・単元ごとに個別的な知識・技能の習得を図るだけでなく、それらを活用して多面的に考え、判断し、表現する学習を通して、複合化した予測しがたい課題にも、協働的に対処しうる資質・能力を育成することが求められているといえよう。

　学習観の見直しに伴って、教育評価のあり方も再検討しなければならない。学習の目標や指導方針は、それまでの目標達成度の判断にもとづいて決定づけられるからである。育成すべき資質能力が多面的・多角的なものとなれば、それに応じて学習内容や方法だけでなく、評価方針も多面的・多角的なものとならざるを得ない。

　今後の学習指導は、学習成果や指導法にとどまらず、教育課程全体にわたる多面的・多角的な評価を含めた、PDCAサイクルの確立と的確な運用を伴わなければならない。

4.　教育課程の現状と課題

(1)　教育課程の理念と現行法制

　各学校の教育課程は、法令に基づいて編成される。国の教育目的の基本的枠組みについては「教育基本法」に、各学校の目的及び目標については「学校教育法」にそれぞれ定められている。

　教育課程の編成については「学校教育法施行規則」第 50 条（小学校）、第 72 条（中学校）、第 83 条（高等学校）及び第 106 条（中等教育学校等）にそれぞれ定められている。教育課程の基準については、同規則第 52 条（小学校）、第 74 条（中学校）及び第 84 条（高等学校）に、次のように定められている。

　　　小学校［中学校、高等学校］の教育課程については、この節［章］に定めるもののほか、教育課程の基準として文部科学大臣が別に公示する小学校［中学校、高等学校］学習指導要領によるものとする。（［ ］内は校種により異なる）

　教育課程を構成する主な領域は次のとおりである。高等学校の教育課程に「道徳」は設けられていない。

　　ⅰ．小学校：各教科（国語、社会、算数、理科、生活、音楽、図画工作、家庭、体育、外国語）、特別の教科 道徳（道徳科）、外国語活動、総合的な学習の時間、特別活動

　　ⅱ．中学校：各教科（国語、社会、数学、理科、音楽、美術、保健体育、技術・家庭、外国語）、特別の教科 道徳（道徳科）、総合的な学習の時間、特別活動

　　ⅲ．高等学校：各学科に共通する各教科、主として専門学科において開設される各教科、総合的な探究の時間、特別活動

　これらの各領域の活動は、それぞれに固有の内容をもつものの、全体として有機的な関連性と統一性をもっている必要がある。学習指導要領に「各教科等及び各学年相互間の関連を図り、系統的、発展的な指導ができるようにすること」と記されているのはこのためである。

　現行の学習指導要領は、2017（平成29）年及びその翌年に告示され、翌年度から移行期間を経て施行されることとされている。その冒頭には次のように記されている。

　　　各学校においては、教育基本法及び学校教育法その他の法令並びにこの章以下に示すところに従い、生徒の人間として調和のとれた育成を目指し、生徒の心身の発達の段階や特性及び学校や地域の実態を十分考慮して、適切な教育課程を編成するものとし、これらに掲げる目標を達成するよう教育を行うものとする（中学校学習指導要領）。

　学習指導要領は教育課程編成の一般方針として、引き続き子どもの「生きる力」をはぐくむべきことを示しており、「各教科」、「特別の教科 道徳」、「総合的な学習［探究］の時間」及び「特別活動」からなる枠組みについては、従来のものが基本的に踏襲されている。しかし各教科については、基礎的・基本的な知識及び技能の確実な習得にとどまらず、問題解決のための思考力、判断力、表現力等を育む手立てとして、科学的・読解・数学リテラシー能力の育成に相当する教科（算数・数学、理科、国語、外国語）の授業時数が見直されている。

　特別の教科 道徳（道徳科）の目標については、「人間としての生き方を考え、主体的な判断の下に行動し、自立した人間として他者と共によりよく生きるための基盤となる道徳性を養うこと」を掲げた上で、次のように示されている（中学校学習指導要領第 1章総則）。

　　　人間尊重の精神と生命に対する畏敬（いけい）の念を家庭、学校、その他社会における具体的な生活の中に生かし、豊かな心をもち、伝統と文化を尊重し、それらを育んできた我が国と郷土を愛し、個性豊かな文化の創造を図るとともに、平和で民主的な国家及び社会の形成者として、公共の精神を尊び、社会及び国家の発展に努め、他国を尊重し、国際社会の平和と発展や環境の保全に貢献し未来を拓（ひら）く主体性のある日本人の育成に資することとなるよう特に留意すること。

　これを受けて第3章では、「道徳的諸価値についての理解を基に、自己を見つめ、物事を広い視野から多面的・多角的に考え、人間としての生き方につい

ての考えを深める学習を通して、道徳的な判断力、心情、実践意欲と態度を育てる」目標を達成するため、学習内容に次の各項目を挙げている（中学校学習指導要領）。

　A　主として自分自身に関すること：自主、自立、自由と責任、節度、節制、向上心、個性の伸長、希望と勇気、克己と強い意志、真理の探究、創造

　B　主として人との関わりに関すること：思いやり、感謝、礼儀、友情、信頼、相互理解、寛容

　C　主として集団や社会との関わりに関すること：遵法清心、公徳心、公正、公平、社会正義、社会参画、公共の精神、勤労、家族愛、家庭生活の充実、よりよい学校生活、集団生活の充実、郷土の伝統と文化の尊重、郷土を愛する態度、我が国の伝統と文化の尊重、国を愛する態度、国際理解、国際貢献

　D　主として生命や自然、崇高なものとの関わりに関すること：生命の尊さ、自然愛護、感動、畏敬の念、よりよく生きる喜び

　扱われるべき項目は多岐にわたっており、青少年の道徳性涵養（かんよう）に係る課題の重さと喫緊性を反映したものといえよう。ただし、かつて戦前期の修身科をめぐって批判された、いわゆる「徳目主義」との類似性を指摘する声もある。

　いうまでもないことではあるが、道徳教育の目標は、道徳の時間にのみ達成されればよいわけではない。道徳的実践力の基礎たる道徳的判断力は、社会生活におけるさまざまな行動の過程で、生活を取り巻く状況の的確な把握や対応を通してこそ養われるものである。「学校の教育活動全体を通じて」、「各教科、総合的な学習の時間及び特別活動における道徳教育と密接な関連を図りながら、計画的、発展的な指導によってこれを補充、深化、統合」することが強調されているのはこのためである。

　「総合的な学習〔探究〕の時間」は2000（平成12）年度から実施されている領域であって、地域や学校、児童生徒の実態に応じて「横断的・総合的な学習や探究的な学習を通して、よりよく課題を解決し、自己の生き方を考えていくための資質・能力」を育成するものとされている。そのねらいや主な指導方針

については、次のように示されている（中学校学習指導要領第4章）。

(1)　探究的な学習の過程において、課題の解決に必要な知識及び技能を身に付け、課題に関わる概念を形成し、探究的な学習のよさを理解するようにする。

(2)　実社会や実生活の中から問いを見いだし、自分で課題を立て、情報を集め、整理・分析して、まとめ・表現することができるようにする。

(3)　探究的な学習に主体的・協働的に取り組むとともに、互いのよさを生かしながら、積極的に社会に参画しようとする態度を養う。

「特別活動」の目標については、次のように示されている（中学校学習指導要領第5章）。

集団や社会の形成者としての見方・考え方を働かせ、様々な集団活動に自主的、実践的に取り組み、互いのよさや可能性を発揮しながら集団や自己の生活上の課題を解決することを通して、次のとおり資質・能力を育成することを目指す。

(1)　多様な他者と協働する様々な集団活動の意義や活動を行う上で必要となることについて理解し、行動の仕方を身に付けるようにする。

(2)　集団や自己の生活、人間関係の課題を見いだし、解決するために話し合い、合意形成を図ったり、意思決定したりすることができるようにする。

(3)　自主的、実践的な集団活動を通して身に付けたことを生かして、集団や社会における生活及び人間関係をよりよく形成するとともに、人間としての生き方についての考えを深め、自己実現を図ろうとする態度を養う。

これは、社会生活の基盤をなす集団活動の意義に基づき、教師と子ども、あるいは子どもどうしの多様なかかわりを通じた心身の調和的発達を図ろうとするものである。この場合、各教科の学習や教育相談との関連や、家庭や地域の人々との連携協力を図りながら、他者理解や自治的能力を育成することが望ましい。

なお、特別活動に属する活動は、次のように区分されている。

　ⅰ．小学校：①学級活動、②児童会活動、③クラブ活動、④学校行事

　ⅱ．中学校：①学級活動、②生徒会活動、③学校行事

　ⅲ．高等学校：①ホームルーム活動、②生徒会活動、③学校行事

⑵　今後の教育改革と教育課程をめぐる課題

　公教育における教育内容のあり方をめぐっては、なお多くの課題が残されている（第10章参照）。

　その１つは、各教科の授業時数や教科内容の削減に伴って、いわゆる「学力低下」の懸念が依然としてくすぶっていることである。国際教育到達度評価学会（IEA）や経済協力開発機構（OECD）によるものなどを含め、国内外のいわゆる学力調査に類するものの結果は、しばしば関心の的になる。報道機関によるこれらの取り扱いも、総じて学力低下の懸念を増幅させるものとなりがちである。

　しかし、機械的な暗記や計算などのいわゆる「詰め込み型」教育への回帰は避けなければならない。国際化、情報化など急激に変化する社会情勢の下では、基礎学力にとどまらず、科学的、創造的思考力や豊かな表現力が必要とされるからである。もっとも、記憶を軽んじて思考のみを強調するのは一面的である。特に、育てるべき科学的、創造的思考力とはどのようなものかについては、単なる「思考力」にとどまらないきめ細かな検討が必要であろう。

　学習到達度の評価にあたって見直された評価のあり方についても、さまざまな議論がある。学習指導要領の改訂前から、観点別評価は絶対評価で行われており、評定に総括する場合に相対評価が行われていた。いわば絶対評価が加味されて相対評価が行われていたわけである。生徒指導要録の見直しとともに、評定への総括の際にも絶対評価を行うことになり、このような観点別絶対評価を実際の授業でどのように行うかが焦点となっている。

　最後に、アカウンタビリティ（accountability、説明責任）の問題を挙げておこう。これは、公共の資金を通して教育が行われた成果が、保護者をはじめとする資金の負担者を満足させるものであるかどうかを問うことである。

　学校教育をめぐっては、上述の学力低下の懸念をはじめ、学級崩壊、学習塾

の公認、学区制の弾力化など、状況がさまざまに変化している。これに伴って教育課程の内実とその成果に批判の目が向けられるようになり、もはや「お上」の行う公教育といえども無条件に受け入れるべきものとは考えられなくなっている。学校選択権をはじめ学校教育のあり方に保護者自らが関与しようとする主張が強まっているのもその証左である。

　この問題は、「教師の教育課程編成の力量」とも深くかかわっている。学校全体として明確なビジョンを示し、それに基づいてどのような教育課程を編成するのか、編成した教育課程をどのように実践するのかが、保護者等から今後ますます注目を集めることになる。教師は授業の力量にとどまらず、カリキュラム編成の力量も問われるのである。

参考文献

海後宗臣監、肥田野直、稲垣忠彦編『教育課程（総論）』東京大学出版会、1971

教師養成研究会編著『資料解説教育原理』改訂版、学芸図書、1981

天野正輝『教育課程編成の基礎研究』文化書房博文社、1989

菱村幸彦ほか編『全訂新版・教育課程ハンドブック』教育開発研究所、1990

荒井 武、小林政吉、牧野吉五郎、前田 幹編『教育原理』改訂第2版、福村出版、1991

安彦忠彦編『新版カリキュラム研究入門』勁草書房、1999

柴田義松編著『教育学を学ぶ』学文社、2000

柴田義松『教育課程―カリキュラム入門』有斐閣、2000

佐藤 学『学力を問い直す』岩波書店、2001

柴田義松編『新・教育原理』改訂版、有斐閣双書、2003

安彦忠彦『教育課程編成論』改訂版、放送大学教育振興会、2006

野原 明編『教育課程の改革』教育開発研究所、2006

広岡義之編著『新しい教育課程論』ミネルヴァ書房、2010

田中耕治、水原克敏、三石初雄、西岡加名恵『新しい時代の教育課程』第3版、有斐閣、2011

田中統治、大髙泉編『学校教育のカリキュラムと方法』協同出版、2013

西岡加名恵編著『教育課程』協同出版、2018

（校種ごとの学習指導要領及び解説は割愛した）

第4章　学習・発達論
—ひとの学びと成長—

　この章では、主に経験を通して得られた行動の変化である学習についての理論の理解を、動機づけ、記憶を踏まえて学んでいく。さらに、主に誕生後してからのさまざまな変化が、どのような要因や段階を経て起きてくるかという発達の理論について学んでいく。

　＊キーワード：学習、連合理論、認知理論、動機づけ、記憶、発達、発達課題、
　　　　　　　　発達段階

1.　学習の基本的理論

　学習は一般に「経験による比較的永続的な行動の変容」と定義される。感覚の順応、疲労による行動の一時的変化、成熟、老衰等の訓練や経験に基づかない行動の変化を含まない。さらに、原則的には、観察可能な事象を問題にするのが特徴である。学習の成立についての説明理論には、S-R（刺激-反応）連合理論と認知理論とがある。
　S-R連合理論とは、学習はある刺激と反応とが結びつくことで成立するという立場である。試行錯誤学習を唱えたソーンダイク、古典的条件づけのパブロフ、オペラント条件づけのスキナーらがこの立場をとる。
　認知理論またはS-S（記号-意味者）理論は、学習は、生活体が学習する中で意味や関係を理解し、環境に対する認知の仕方が変化する中で起こるとする立場である。この立場をとるものとしては、洞察説を唱えたケーラー、サイン・

ゲシュタルト説のトールマン、観察学習（モデリング）の理論を提唱したバンデューラがいる。

2.　S-R 連合理論

(1)　古典的条件づけ

　これは、ロシアの生理学者パブロフによって体系立てられた理論である。パブロフは、イヌを用いた実験によって学習の成立を明らかにした。パブロフは唾液腺の研究をイヌで行っていた。その実験の過程で、唾液を分泌させるためにイヌに餌を与えていた。研究が進むにつれて、イヌは助手が実験室に入った段階から餌を与えていないのに唾液を分泌するようになった。つまり、イヌの行動が実験前とで変容したのである。

　この事実をもとに、パブロフは実験装置を組んで条件づけについて実験を行った（図4-1）。まず、メトロノームの音刺激が与えられた。イヌは、音のする方に頭を向けたり耳をそばだてたりなどの反応（定位反応）を示した。次に、音刺激を与えてからすぐに餌を与えた。餌を与えられたイヌは、餌を消化するために唾液を分泌した。このように音刺激を与えた後に餌を与えること（対提示）を繰り返すと、イヌは、音刺激だけを与えられても唾液を分泌するように

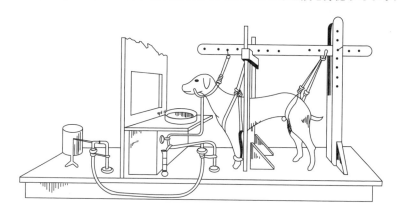

図4-1　パブロフの古典的条件づけの装置

出典：学習理論研究グループ編『学習心理学』川島書店、1968。

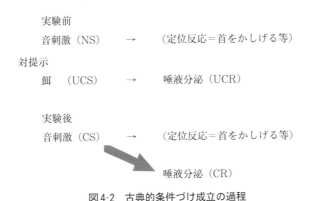

図4-2　古典的条件づけ成立の過程

なった（図4-2）。

　音刺激は、実験前は唾液分泌とは関係のない「中性刺激（NS）」であった。実験の結果、餌が引き起こす反応と連合して唾液分泌という新しい反応を引き起こす刺激となった。このときの刺激を「条件刺激（CS）」という。条件刺激によって引き起こされる反応を「条件反射（CR）」という。また、餌は、イヌが生得的にもっている消化という反応を引き起こす刺激であることから、「無条件刺激（UCS）」という。

(2)　古典的条件づけにおける強化と消去

　古典的条件づけでは、メトロノーム（CS）の後に餌（UCS）を対提示することを「強化」という。メトロノーム（CS）のみを提示し、餌（UCS）を提示しないでおくと、次第に唾液分泌がみられなくなっていく。このように、学習された条件反射を減少させることを「消去」という。一般に強化回数が多いほど消去されにくい。

(3)　オペラント（道具的）条件づけ

　ソーンダイクは、「問題箱」とよばれる装置を考案した（図4-3）。この装置は、扉を開けるためには紐を引くなどの操作が必要な箱である。空腹のネコをこの箱に入れて、箱の外に餌を置いた。ネコは箱から出て餌を得るために箱の

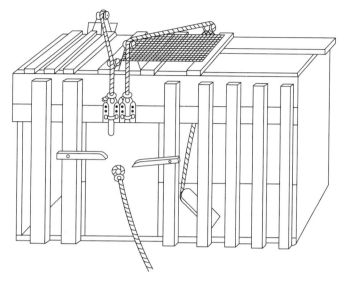

図4-3　ソーンダイクの問題解決箱

出典：学習理論研究グループ編『学習心理学』川島書店、1968。

中でさまざまな行動をとった。そのうち偶然、紐を引いた結果扉が開いて、ネコは餌にありつくことができた。このような作業を繰り返すと、ネコのでたらめな試行錯誤行動は減少していき、箱に入れられるとすぐに紐を引いて出るようになった。

　このような実験から、たまたま紐を引くという反応に、餌という刺激が連合してネコは箱から脱出して餌を得るという行動を学習したとソーンダイクは考えた。

　ソーンダイクの研究を発展させたのはスキナーであった。スキナーは、ネズミ等の動物を「スキナー箱」といわれる装置に入れて実験を行い（図4-4）、条件づけの過程を研究した。この箱は、箱の中にあるレバーを押せば水や餌が出るしくみになっている。箱の中に入れられたネズミは、箱の中を歩き回ったり、レバーをかじったりとさまざまな行動（自主的行動・オペラント行動）を行う。そのうち、たまたまレバーを押すと餌が出てくる。ネズミはその餌を食べる。その後もネズミはオペラント行動を行う。そうして、再びレバーを押す

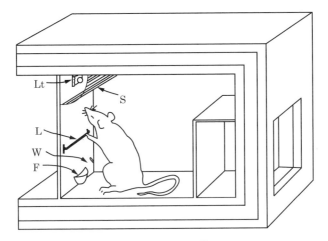

図4-4　スキナー箱
（Ltは照明、Lはレバー、Wは水の出る口、Fは餌が出る皿、Sはスクリーン）
出典：学習理論研究グループ編『学習心理学』川島書店、1968。

学習成立前のネズミのオペラント行動

歩き回る
壁をかじる
レバーをかじる
レバーを下げる
レバーを押す　━━━━━━▶　餌　━━━━━━▶　食べる
その他

学習成立後
レバー（CS）→レバー押し行動（CR）→餌（UCS）→餌を食べる（UCR）

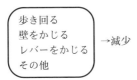
→減少

図4-5　オペラント条件づけ成立の過程

という事態が起こる。すると餌が出てくる。このレバー押しと餌が繰り返されているうちに、ネズミはレバーを押すと餌が出てくることを学習し、他の行動は減りレバー押しの行動が増える（図4-5）。

この場合、レバーがCS、レバー押し反応はCR、餌はUCS、そして餌を食べるという行動は、UCRとなる。

(4) オペラント条件づけにおける強化と消去

オペラント条件づけでは、あるオペラント行動が起きた後に刺激を与えることで、そのオペラント行動が起きる頻度が高まることを強化という。頻度を高める刺激を強化子または強化刺激という。ネズミの例では、餌が強化子である。

強化には、正の強化と負の強化とがある。あるオペラント行動の後に、ある刺激を与えた結果、その行動が高まったとき、これを正の強化という。逆に、あるオペラント行動の後に電撃刺激等の刺激が取り除かれ、その行動が起きる回数が高まったとき、このような強化の仕方を負の強化といい、電撃刺激を負の強化子という。負の強化は罰とは異なるので注意が必要である。

罰とは、餌を与えない（正の強化子を与えない：消去ともいう）、または電撃刺激を取り去らない（負の強化子を除去しない：弱化ともいう）ためにオペラント行動が起きる回数が減少した場合をいう。

オペラント条件づけにおいても古典的条件づけにおいても、条件反射と餌（UCS）の提示の時間的感覚は少ないほど学習が消去されにくい。

(5) 強化スケジュール

オペラント条件づけでは、オペラント行動が起きた後に、どのように強化子を与えるかについての規則が重視される。毎回強化子を与える方法を連続強化、時々強化子を与える方法を部分強化という。また、部分強化の与え方について、一定時間経過後の最初の行動に強化子を与える方法を定時強化スケジュール、一定時間後の最初の行動に強化子を与えるのは同じであるが、その時間経過が一定ではない与え方を、不定時強化スケジュールという。このほ

か、一定回数の行動が起こると強化する定率強化スケジュール、強化子が与えられる行動の回数が決まっていない変率強化スケジュールがある。

⑹　高次強化

　条件反射を起こすようになった条件刺激に他の新しい刺激を対提示するという操作を繰り返すと、この新しい刺激のみを提示しても条件反射が起こるようになる。このような条件づけを2次条件づけ、あるいは高次条件づけという。

　オペラント条件づけを用いてこれを説明すると、先のスキナー箱を、今度はランプが点灯するようにしておく。そして、ただレバーを押しただけでは餌は出ず、ランプが点灯した直後にレバーを押すと餌が出るようにしておくと、ネズミはランプが点灯したときにレバーを押すように条件づけられるようになる。人間の不安の学習等がこの高次強化によって説明できる。

3.　条件づけの諸特徴

⑴　自発的回復

　学習が一度消去されて条件反射が起きなくなった後、しばらく休憩時間をおき、再び条件刺激を提示すると、消去されていた条件反射が回復する現象がみられる。これを自発的回復という。このとき、条件刺激に無条件刺激も加えた強化を行うと、消去前の反応の水準に戻る。このように、再度、強化の手続きを行うことを「再条件づけ」という。また、自発的回復後に、条件刺激のみを与える、つまり消去の手続きを行うことを「再消去」という。

⑵　刺激の般化

　条件反射を起こすような条件刺激とは別の類似した刺激に対しても条件反射が起こるようになることを般化という。例えば、古典的条件づけにおいては、「ファ」の音を聞かせた直後に餌を与えると、「ファ」の音を聞くと唾液分泌が起こるように条件づけられる。その後に、「ソ」の音を聞かせても唾液分

泌が起こるようなことである。元の条件刺激からの違いが多くなるにつれて、例えば「レ」の音の方が、「ソ」の音よりも条件反射の数は減少する傾向にある。

(3) 刺激の弁別

般化は、生活体が環境に適応するために必要な現象である。しかし、環境に適応するためには、特定の刺激に対して特定の反応が起こるようになることも必要である。これを「弁別」という。

古典的条件づけの例では、「ファ」の音を聞かせたときには餌を与え、「ソ」の音を聞かせたときには餌を与えないという操作を繰り返すと、「ファ」の音のみで唾液分泌が見られるようになる。このような操作を「分化強化」という。

オペラント条件づけにおいては、レバーを上げると餌が出るが、レバーを下げると餌が出ないようにすると、レバーを上げるようになる。

4. 認知理論による学習

(1) 認知地図

トールマンは、ネズミに自由に迷路の中を走らせた後、迷路のなかのある場所に餌を置いて、ネズミの行動を観察した。ネズミが餌にたどり着く学習が成立後、餌にたどり着いたルートを遮断すると、ネズミは新たに試行錯誤することなく餌に一番近いルートを通って餌にたどり着いた。

これは、ネズミが迷路の中を自由に走り回っている間に迷路全体の構造が学習されていたためと考えられた。つまり、ネズミは迷路を走り回りながら学習した認知地図を利用して、餌の場所が分かったため、試行錯誤することなく餌にたどり着いたと考えられたのである。

このように学習が成立したのは、餌という目的のために、最短のルートを通るという手段をとった手段-目的関係を認知的に学習したためと考えられた。このような説をサイン・ゲシュタルト説という。

(2)　洞察説

　ケーラーは、チンパンジーを檻の中に入れ、檻の外にバナナを置いた。檻の中には、棒を2本入れておいた。2本の棒をつながなければ届かない距離にバナナを置いておくと、チンパンジーは試行錯誤することなく状況を把握し、棒をつないでバナナを手に入れた。つまり、チンパンジーは、この事態を把握し洞察したと考えられた。このような学習を洞察学習説という。

(3)　観察学習

　バンデューラは、幼児を被験者として実験を行った。まず、実験前に幼児が攻撃的な行動をとらないことを確認した後、3つの群に分けた。第1群には、等身大のビニール製の人形を殴ったり蹴ったりする行動をする大人が出てくる映画を見せた。第2群には、他の玩具で遊んでいる映画を見せた。第3群には何も観察させなかった。その後、幼児たちは、映画に出てきたおもちゃのある部屋に連れて行かれ、自由に遊ぶように言われた。

　その後の行動を観察したところ、攻撃的行動をとったモデルを観察した群は、他の群よりも攻撃的行動を多く示した。さらに、漫画の主人公や、モデルが動物であっても学習が成立することが明らかになった。

　モデルとなる事象を観察してから、実際に行動に現れるまでには、注意の過程、保持の過程、運動再生過程、動機づけの過程という4つの過程があるとバンデューラは考えた。この意味は、単にモデルがあったから学習が成立するのではないことを示しているともいえる。

　注意過程とは、モデルに注意を向け、意識する過程である。保持過程とは、モデルの行動をいろいろな意味で保持することである。運動再生過程とは、モデルと同じ行動を実際に行ってみる過程である。動機づけ過程とは、モデルと同じ行動を行うように強化される段階である。

　直接本人には強化子が与えられず、モデルのみが強化されるという代理強化も、モデルと同じ行動をとるための強化子となることが観察学習の特徴の1つである。

5. その他の学習の特徴

(1) 集中法と分散法

　習得する内容を休憩を入れずに集中して行う学習を集中法といい、休憩時間を設ける学習方法を分散法という。一般的に分散法によって学習された内容は、集中法よりも長く保たれる。

(2) 全習法と分習法

　学習する内容をひとまとまりにして学習する方法を全習法といい、いくつかに分けて各部分を学習練習する方法を分習法という。一般的には、全習法の方が有利であるといわれているが、学習する技能の種類や難易度、そして学習者の年齢や能力などの学習者側の条件も影響するといわれている。学習者の能力に応じてではあるが、できるだけ多い量を学習する方が有利であるといわれている。しかし、学習する内容が難しすぎる場合には、分習法が有利であるといわれている。

(3) 学習曲線

　学習の進歩の過程をグラフ化したものを学習曲線という。一般的には、学習曲線の型は、学習の量が多くなるにつれて漸進的に学習の成績も増加する。学習の種類によっては、学習を続けているにもかかわらず、一時的に学習成績が上がりもせず下がりもせず平坦になる時期がある。この現象を高原現象（プラトー）と呼ぶ。

(4) 学習の転移

　以前に行った学習が、その後の学習に影響を与えることを学習の転移という。以前の学習が後の学習を促進する場合を「正の転移」、逆に以前の学習が後の学習を阻害する場合を「負の転移」という。転移には、以前の学習と後の学習の類似性や以前の学習の習熟度等が影響するといわれている。

6.　動機づけ

(1)　学習と動機づけ

　先に述べたように学習とは、「経験による比較的永続的な行動の変容」であるが、いったん学習が成立しても、常に学習した行動をとるわけではない。例えば、ランプが点灯したらレバーを下げることを学習したネズミも、満腹時にはその行動は起こさないであろう。

　パブロフもスキナーも、餌をイヌやネズミが食べるように、空腹にさせておいた。空腹になることで、餌への欲求が高まるからである。そこで、動機づけについて検討してみよう。

(2)　動機づけの過程

　生活体に行動を起こさせ、起きた行動をある方向に向かわせ、目標に到達して行動を終わらせる一連の流れを動機づけの過程という。例えば空腹を感じたとき、その空腹状態をなくしたいという状態を「欲求」という。欲求が生じた結果、生活体を食物を得るという行動に向かわせる力を「動機」という。そして、食物を得て食べることで動機は低くなる。この食物のように、行動の目標となる事象を「誘因」という。

　欲求には、空腹、渇き、睡眠、呼吸、排泄、性など生命の維持や種の保存に不可欠な欲求である1次的欲求と、達成、親和、金銭等の学習によって後天的に獲得された欲求である2次的欲求とがある。

(3)　動機の種類

　動機には、生まれつき生活体に備わっている動機である生得的動機（1次的動機）と、学習の結果得られた動機である社会的動機（2次的動機）とがある。

①　生得的動機

生得的動機には、生体の内的状態の均衡状態が破られたときに、それを元に

戻そうとする作用であるホメオスタシス性動機、性動機、内発的動機等がある。

ホメオスタシス性動機には、飢餓動機、渇動機、睡眠動機、呼吸、苦痛回避等がある。

性動機は、種の保存のための求愛行動等を起こさせる動機である。高等動物になるにつれて、ホルモンの影響よりも経験・環境・心理的要素が影響してくる。

内発的動機には、感性動機、好奇動機、操作動機、探索動機、接触動機等がある。この動機は生得的にもっているものであって、行動すること自体が目的となっていることが特徴である。

② 社会的動機

社会的動機には、達成動機、親和動機をはじめ金銭、所属集団、承認などがある。達成動機とは、その社会で困難であるとか価値があるとされることを達成しようとする動機である。一般に達成動機の高い人は、成功と失敗の確率が五分五分の課題を選択し、低い人は、達成の可能性が低いような難易度が極端に高い目標か、完全に失敗しない難易度が低い課題を選ぶ傾向がある。親和動機とは、他者と良い関係を築いたり協力したりするなど、親密な関係をつくり維持しようとする動機である。

例えば、グループで実験をしようとするとき達成動機が高い人は、実験を理解していて良い結果を出せそうな人と組むが、親和動機の高い人は、実験の理解度ではなく、話しやすいとか仲が良いことなどを基準にグループをつくる傾向がある。

7. 記憶

(1) 記憶とは何か

学習によって変容した行動が比較的永続的維持されるためには、学習した事象が記憶されていなければならない。以下に、記憶についても簡単に触れておく。記憶は、記銘→保持→想起の3段階からなっている。記銘とは、経験したことを覚えること、保持とはそれを持続して覚えておくこと、想起とは保持し

たことを取り出すことである。

(2) 記憶の特徴

記憶は、その時間の長さによって感覚記憶、短期記憶、長期記憶に分けられる。感覚記憶は、目や耳などの感覚器官から入った情報がわずかな時間保持されているような記憶である。短期記憶は、感覚記憶が、注意され意識されることでさらに数十秒間保持されているような記憶である。長期記憶は、短期記憶が脳に貯蔵され、半永久的に保持されているような記憶である。

短期記憶には、「注意」という情報選択作用がかかわっている。また、短期記憶では、7±2チャンク（まとまり）という法則の有効性がいわれている。これは、短期記憶を効果的に行うためには、7±2のまとまりにしておくと記憶されやすいということである。短期記憶を長期記憶にするためには、単に反復を繰り返すよりも、意味を理解し、イメージ化するような作業が必要である。

(3) 記憶の歪み・変容

記憶は、情報の獲得段階、保持過程、保持された情報を取り出すときに歪んだり変容したりすることが知られている。獲得段階では、例えば同じ講義を受けていても、何に注意を向けたかによって記憶される内容は変わってくる。再生段階では、ラベリング効果が知られている。記憶後に、あるラベルを与えられるとその方向に記憶が変わるカーマイケルの実験が知られている。

彼は、被験者にいくつかの図形を見せ記憶させた。記憶後、再生する際に、言語ラベルを変えた。その結果、「窓のカーテン」と告げたときと、「長方形内の菱形」と告げたときとでは、再生図形に変化が生じていた（図4-6）。

(4) 忘却

記憶したことを忘れることを忘却という。忘却には、貯蔵されていた情報が消失した自然崩壊説、記銘されていて長期記憶になっているものの、適切な手がかりをなくしてしまったために想起できない検索失敗説、他に覚えたことが干渉して、記憶したことを忘却してしまう干渉説がある。干渉説のうち、学習がそれ以前に行った学習によって思い出しにくくなることを順向抑制、保持期

間中に行った新しい学習によって、それ以前に学習したことを保持しにくくなることを逆向抑制という。

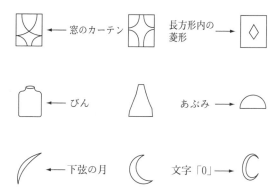

図4-6　言語的ラベルが多義図形の記憶に及ぼす影響の例
出典：カーマイケル、1932の図を学習理論研究グループ
　　　編『学習心理学』（川島書店、1968）から転載。

　エビングハウスは、保持した情報が時間とともに忘却されていくことを実験的に証明した（図4-7）。

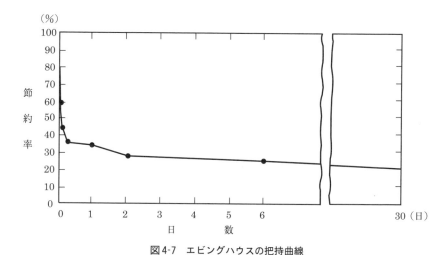

図4-7　エビングハウスの把持曲線
出典：エビングハウス、1885の図を学習理論研究グループ編
　　　『学習心理学』（川島書店、1968）から転載。

8.　学習理論の適用

　学習理論が主に適用されているのは教育と臨床心理の分野である。臨床心理の分野については第 7 章に述べることとし、ここでは教育への適用について検討する。

　教育への適用としては、スキナーの理論を応用したプログラム学習がある。スキナーは、ティーチングマシンを考案し、これをオペラント条件づけの理論をもとに利用した。特に、罰を用いない、結果をすぐに知らせる、簡単に行うことのできる反応から始めて、徐々に望みの反応が起きやすくするように学習させるというようにスモール・ステップで進む、反復練習を行うことが基礎となっている。

　武田（1985）も、アメリカンフットボール部の監督となったときに、学習理論を適用してコーチをした。従来は選手が失敗すると大声で叱責し、罰としてグラウンドを走らせていたが、それをやめ、怒鳴らない（恐怖を与えない）、選手が失敗してもそこに注目しない（強化しない）、その代わり選手が少しでも良いプレーをした場合には、それを見つけ誉めるなどして強化した。

　この結果、心理的には選手は叱られないことから自由にのびのびとプレーができるようになった。さらに、良いプレーを強化したので良いプレーが増え、そうでないプレーが減っていった。うまくいくことで選手が自信を持ち、最終的に日本一になることができたといわれている。

9.　発達

　発達を理解することは、人間がどのように生まれどのように育ち、そして、老い、死んで行くのかという大きな流れが理解できるようになる。教育をしていく上で、発達の原理、発達段階、発達課題等を理解することは、教育の適時性、適格性、また問題を明らかにすることができる。

⑴　発達の定義

　発達とは「受胎から誕生を経て死に至るまでの全生涯にわたる心身の形態、機能、構造上の量的・質的変化過程」である。この「変化過程」は、量的・質的増加だけでなく、能力の衰えも意味するようになっている。発達は、成長や成熟という生理的側面を基礎におきつつ、心理・社会的変化も含んでいる。

　発達に関する概念として、「成長」「成熟」がある。成長は例えば、身長が高くなる等の発達の量的側面をいう（「背が大きくなった子どもに「成長したね！」と言うようなとき」）。「成熟」は、例えば、「身体が成熟した」というように、遺伝情報等によって身体的な形態や機能、能力に自発的に起こる変化のことを指す。

⑵　発達段階と発達課題

　発達に関しては、昔からその規定要因について議論されてきた。大きな流れとしては、「遺伝か環境か」から「遺伝も環境も」を経て、「遺伝と環境が相互に影響している」となっている。

①　遺伝か環境か

A．遺伝説

　遺伝か環境かを考えたときに、遺伝的要因を主要な規定要因とする立場である。この立場は、ルソーの「自然成長論」やゲゼル「成熟優位説」にみられるように人間の発達の要因は、例えば、「蛙の子は蛙」「三つ子の魂百まで」「血筋の重視」というように生得的にほぼ決まっているとする考え方である。

　この立場を支持する研究としては、犯罪者の家系と学者の家系の調査から、犯罪者の家系には犯罪者が多く、学者の家系にはアカデミックな職に就いた人が多かったことから発達には遺伝的要因が多く影響を与えているという家系研究がある。

B．環境説

　遺伝か環境かを考えたときに、「氏より育ち」「トンビがタカを生む」等の諺

に示されるように、後天的な環境的要因を主要な規定要因とする立場である。
ロックは、「白紙説（タブラ・ラーサ）」説を、ワトソンは「学習説」を唱えた。
人間は生まれたときには何も書かれていない白紙のようなもので、それに何を
書き込むか（経験するか）で、人の発達が決まるという考え方である。

　この立場を支持する研究としては、文化によって男性女性の性格的傾向が違
うという文化人類学研究や、フランスの「アヴェロンの野生児」やインドの
「オオカミ少女アマラとカマラ」の例（これは、元々重度の発達の障害があっ
たためという説もある）は、ヒトが人になるためには、人間社会という環境が
必要であることを示している（第 1 章 2 を参照）。

②　遺伝も環境も

　遺伝か環境かのどちらかのみが
発達に影響を与えている立場に対
して、遺伝と環境の両方が影響し
ているという立場であって、シュ
テルンによって提唱された。しか
し、実際には例えば、英語が喋れ
るようになったのは、何割が遺伝
要因で残り何割が環境要因から明

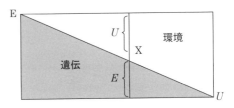

図 4-8　発達を規定する遺伝と環境の関係
出典：新井邦二郎編著『図でわかる学習と発
　　　達の心理学』福村出版、2000。

確には分離できない。この立場は、遺伝と環境は別の要因であり、「遺伝か環
境か」と「遺伝と環境が相互に」の中間に位置する理論といえる（図 4-8）。

③　遺伝と環境が相互に

　遺伝要因と環境要因が相互に影響し合って発達を規定するという考えが相
互作用説である。ジェンセンの「環境閾値説」は、発達が顕在化するためには、
遺伝要因が必要で、その遺伝要因が機能するように、ちょうど遺伝要因が入っ
た箱を開ける鍵の役目をしているのが環境因であると考える。これは、ローレ
ンツのインプリンティング（刻印づけ）の研究で明らかになった臨界期の概念
によっても説明される（図 4-9）。

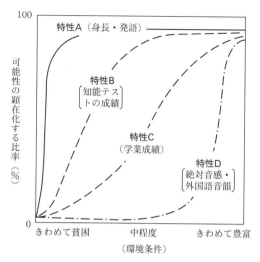

図4-9　遺伝的可能性が顕在化する程度と環境の質との関係
出典：ジェンセン、1968を桜井茂男編『たのしく学べる
　　　最新教育心理学』（図書文化社、2004）より一部転載。

(3)　発達理論

発達には、通常以下のような原理がある。

①　一定の順序・方向性がある。

言葉では、「喃語 → 一語 → 二語 → 多語」、身体では「上（頭部）→ 下
（足）」、神経は「中心→末梢」へと、思考は、「具体→抽象」へと発達するよう
に一定の順序・方向性がある。

②　連続的である。

各段階で特徴があるが連続的である。前段階の経験は後段階の発達に役
立っている。

③　発達曲線（スキャモン）に示されるように、発達は異なった速度で進む。

世代が新たになるにつれ、人間の身体発達が促進されていく発達加速現象
や、一般に都市部の方が地方より発達の到達水準が高いという発達勾配現象が

知られている。

④　発達には個人差がある。

発達の順序性や連続性があるが、発達の速度には個人差がある

(4) 発達段階

　個体発達の過程において、ある領域の心理的機能に着目したとき、ある時期の機能の特徴が前後の時期のそれと異なり、かつ、機能間の関連パターンにも前後の時期のそれと区別される特徴が見られるとき、それを 1 つの段階として区別したものの系列」を発達段階という。

　基準は、歴史的・社会的習慣や制度、身体発達や性的成熟、全体的な精神構造の変化、特定の精神機能や運動機能の発達などを基準に区別する。

表 4-1　発達期の区分

出生前期（prenatal period）：胎内にいる時期。卵体期（ovum：受精後 6 〜 10 日）、胎芽期（embryo：〜 2 か月ごろ）、胎児期（fetus：〜 40 週まで）に区分

新生児期（neonatal period）：生後 4 週まで

乳 児 期（infancy）：生後 4 週目〜 1 歳 6 か月まで

幼 児 期（young childhood）：1 歳 6 か月〜就学まで

児 童 期（childhood）：小学生の時期

*思春期（puberty）：小学生後半〜中学生

青 年 期（adolescence）：中学生〜 20 歳代後半

成 人 期（adulthood）：30 歳代〜

*中年期（middle age）：青年と老年の狭間

老 年 期（senescence；old age）：65 歳以上

（注）　*研究者により、各期の始期や終期が一致しないことがある。特に、「思春期」と「中年期」は、その時期を設定するかどうかを含めて、研究者による違いが大きい。

出典：無藤隆・子安増生編『発達心理学 I 』東京大学出版会、2011。

表 4-2 種々な基準による発達段階の区分

基準	人名	0	1	2	3	4	5	6	7	8	9	10	11	12	13	14	15	16	17	18	19	20	21	22
社会的	(学校制度)						幼稚園		小　学　校						中学校			高　校			大　　学			
社会的	(一般的)	乳児期		幼　児　期				児童 (学童) 期							青　　年　　期									
身体的	シュトラッツ			第一充実期			第一伸長期		男 第 二 充 実 期				第二伸長期				第三充実期	成　熟　期						
									女 第二充実期				第二伸長期				第三充実期	成　熟　期						
精神機能	ビューラー	客観		客観→主観				主観→客観				客観→主観					主観→客観							
	牛　島			身辺生活時代				空想生活時代			知識生活時代					精　神　生　活　時　代								
精神構造	ピアジェ	感覚運動知能期			前　操　作　期				具体的操作期					形　式　的　操　作　期										
	ブルーナー		行動的 (動作的) 表象						映像的表象				象　徴　的　表　象											
精神分析	フロイト	口唇期		肛門期		男根期		潜　伏　期						性　　器　　期										
	エリクソン	信頼対不信		自発性対疑惑		積極性対罪悪感		勤勉性　対　劣等感						同一性　対　同一性の拡散							親密さ対孤立			
活　動	ヴィゴツキー (他)	直観的情緒的接触的		対象操作活動期			遊戯活動期			学習活動期				社会的コミュニケーション活動期			職業的学習活動期							

* 壮年期 (生殖性　対　沈滞)、老年期 (統合性　対　絶望) と続く (表2.3 参照)。

出典：山内光哉編『発達心理学 上』ナカニシヤ出版、1998。

(5) 発達課題

　人が健全な発達を遂げるために、各発達段階において達成されることが社会的に望まれ、期待されている課題であって、アメリカの教育学者のハヴィガーストによって提唱された。

　多文化（人種のるつぼというよりサラダボール）のアメリカでは規準が必要であったが、日本でも価値観が多様化しており、価値の共有度が下がったため、最近必要になってきている。発達課題を定義することの利点は、学校における教育目標を発見し設定できる、教育的努力を払うべき適時性を発見できる、発達課題の達成状況によって達成が吟味できるといったことがある。

　代表的な発達課題を以下に挙げる。

① ハヴィガーストによる発達段階と発達課題（表 4-3）

表 4-3　ハヴィガーストによる発達課題

発達段階	発　達　課　題	発達段階	発　達　課　題
乳・幼児期	歩行の学習 固形食をとる学習 話すことの学習 排泄の学習 性差と性的つつしみの学習 生理的安定の達成 社会的・物理的現実についての単純な概念の形成 両親・きょうだいの人間関係の学習 善悪の区別、良心の学習	壮　年　期	配偶者の選択 配偶者との生活の学習 第一子を家族に加えること 子育て 家庭管理 職業につくこと 市民的責任を負うこと 適した社会集団の選択
児　童　期	日常の遊びに必要な身体的技能の学習 生活体としての自己に対する健康な態度の形成 遊び仲間とうまくつきあうことの学習 男子あるいは女子としての適切な社会的役割の学習 読み・書き・計算の基礎的能力の発達 日常生活に必要な概念の発達 良心・道徳性・価値観の発達 個人的独立の達成 社会集団や制度に対する態度の発達	中　年　期	市民的・社会的責任の達成 経済力の確保と維持 十代の子どもの精神的な成長の援助 余暇を充実させること 配偶者と人間として結びつくこと 中年の生理的変化の受けいれと対応 年老いた両親への適応
青　年　期	両性の友人との新しい、成熟した人間関係をもつこと 男性または女性としての社会的役割の達成 自分の身体的変化を受けいれ、身体を有効に使うこと 両親や他の大人からの情緒的独立の達成 経済的独立のめやすを立てる 職業の選択とそれへの準備 結婚と家庭生活への準備 市民として必要な知的技能と概念の発達 社会人としての責任ある行動をとること 行動を導く価値観や倫理体系の形成	老　年　期	肉体的な力、健康の衰退への適応 引退と収入の減少への適応 同年代の人と明るい親密な関係を結ぶこと 社会的・市民的義務の引き受け 肉体的に満足な生活を送るための準備

出典：山内光哉編『発達心理学　上』ナカニシヤ出版、1998。

②　エリクソンの発達段階と発達課題

　エリクソンは、人間の一生をライフサイクルとして8つの段階に分け、各段階の課題を「心理社会的危機」とした。特に青年期に自分は誰なのか、何をすべきか、どう生きるか等について確信を持てるようになるという「自己同一性の確立」が重要と考えた（表4-4）。

表 4-4　エリクソンの心理社会的発達の 8 段階

	段階	心理的危機	有意義な対人関係	好ましい結果
1	乳児期前期 （0〜1歳）	信頼　対　不信	母親またはその代りとなる者	信頼と楽観性
2	乳児期後期 （1〜3歳）	自律性　対　疑惑	両親	自己統制と適切さの感じ
3	幼児期 （3〜6歳）	積極性　対　罪悪感	基本的家庭	目的と方向；自分の活動を開始する能力
4	児童期 （6〜12歳）	勤勉性　対　劣等感	近隣；学校	知的・社会的・身体的技能の有能さ
5	青年期	同一性　対 同一性の拡散	仲間集団と外集団；リーダーシップのモデル	自己を独自な人間として統合したイメージをもつこと
6	成人期初期	親密さ　対　孤立	親友；性、競争、協同	親密で永続する関係を形成し、生涯を託するものを決める
7	壮年期	生殖性　対　沈滞	労働を分けもつことと家事を分けもつこと	家族、社会、未来の世代への関心
8	老年期	統合性　対　絶望	"人類"；"わが子"	充足と自分の生への満足感；死を受容すること

出典：山内光哉編『発達心理学　上』ナカニシヤ出版、1998。

③　フロイトの発達段階と発達課題

　フロイトは、リビドーが身体のどの部分に向かうかによって発達段階をとらえた。フロイトによると、思春期以降で異性との実際の性的行動が可能になるまでに、心理的に性的快感を得る部位が口唇、肛門、男根と移動すると考えた。各時期に性的快感が充足されると健全な発達をし、充足されないとその部位に固着が起き性格形成に影響を与えると考えた。

④　ピアジェの認知発達理論

スイスの心理学者・教育学者ピアジェは、発達について、外界をどのように
とらえ理解していくかという「同化と調節」という概念でとらえた。

ピアジェによる発達段階は以下のようになる。

　　　ⅰ．感覚運動期（～約2歳）：外部の世界を自分自身の身体を使って感覚
　　　　　運動的に同化（取り入れる）時期で、この時期の子どもは、何にでも触
　　　　　り、口に入れようとする。この行動を通して、外界を理解していく段階
　　　　　で言語習得によって、世界を身体を使わなくても理解できるようになる
　　　　　までの期間の段階である。

　　　ⅱ．前操作期（～約7歳）：言語能力と象徴機能が発達するが、まだこの
　　　　　時期には、思考や論理を逆にしてみること（論理的可逆性）が欠如して
　　　　　いる。さらに、知覚や思考の自己中心性があり、認知的に他者の立場に
　　　　　立って物事を判断することができない。3つ山問題では、自分の立って
　　　　　いる位置から見える山の状態は分かるが、位置を移動せずに他の視点か
　　　　　ら見える山の状態についてはまだ理解できない。さらに、物事を見かけ
　　　　　などで判断してしまって、例えば「鉄10kgと綿10kgではどちらが重
　　　　　いか」という問題に対して鉄と答えてしまう。

　　　ⅲ．具体的操作期（～約12歳）：脱中心化がおき、さらに保存の問題が解
　　　　　けるようになる。その結果、物体の知覚的な形に惑わされなくなり、一
　　　　　連の行為を心の中で再現可能になるが、まだ論理的な予測性が完全では
　　　　　ない段階である。

　　　ⅳ．形式的操作期（約12歳～）：仮説的・演繹的思考が可能になり、抽象
　　　　　的思考が可能になるので、大人とほぼ同等の認知が可能になる段階であ
　　　　　る。

⑤　コールバーグの道徳の発達理論

コールバーグは、道徳観の発達という視点から発達段階をとらえ、各段階で
の課題を以下のように示した（表4-5）。

例えば、「重病で苦しんでいる子どもを助けるために、父親は、万策尽き

表4-5 コールバーグによる道徳性発達段階の定義

水準	段階	定 義
前慣習的	第1	他律的道徳性―罰を恐れ、力のあるものに絶対的に服従する。物理的結果に従って、物事の善悪を判断する。
	第2	道具的目的による個人主義的道徳性―自他の利益になるときにだけ規則に従い、それを他者にも要求する。人間関係とは、取り引きの場であり、正しいこととは公平・対等であることである。
慣習的	第3	対人的同調による道徳性―他者の期待に沿い、"よい子"であること、よい意図をもって行動していることを志向する。ステレオタイプな考え方や行動をとろうとする。
	第4	「法と秩序」による道徳性―自らの義務を果たし、その属する社会の規則や法を遵守し、社会秩序を維持することを重要とする。
原理的	第5	社会契約的道徳性―価値や規則は相対的なものであり、その集団に属する人びとによって、同意され、契約されたものである。そのことが法を遵守するという義務に拘束力を与えている。
	第6	普遍的論理原理による道徳性―自らが選択した論理原理に従うこと。原理とは"平等"・"人間の尊厳"等の普遍的なものである。

出典：松本卓三編著『発達と学習』北大路書房、1992。

て、強欲な薬屋の倉庫に押し入って薬を盗んだ」ときの善悪の判断の理由や何を基準にしているかで道徳観の発達段階を示した。

　発達を知ることは、人間がどのように生まれどのように育ち、そして、死んで行くのかという大きな流れが理解できるようになる。教育をしていく上で、発達の原理、発達段階、発達課題等を理解することで、教育の適時性、適格性を可能にする。

引用・参考文献

学習理論研究グループ編『学習心理学』川島書店、1968

中城 進編『心理学』二瓶社、2003

実森正子、中島定彦共著『コンパクト新心理学ライブラリ　学習の心理―行動のメカニズムを探る』サイエンス社、2000

浜 治世編『現代基礎心理学8　動機・情緒・人格』東京大学出版会、1981

鈴木 清編『人間理解の科学―心理学への招待』ナカニシヤ出版、1995

武田 健『コーチング―人を育てる心理学』誠信書房、1985

吉田辰雄『最新教育心理学』文化書房博文社、2004

桜井茂男編『たのしく学べる最新教育心理学―教職にかかわるすべての人に』図書文化社、2004

松本卓三編著『発達と学習』北大路書房、1992

山内光哉編『発達心理学　上　周産・新生児・乳児・幼児・児童期』ナカニシヤ出版、1998

曽我雅比児、皿田琢司編著『現代社会における人間と教育』大学教育出版、2012

二宮克美、子安増生編『キーワードコレクション　教育心理学』新曜社、2009

氏家達夫、陳 省仁編著『発達心理学概論』放送大学教育振興会、2011

無藤 隆、子安増生編『発達心理学Ⅰ』東京大学出版会、2011

第5章　公教育と教育行政

　世界最初の義務教育令ともいわれるカール大帝（742‐814）の「教育に関する布令」（802）から今日の義務教育に至るまで、その歩みを概観すると、義務教育のタイプとして２つの類型を識別することができる。１つは課程主義と呼ばれる形態であり、他の１つは年数主義のタイプである。

　課程主義の義務教育とは、一定の学力水準に達するまで就学を義務づける形態のものである。その典型例はプロイセン王国のフリードリッヒ大王の「一般地方学事通則」（1763）にみられ、近世の絶対主義国家において、絶対君主に対する国民の義務としての教育の構想の中から生み出されたものである。

　それに対し、近代市民社会の登場に伴い、例えばフランス革命期のコンドルセのように、すべての人は自然権として学ぶ権利を有しており、それを保障するために親には子女に教育を受けさせる義務が課され、政府には公教育を開設する責務が課せられる、とする新しい公教育観が提起された。ここから、子どもの教育権を保障するために、保護者は一定の期間子どもを就学させなければならないとする義務教育観が次第に形作られていくのである。これを年数主義の義務教育といい、今日多くの国々ではこの人権思想に根ざした義務教育が行われている。わが国の義務教育ももちろんこの型に属するものである。

　この章では、人権として教育を受ける権利が構想され、そのための教育制度が形作られてきた歩みを跡づけるとともに、現代社会におけるそれを保障するための制度的枠組みを概観していくことにする。

　＊キーワード：公教育、義務教育制度、教育行政、文部科学省、教育委員会

1.　公教育思想の誕生とその制度化

(1)　公教育の出現とその意味—国家の必要と国民の権利

　教育の基盤は、親子間の自然な養育行動をベースとして、大人世代と社会的に未熟な世代との間の愛情と信頼に基づく麗しき人間行為であることは、古今東西普遍的現象である。教育を行う場は、習俗の発展と社会活動の分化に伴い、家庭を越えて寺院、職業集団、私塾、学校へと徐々に専門分化を遂げ、またそこで学ぶ者も、特別な階層の一部のエリートから広く一般庶民の子弟へと、男子だけではなく女子へもと、次第に広がっていった。しかし個人の教育は、人類史の長期間にわたって、家庭や親族あるいは部族や身分階層の個別的な必要性に基づくものであった。したがってそれらは基本的に私的営みであったということができる。

　徐々に広がりつつある教育関係に劇的な変化が起こったのは、近代国家の成立・登場の時であった。なぜならば、それまで長らく私的営みであった教育に国家が初めて関与し始めることになったからである。すなわち、公的営みとしての教育の必要性が唱えられ、それは徐々にさまざまな法令により公的制度として組織的、体系的に整えられ、行政の対象として国民すべてを巻き込みながら実施されるようになったのである。

　公教育はヨーロッパ諸国においておおむね18世紀頃に出現し、19世紀になってその制度化が進み、19世紀後半には義務教育制度としてその中核部分の確立をみるに至る。諸国における公教育の成立過程及び体制には、その国の歴史的な社会・文化事情をベースに、政治的あるいは経済的要因がからみ、それぞれ独自の様相を帯びている。しかし、どの国においてもほぼ共通するところは、公教育の目的を社会公共の要請に応えてすべての国民に最低限度の知識や技能を授け、社会秩序への適応のための基礎訓練を施すことに置いた点である。このことは国家＝社会の必要性において国民が共通の教育を受けることを国家が強制することを意味した。

　しかしながら、学校教育の普及に伴い、教育を受けることは人々にとって生

きていく上で最低限度必要なことであるとの考えは常識となり、さらにその上に人間としてよりよく生きていくために教育は不可欠であるとの考え方が広く支持されるようになった。

　こうして教育は慈善や強制ではなくて基本的権利であること、こうした権利を公的機関が制度として保障すること（＝公教育）は公益に合致するものであること等の考えが普遍的原理として承認されるようになってきた。したがって今日の公教育は、基本的人権としての国民の教育を受ける権利を国家の義務において保障する制度であるという意味も含んでいるのである。

　それでは、このような公教育の考え方はどのような背景から生み出されてきたのであろうか、次に概述していこう。

⑵　二種類の公教育思想

①　国家主義的思潮

　近代以前の学校が個々に分立していた状態から、その社会の教育制度の中枢としての学校制度として社会的に確立されるためには、学校の果たす役割が、身分的・階級的なものから社会的に共通のものへと変えられることがその前提として必要であった。つまり、学校教育の目的並びに対象自体が国家的規模において組織化されなければならなかったのである。

　こうした事態をもたらしたのが、中世封建体制から近代資本主義体制への移行の過渡期に両者の折衷体制として登場した近世絶対王制国家であった。そこでは、体制の維持と強化を目的とする教育がすべての国民を対象とする社会制度として求められ、学校教育がそれに応えて組織化された。そこでの教育は、ローマカトリック的な普遍主義に代わって、専制君主が掲げる国家主義を支配原理とする世俗教育として展開された。つまり、王権の利益に奉仕する世俗教育を義務教育として臣民（＝国民）に課していこうとする絶対主義型公教育の出現である。

　この型の公教育事業として最も有名なものは、前述したフリードリッヒ大王の「一般地方学事通則」（1763）である。ここでは主に、国王政府に必要な官僚団と常備軍の確保、殖産興業並びに農業生産力の向上、さらには治安維持な

どの国家目的実現の観点から、3R's（読み・書き・算）と宗教教育を施す学校に子どもを就学させることを家長の義務として国家が課したのである。このような公教育思想を「国家主義的思潮」と呼ぶことができる。

②　自由主義的思潮

　絶対主義の専制君主が支配する体制は、中世社会から近代社会への過渡期的現象であった。封建的政治体制を維持しながら資本主義的経済体制に支えられている点に、絶対王制の特質があったからである。したがって、この両者のバランスが崩れるときに絶対王制は立ち行かなくなる。資本家（ブルジョアジー）たちは経済活動の自由を妨げる封建的束縛を政治的・法的に打破する必要に迫られ、そのため私的所有の不可侵性を根本的な社会原理として打ち出していく。政治的・法的には自然権としての基本的人権を掲げてその正当性を主張し、経済的には私的所有・私有財産制の実現を求めて絶対王制を転覆させた事件が市民革命であった。そこでは、精神的側面に関しても、フランス啓蒙思想家たちが示したように、個人の内面の私的所有が宗教の自由や良心の自由とともに「教育の自由」として提唱された。ここから、国家目的実現のための絶対主義型公教育とは明らかに異なる公教育思想が構想される。

　この型の公教育思想の典型は、フランス革命議会の議員として活躍したコンドルセが、公教育制度の実現をめざして議会に提案した「公教育の全般的組織に関する報告と法案」（1793）にみられる。コンドルセによると、公教育とは、すべての人がその天賦の才能を発達させうるために公平に与えられなければならない教育であり、これを保障することは人民に対する政府の義務である。したがって、国家は公教育制度を整備する責務を持つが、そこではもっぱら知育（真理のみの教授）に限定され、訓育（道徳性の形成）は家庭に委ねられるべきであるとする。なぜなら、子どもを教育する権利は両親に属するからである。その権利は自然から与えられた義務でもあって、任意に放棄できないものであるので、親は子どもの教育に第一義的に責任を持つべきなのである。彼の徹底した「教育の自由」の尊重は、公教育を受けることさえも強制しないことになる。つまり、国家は公教育制度を用意し、無償の知育を提供する責務があるが、

その利用は両親と本人の自由意志に委ねるのである。このような公教育思想を「自由主義的思潮」と呼ぶ。

(3) 義務教育制度の成立―欧米諸国の事例―

① 成立要因

欧米の先進諸国において公教育制度の骨格をなす義務教育制度が確立するのは、公教育思想が提唱されて以来1世紀近くの試行錯誤の後、19世紀後半以降である。この時期は各国の資本主義経済体制が確固たる地位を築き、その基盤の上に近代市民社会が成熟する時期に当たり、そのような経済・社会体制を支える保障装置として、資本家の利害を代弁する政府の手によって創設された。

このような義務教育の成立をもたらした重要な要因として、「資本主義の発達」「国家主義（ナショナリズム）の高揚」「民主主義の進展」という3点が指摘できよう。つまり、一定水準以上の知識と技能を持った大量の労働者を必要とする産業界からの要求、国民の間にナショナリズムを高めるために国民意識の統合や愛国心教育の必要性、国力増強や治安維持の必要などの国家的要請の観点から義務教育制度の整備が重要な課題となったのである。他方、労働者階級の側からも、教育を受けることを基本的人権としてとらえる観点から、学校教育の拡充・整備並びに教育の機会均等の実現を求める運動が強力に展開されるようになり、このことが公教育制度の形成に大きな影響を与えることになった。

このように、現実に成立した公教育制度は、上から（政府・産業界）の要請と下から（国民）の要求の両面によって規定されている。以下において、公教育発祥の地であるヨーロッパの主要国における義務教育制度の形成過程とその基本的性格を概観していくことにする。

② イギリス

イギリスはボランタリズムの伝統が強く、民衆の教育は長らく私的部門に任されてきたので、公教育を実現するための条件は教育への国家関与の発動で

あった。その手始めは、補助金を交付することを通しての教育への国家介入であった。この補助金の管理機関として「枢密院教育委員会」が設けられ（1839）、初代長官にケイ＝シャトルワースが就任した。彼は社会秩序の維持という政治的必要から、貧民を無知から解放すべきこと、そのためには教育を慈善事業に委ねておくのは不適切であり国家が積極的に関与すべきことなどを主張した。

ところが増加を続ける補助金の抑制策として、1862年に「改正教育令」が制定され、生徒の出席状況と3R'sの試験結果で補助金の額を決定する「出来高払い」制度が導入された。この制度は当時の社会を支配していた自由競争の原理を教育にも適用したものであったが、これにより教師の質の低下、3R's以外の教科の軽視や試験における不正行為の横行等の問題が続出した。

このような事態に対し、民間の有志により世俗・無償の義務教育制度創設を求める国民教育連盟が結成され、公教育要求運動が強力に展開された。その成果は「初等教育法（フォスター法）」（1870）として結実した。これは全国を学区に分け、学区に公選制の学校委員会を設置し、小学校の設置と維持に当たらせること、委員会は5〜13歳の子どもの就学を強制することができることなどの内容を含むものであった。ここに、ボランタリズムからの転換が行われ、イギリスにおける近代公教育制度の実質的第一歩が記された。

この後、1880年法により全国的に義務就学が普及し、1891年には無償性の原則が立てられ、多くの地域で実施されたが、完全に無償制が確立されるのは1918年の「フィッシャー法」の制定まで待たなければならなかった。

このように、イギリスの公教育制度は19世紀末までに何とか整備されたが、社会階層間の根深い文化様式の相違を背景にして、私立学校と公立学校の差別が解消されることなく、学校系統の二重体系を温存した公教育（複線型学校体系）というイギリス独特の体制が作られたのである。

③　フランス

フランスはナポレオンの失脚後、王政復古、7月王政、第2共和政、第2帝政、第3共和政と大きな政治変動を繰り返し、公教育制度もまたこれに伴い紆

余曲折を経ながら発達した。

王政復古期には、「初等教育令」（1816）が市町村に学校設置義務を課した。これはまだ精神的義務づけの段階にとどまるものであったが、本格的な初等教育法制の始まりであった。7月革命政府は1830年に憲章を発布し、その中で公教育ができるだけ速やかに法律によって規定されるべきであると宣言した。これを受けて成立したのが「初等教育法（ギゾー法）」（1833）である。これは、各市町村に小学校を設置すること、学校の監督・指導のために委員会を設けることなどを命じた。ギゾー法は義務制も無償制も規定してはおらず、また宗教的色彩も払拭できていなかったが、フランスにおける最初の初等教育総合規定であり、これにより初等教育の普及が前進した。

第2帝政期の後期には政治の民主化が進み、教育面もデュリュイ公教育大臣のもとで教育改革が図られた。「初等教育法」（1867）はその一環であり、公立小学校の完全無償化や貧困児童の就学奨励のための学校金庫の創設など、就学を促進するための経済面からの政策が促進された。

義務教育制度の確立をみるのは、次の第3共和政期である。1880年代の一連の教育改革によって実現された。1881年と1882年のいわゆる「フェリー法」の制定、1886年の「ゴブレ法」の制定がそれである。1881年のフェリー法は公立初等学校における無償制を定め、1882年法は義務制と学校教育における世俗主義（＝非宗教化）を確立した。「ゴブレ法」は「フェリー法」の到達点を一歩進め、全階梯の公教育を世俗化するとともに、公教育は世俗の教師によってのみ行われると定め、ここに厳格な世俗主意を特徴とするフランスの近代公教育制度が確立されたのである。

④ ドイツ

前述のように、ドイツでは絶対主義王政期に義務教育制度の創設がみられ、早くから教育の国家管理が進んでいた。さらにそれに拍車をかけたのは、ナポレオン戦争の屈辱的な敗北であった。

1806年イエナでの敗戦を契機に、ドイツは内政改革を断行し近代化を図った。教育改革も進められ、それまでの身分に応じた教育が廃止され、国民共通

教育がめざされる。これは近代的市民の形成に通じていく。この理念に基づく教育改革案が「プロイセン学校制度に関する一般法案（ジュフェルン教育法案）」（1819）であった。ここでは、7 ～ 14 歳を義務教育期間と定め、人間それ自体としての一般陶冶を目的とし、公費によって維持され、公の監督を受け、すべての人に公開される公立普通学校の構想が打ち出された。

　ジュフェルン教育法案は反動的なウィーン体制の強化の中で廃案になるが、その後 3 月革命期の 1842 年に「プロイセン欽定憲法」が制定され、子どもの教育を受ける権利の保障、国家及び地方公共団体の公立民衆学校の設置義務、授業料の無償等画期的な規定が盛り込まれた。しかし、その後の再度の政治反動によって、それらは十分実現されないまま曖昧となってしまった。

　1871 年、プロイセン王ヴィルヘルム 1 世がドイツ皇帝となりドイツ帝国が成立すると、宰相ビスマルクは教育を帝国の統一と発展の手段としてとらえ、教育に対する国家支配を強化した。その手始めが翌年の「学校監督法」の制定であった。これによって教会、特にカトリック聖職者がそれまで保有してきた学校の監督権を奪い、国家の専管事項とした。また 1888 年には「民衆学校国庫補助法」の制定によって、授業料無償の実質的保障が図られ、近代公教育制度の進展がみられた。

　絶対主義期以来、ドイツでは公教育の整備、特に義務就学制の導入は他国に先んじた。また無償制も早くから実現するが、純粋な意味での世俗主義は確立しなかった。学校の監督権は教会から国家へと移ったが、学校での宗派的教育はなくなることはなかった。この点がドイツの近代公教育制度の 1 つの特徴である。

⑤　アメリカ

　植民地時代のアメリカの教育事情は地域によって大きく異なっていた。南部ではイギリスに倣って私教育を中心に若干の救貧教育がなされていたに過ぎなかった。他方、北部ニューイングランド地方、特にマサチューセッツ植民地では一種の公教育が実行されていた。しかし、この公教育は「神政国家」建設の理念に基づくものであり、単一宗派が支配する単一国教制度下のみで機能しうるものであり、商工業の発達、移民の増加などにより社会の複雑化、流動化

が進むと機能しなくなるのは必然であった。

　1776年の独立宣言、その後の独立戦争を経て、1783年にアメリカ合衆国が誕生した。独立の共和国として共和政治を発展させるためには、国民教育が不可欠であった。さまざまな国民教育制度案が出されたが、最も有名なものはトマス＝ジェファーソンが1779年にバージニア州議会に提出した「知識普及法案」である。彼はこの法案で、公営の3段階の単線型学校体系によって、世俗主義に基づく無償制の公立学校の創設を提案した。しかし、当時は公教育を制度的に実現するための社会的条件が熟しておらず、他の多くのプランともどもこの法案も実現を見ることはなかった。現実の教育は、イギリスと同様、宗教慈善団体等によって営まれ、初等教育の多くはそれらに委ねられていた。

　公教育制度への関心が再び強まるのは、1820年代後半、産業革命の進行などにより社会が大きく変化していく時期であった。この時期、公教育制度の進展に大きな貢献をした人物にマサチューセッツ州教育長のホレース＝マン、コネチカット州教育長のヘンリー＝バーナードがいる。彼らは、最も民主的な統治形態たる共和制の下では主権者は国民1人ひとりであるがゆえに、共和制の維持と発展のためには国民すべてが自由な市民としての権利を正当に行使し、国民としての義務を完全に履行するために必要な知識を獲得しなければならないと主張する。そのための最も効果的な手段が公立学校を中心とする公教育制度なのである。

　かくして、1852年マサチューセッツ州が義務就学法を最初に制定し、アメリカにおける近代的義務教育制度はここに力強く歩み始めることになる。この義務就学法は、8歳から14歳までの子どもを年間少なくとも12週間就学させることを両親に課するものであったが、このような就学義務規定は他の州にも影響を及ぼし、1870年代には10州以上で、1900年までに32州で、そして1918年のミシシッピー州を最後としてアメリカ全土で義務教育制度が確立したのである。

　アメリカにおける近代公教育制度の成立時期は州によって異なるが、常にマサチューセッツ州が先導的役割を果たし、19世紀後半には多くの州で成立した。アメリカにおいては、義務・無償・世俗性の公教育は、公立小学校の上部

構造として発達したハイスクールへと拡大し、ヨーロッパとは異なる単線型学校体系を形成していくことになるのである。

2.　日本の公教育制度の成立と発展

(1)　義務教育制度創設の試行錯誤

①　近代教育制度導入の模索

　明治新政府は、近代国家建設の方策として「富国強兵」や「殖産興業」に並び「文明開化」というスローガンも掲げ、知識・技術を西欧文明に求め、そのための教育の普及を図ることに当初から力を注いだ。1871（明治 4）年に文部省を設置し、翌年には最初の近代的学校制度の構築をめざして「学制」を公布した。それは序文である「学事奨励に関する被仰出書」に述べているように、個人主義、実学主義、功利主義的教育観に基づく学校教育を国民すべてに受けさせようと意図するものであった（巻末資料参照）。

　学制は先進諸国の学校教育制度に範を求め、全国を 8 つの大学区に、1 大学区を 32 の中学区に、1 中学区を 210 の小学区に分け、それぞれに大学校、中学校、小学校を 1 校ずつ設置することを計画した。また、大学区に「督学局」、中学区に「学区取締」を配置し教育行政の任務を担わせることとした。学制は小学校 8 年（上等、下等）、中学校 6 年、大学校 3 年とする単線型の学校体系に基づき、すべての国民に小学校 8 か年の教育を受けさせようと計画した。しかし、そのための財政的裏づけは保証されておらず、国民の教育意識も必ずしも高くはなく、理想主義的な計画の大規模性と現実の社会事情との間には大きなギャップがあったためうまく機能しなかった。

　そこで政府は、1879（明治 12）年に「学制」を廃止し、それに代えて、アメリカに範を求めた「教育令」を制定した。学校整備の方式を、町村民の公選による「学務委員」を中心に、地方分権的かつ自由主義的に進めるようにと方針変換を図ろうとした。しかし、この方針の変更はかえって混乱を招き、また当時の反政府的な自由民権運動の激化への反動として、政府部内に伝統的な儒教道徳の復活を求める声が高まり、「教育令」は早くも翌年に改訂され、再び

中央集権的で官僚統制的な教育行政方式に切り替えられた。1879年の教育令を「自由教育令」、翌年改訂の教育令を「改正教育令」と呼んでいる。

② 義務教育制度の確立

1885（明治18）年の内閣制度の創設（初代総理大臣；伊藤博文）に伴い初代の文部大臣に就任した森有礼は、翌年に「教育令」を廃止し、それに代えて学校種別ごとに諸学校令（「帝国大学令」、「小学校令」、「中学校令」、「師範学校令」）を制定した。森のこの政策は、社会の発展動向に柔軟に対応でき、かつ国家の富強に資する教育制度の構築をめざすものであった。「学校令」は、その性格において「国家主義」を、その形式において「勅令主義」をとっており、このとき定められた学校制度は戦前の学校制度の基盤を形作ることになった。小学校は尋常小学校と高等小学校（それぞれ4年）の2段階制をとり、前者の4年間が義務教育であると初めて明記された。しかし授業料の負担は依然として国民に課されたままであった。

1890（明治23）年には「教育ニ関スル勅語」（教育勅語）が発布され、全国の学校に下賜された。教育勅語は、建国以来の君臣一体の美徳である「国体ノ精華」を教育の源とし、仁義忠孝に基づく儒教道徳を国家法定の国民道徳として位置づけることにより、学校教育の根本理念を定めた（巻末資料参照）。また同年には「小学校令」の改正が行われ、勅令主義があらためて確認されるとともに、教育を基本的に国の事務とするという原則も採択され、ここに戦前の教育行政を特色づける2つの原則が確立されたのである。

その後、1900（明治33）年の「小学校令」の改正時に授業料の無償制が決定され、ここにわが国における義務教育制度は確立した。これにより就学率は飛躍的に上昇し、日露戦争の勝利に伴うわが国の国際的地位の向上を受けて1907（明治40）年には義務教育年限が4年から6年に拡張されることになった。

(2) 第2次世界大戦後の教育改革

① 占領下の学制改革

1945（昭和20）年8月、日本政府はポツダム宣言を受諾し、敗戦を受け入

れた。敗戦に伴い、わが国は連合国の占領管理下に置かれた。占領軍の要請により、わが国の教育改革の青写真を描く使命を帯びたアメリカの教育使節団（第 1 次米国教育使節団）が翌年 3 月に来日し、教育事情の視察と調査を行った。そして、日本政府によって組織された日本側教育家委員会と意見交換した上で、教育改革のための勧告を含んだ報告書を提出した。報告書は自由主義、デモクラシー、科学的精神、ヒューマニズムを基調とするものであり、全体として戦前の教育の問題点を指摘しつつ、これに代わるべき民主的な教育の理念、方法、制度などを提言した。

　報告書の勧告を生かしつつわが国の教育改革を自主的に検討する機関として、同年 8 月に先の日本側教育家委員会を基に「教育刷新委員会」が内閣に設置された。この委員会は 1951（昭和 26）年にその任務を終えるまでの間、戦後日本の教育改革に関する基本法令や制度のほぼすべての審議や実施にかかわり、教育改革の実質的推進役として活躍した。

　1946（昭和 21）年 11 月 3 日には「日本国憲法」（以下、憲法と略す）が公布され、翌年 5 月 3 日に施行された。それに先立つ 3 月には「教育基本法」（以下、教基法と略す）と「学校教育法」が公布され、同年 4 月に 6・3 制の新学制が発足した。戦前の尋常小学校や戦時下の国民学校にあっては初等科の 6 年間が義務教育であった。卒業後の進路は、中学校（旧制）、高等女学校、実業学校、その他複雑に分化していた。米国教育使節団はこのような制度を旧制度のものとして批判し、6・3・3 制の単線型体系を勧告した。教育刷新委員会もこの勧告を支持した。教基法と学校教育法が制定されることにより、6・3・3 制の単線型学校体系が採択され、義務教育期間が 6 年から 9 年へと拡張された。

　国民主権を謳（うた）う新憲法の制定により、義務としての教育から権利としての教育へと原理の転換が遂げられた。また教基法が法律として制定されたことにより勅令主義は廃止され、教育行政における法律主義が確立した。このように、憲法と教基法に示される教育の理念の下で、教育の機会均等、9 か年の義務教育、男女共学、6・3・3・4 制の単線型学校体系等、抜本的改革が進められたのである。

②　占領下の教育行政改革

　教育行政制度についても大きな改革が行われた。米国教育使節団報告書は教育行政の方式に関して、戦前の官僚支配による中央集権的教育行政を鋭く批判し、新しく教育行政の民主化、地方分権、独立性の原理を示し、文部省の権限を縮小して専門的な指導助言に基づくサービス機関とすることや、住民の選挙によって選出された代表者によって構成される機関を通して教育行政を行うことなど、改革の具体策を提示した。この勧告を具体化する作業に当たった教育刷新委員会は1946（昭和21）年に第1回の建議を行い、次のような教育行政改革の基本方針3点を明示した。

　　ⅰ．従来の官僚的画一主義と形式主義の是正

　　ⅱ．教育における公正な民意の尊重

　　ⅲ．教育の自主性の確保と教育行政の地方分権

　そのために、教育刷新委員会は米国教育使節団と同様、住民の公選に基づく教育委員会の設置を提言した。これらの勧告、建議、提言の成果が「教育委員会法」（1948）であり、「文部省設置法」（1949）の制定であった。

　中央教育行政機構の改革については、文部省設置法によって、文部省はそれまでの中央集権的監督行政の性格から脱皮し、教育・学術・文化の助成を図る指導・助言のサービス機関として、新たに発足することになった。

　他方、地方教育行政機構の改革に関しては、教育委員会法によって新たに教育委員会制度が発足した。同法によれば、教育委員会は、公正な民意の尊重、教育行政の地方分権、教育行政の自主性確保を基本理念とし、具体的には、地方住民の公選による教育委員によって構成され、知事や市町村長による地方一般行政から独立した合議制の行政機関としての性格を有するものであった。教育委員会制度の創設は、戦前に教育は国の事務とされ、地方住民の教育要求が反映されることなく、中央集権的に一般行政の従属下に置かれ、教育の自主性・自律性が著しく損なわれたことに対する反省に立ったものであり、教育の民主化を実質的に支えるものとしての「教育行政の地方自治」及び「教育行政の一般行政からの独立」という2つの原理を具体化したものであった。

③　教育体制の再編

　中華人民共和国の成立（1949）や朝鮮戦争の勃発（1950）など東西冷戦の深刻化に伴い、アメリカのわが国に対する占領政策に変化が起こった。わが国をできるだけ早く独立国として国際社会に復帰させるべく、1951（昭和 26）年に対日講和条約と日米安全保障条約が締結され、占領状態は終結に向かった。

　占領終了に備え、占領時の政策と各種法令の再検討を行うことを目的として内閣総理大臣の私的諮問機関として設置された「政令改正諮問委員会」は、同年 11 月に「教育制度の改革に関する答申」を発表した。同委員会はこの中で、占領時の改革を「いたずらに理想を追うに急で、わが国の実状に即しないと思われるもの」が多々認められるので「わが国の国力と国状に照し、真に教育効果を上げることができるような合理的な教育制度に改善する必要がある」と提言した。同答申は、とりわけ教育に関し文部大臣が責任を負うことのできる体制を確立すべきとの観点から、大臣の権限強化や教育委員の任命制への切り替えなど、その後に続く教育行政制度再編の具体的方向を示したことから、戦後教育行政再編の上で重要な役割を演じた。

　この答申を受けて翌年には早くも「文部省設置法」が改正され、学習指導要領の作成権を文部大臣単独の権限とするなど文部省の任務や権限の拡大が行われた。1953（昭和 28）年には教科書検定権に関しても、それまで認められてきた都道府県教育委員会の権限が削除され、文部大臣単独の権限に切り替えられた。54 年には、教職員の組合活動や政治的行為の制限をねらいとして、いわゆる「教育二法」が日本教職員組合（日教組）や野党政党の強い反対を押し切り強行採決によって制定された。

　一方、地方教育行政機構については、当時国の教育政策が浸透しにくい教育委員会や教職員組合の強い影響下にあった地方の教育界に「政府＝与党」は強い危機意識を抱いていたので、その改革は大がかりなものとなった。すなわち56（昭和 31）年に「教育委員会法」が廃止され、新たに「地方教育行政の組織及び運営に関する法律」（以下、地教行法と略す）が制定され、教育委員会の性格が一変されたのである。地教行法は、教育委員の公選制を廃止して地方公共団体の長による任命制へ切り替えるなど教育委員会の権限を弱めるととも

に、文部大臣―都道府県教育委員会―市町村教育委員会の間に、その円滑な関係を図るという名目の下に、明らかな上下関係をもたらす立法であった。地教行法への切り替えに伴い、新たな教育委員会制度が従前と比較して大きく異なった点は、①教育委員の選出方法が公選制から任命制に切り替えられたこと、②都道府県の教育長の任命は文部大臣の承認を必要とし、市町村の教育長の任命は都道府県の教育委員会の承認を必要とされるようになったこと、③教育予算に関する教育委員会の原案送付権等が廃止されたこと、などであった。

3.　現代の公教育制度と教育行政

(1)　公教育制度の構成原理

①　単線型学校体系―教育権保障の制度枠組み

　今日のわが国公教育制度の基幹部分は小学校―中学校―高等学校―大学といういわゆる6・3・3・4制の学校体系で構成されている。これらの学校は、教育の機会均等の原則に基づき、国民すべてに開放されており、我々は能力による制約は受けるとはいえ、全員に大学までの進学機会が保障されている。このような学校体系のことを「単線型学校体系」と呼ぶ。

　現在わが国が採用しているこの学校体系は、憲法第26条で「すべて国民は、法律の定めるところにより、その能力に応じて、ひとしく教育を受ける権利を有する」と宣言された国民の教育を受ける権利を保障する制度である。またそれは「すべて国民は、ひとしく、その能力に応じた教育を受ける機会を与えられなければならず、人種、信条、性別、社会的身分、経済的地位又は門地によって、教育上差別されない」と教基法第4条が宣言する教育の機会均等の原則を具体化した制度でもある。このように、単線型学校体系は、教育を受けることを国民の人権として承認し、それゆえすべての国民にひとしく教育の機会を保障し、そしてそれら教育を通して自らの発達可能性を可能な限り開くことができた人々が、相互に共同しながらより良き社会を築き上げていこうとする民主主義社会にふさわしい学校制度である。

　民主主義社会とは到底いえない社会・政治体制を取っていた戦前のわが国の

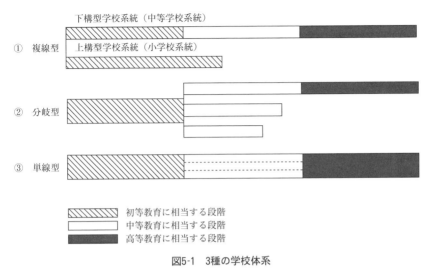

図5-1　3種の学校体系

出典：大浦　猛編『教育学』医学書院、1993。

学校制度は、したがって単線型学校体系ではなかった。それは小学校の基礎部分こそすべての国民に共通であったが、その後は普通教育、実業教育、教員養成等分野ごとにそれぞれ独自の学校体系（コース）が分立しており、それぞれのコース間における横の連絡はなく、それぞれが袋小路の構造を形成していた。そして子どもたちがどのコースに進学するかは、親の社会的身分や経済的地位などによって決められることが一般的であった。このような学校制度を「分岐型学校体系」という。

　さらに一層非民主主義的な学校制度は、義務教育が導入された前後（18〜19世紀）のヨーロッパ諸国に出現したもので、国民の身分・階級に応じて支配階級（エリート）のための学校と民衆のための学校という2種類の学校系統が併存し、両者の間には連絡・接続の道がまったく開かれていない制度である。これを「複線型学校体系」という。これは身分制社会の原理から生まれた前近代的で不平等な学校制度である。したがって、近代市民社会が成熟し民主化が進展するにつれてこのような教育体制への批判が強まり（統一学校運動）、分岐型から単線型へと段階的に統一化をめざす改革が進められてきた。

　今日のわが国の公教育制度は、何よりもまず国民一人ひとりの教育を受ける

権利を保障することを第一義とする制度である。教育を受ける権利が保障されるということは、すべての国民に自らの可能性を全面的に発達させるための教育を受ける機会が均等に保障されていることを意味している。このような公教育制度を具体的に構成する原理として、「義務性」、「無償性」、「中立性」の諸原理がとりわけ重要である。

② 義務性原理

憲法第26条第2項は「すべて国民は、法律の定めるところにより、その保護する子女に普通教育を受けさせる義務を負ふ」と宣言する。これを受け、教基法は「国民は、その保護する子に、別に法律の定めるところにより、普通教育を受けさせる義務を負う」(5条)と規定し、さらに学校教育法は保護者の9年間の就学義務を具体的に定めている (16、17条)。これらの規定から明らかなように、今日の義務性原理は、第一義的に保護者に対し子どもに教育を受けさせる義務を負わせるものであり、その目的は子どもの教育を受ける権利を保障するところにある。

この保護者の義務を保障し支える制度的枠組みとして、市町村の学校設置義務と社会一般の教育保障義務がある。いずれもその法的根拠は学校教育法にあり、それぞれ「市町村は、その区域内にある学齢児童を就学させるに必要な小学校(中学校)を設置しなければならない」(38、49条)、「学齢児童又は学齢生徒を使用する者は、その使用によって、当該学齢児童又は学齢生徒が、義務教育を受けることを妨げてはならない」(20条)と規定している。後者の義務を避止義務という。この義務規定は、子どもの義務就学は単にその子と保護者の間の個人的、家庭的な問題であるだけでなく、社会全体の利益と幸福にもかかわる問題であるとの認識に基づいて成立しているものである。

③ 無償性原理

歴史的には無償制度は義務就学の代償として現れてくる。国家が国民に就学義務を課す以上、その就学は無償であるべきであるということである。しかし現代では、無償性を単に義務性との関連でとらえるだけでなく、さらに進め

て子どもの教育を受ける権利を実質的に保障する手段として考えられるようになってきた。この意味で今日的な無償制度は、子どもが教育を受けることについて、その費用を両親が個々に負担するのではなく、租税収入から一括して支払う制度である。これによって教育を受ける機会に関し、子どもの家庭の経済力によって格差を生じさせないようにすることを目的とするのである。

　無償性に関する根本原則については、憲法の第26条第2項に「義務教育は、これを無償とする」と宣言されている。これを受けて教基法はその第5条第4項で「国又は地方公共団体の設置する学校における義務教育については、授業料を徴収しない」と無償の範囲を具体的に規定する。ただしそれは、国・公立学校における授業料のみに限定されている。義務教育は公教育の最も根幹に当たる部分であるにもかかわらず、その無償性の範囲がこのように著しく制限されていることはいささか問題でもあり、不十分でもあるといわざるを得ない。したがって、その後の立法措置として「義務教育費国庫負担法」（1952）や「義務教育諸学校の教科用図書の無償に関する法律」（1963）などが制定され、義務教育に関する家庭の経費負担を軽くするための対策が講じられたが、無償性の現代的趣旨からすれば、家庭の経費負担を一層軽減する努力を行うことが国には求められているといえよう。

　④　中立性原理

　公教育はすべての国民を対象にして行われるものであり、かつすべての子どもたちの最大限の発達保障をめざすべきものである以上、それは特定の価値観や一部集団の利益のみに奉仕するものであってはならない。教基法が第16条で、教育行政に、教育が不当な支配に服することなく、公正かつ適正に行われるよう要請しているのは、まさにこの教育の中立性の原理に立っていることを表明したものである。

　教育の中立性を確保するに際し特に考慮されなければならないポイントは、政治的中立性と宗教的中立性をいかに維持するかという点である。政治的中立性に関して教基法は、「法律に定める学校は、特定の政党を支持し、又はこれに反対するための政治教育その他政治的活動をしてはならない」（14条第2項）

と定め、公教育における党派的な政治教育並びに活動の全面的禁止を命じている。ただし第14条は同時に「良識ある公民として必要な政治的教養は、教育上尊重されなければならない」（第1項）とも述べており、公教育における政治教育一般を禁じているものではない。

　他方、教育における宗教的中立性の原理については、教基法はその第15条を充てている。政治的中立性に関する規定と同様に、宗教的中立性についても「宗教に関する寛容の態度、宗教に関する一般的な教養及び宗教の社会生活における地位は、教育上尊重されなければならない」（第1項）と、広い意味での宗教に関する教育の価値を尊重しながらも、「国及び地方公共団体が設置する学校は、特定の宗教のための宗教教育その他宗教的活動をしてはならない」（第2項）と、国・公立の学校においては宗派的な教育並びに活動を行うことを禁じているのである。ただし、私立学校においては宗教教育や宗教的活動を行うことは禁じられていない。

(2)　教育行政組織の概要と関係

①　中央教育行政組織

A.　内閣と文部科学大臣

　中央教育行政組織は国の教育行政組織であり、地方教育行政組織に対する観念である。国の権能（統治権）は立法、行政、司法の3権に分けられ、憲法は「行政権は、内閣に属する」と定める（65条）。教育行政も行政権の一環として行われるものであるから、中央教育行政はこの教育行政権に基づいて行われるのである。それゆえ中央教育行政にも、各種の行政を総合的に所掌する内閣及び内閣総理大臣が深く関与し、独自の影響力を行使している。

　文部科学大臣は、国務大臣として内閣の構成員であるとともに、行政事務を分担管理し、文部科学省の長としてその事務を統括し、国の教育行政について主たる責任を負う（国家行政組織法第5条）。その主たる権限は次の通りである（同法第10〜15条）。

　　ⅰ．文部科学省の事務を統括し、職員の服務を統督すること。

　　ⅱ．教育関係の法律・政令案を内閣総理大臣に提出し、閣議に諮ること。

iii. 法律・政令の施行のため、またはそれらの特別の委任に基づいて命令
　　（省令）を発すること。

iv. 所掌事務について公示の必要な場合には告示を、命令や示達のために
　　所管の機関や職員に対して訓令または通達を発すること。

　B.　文部科学省の組織と機能

　<組織・機構>　内閣は国の最高行政機関としての立場から教育行政に関与
するが、実質的な国の教育関係事務は文部科学大臣を長とする文部科学省に
よって遂行される。

　行政改革の中心施策として、2001（平成13）年1月より、中央省庁はそれ
までの1府22省庁から1府12省庁へと再編整理された。その際、従来の文部
省と科学技術庁が統合され、新しく「文部科学省」が誕生した。文部省が所轄
してきた学術行政と科学技術庁の科学技術行政を融合させ、総合的な学術・科
学技術行政を推進しようとするものである。

　文部科学省は、他の省と同様、大臣及びその補助機関である副大臣、大臣政
務官、事務次官、局長等を包括した教育行政機関として組織されている。幹部
職として大臣を支えるのは副大臣、大臣政務官、事務次官などである。このう
ち政策・企画面や政務面を担当するのが副大臣（2名）と大臣政務官（2名）
であり、いずれも国会議員の中から選ばれる。なお、大臣不在時の代行を行う
のは副大臣である。他方、省務を整理し事務の監督を担当するのが事務次官で
あり、官僚の最高ポストである。

　文部科学省の組織は、本省の内部部局、外局である文化庁とスポーツ庁、国
立学校や研究所という3つの機構から成り立っており、このうち内部部局は、
大臣官房、国際統括官及び7つの局から構成されている。

　<任務と所掌事務>　「文部科学省設置法」は文部科学省の任務として「教育
の振興及び生涯学習の推進を中核とした豊かな人間性を備えた創造的な人材の
育成、学術の振興、科学技術の総合的な振興並びに、スポーツ及び文化に関す
る施策の総合的な推進を図るとともに、宗教に関する行政事務を適切に行うこ

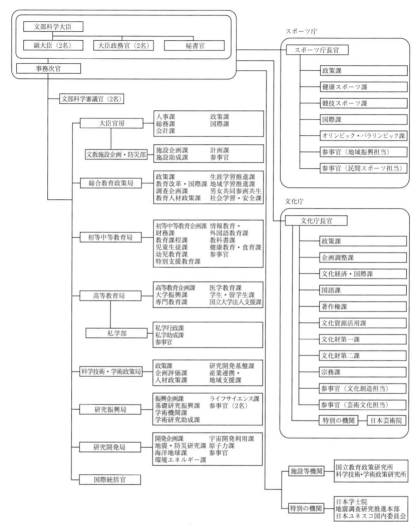

図5-2　文部科学省の組織

出典：文部科学省ホームページhttps://www.mext.go.jp/b_menu/soshiki2/__icsFiles/
artimage/2018/10/15/c_abt_11_14/1385322_001_4e.jpg（平成30年度10月16日現在）

と」（3 条）と規定し、第 4 条ではその任務を達成するために必要な所掌事務として 95 項目を列挙している。さらに、「文部科学省組織令」において部局ごとの所掌事務が規定されている。

　文部科学省はこれらの所掌事務を遂行する中でさまざまな機能を果たしている。まず、文部科学省は国の教育行政機関として、全国的観点から教育行政を行う立場にある。すなわち、憲法や教基法が保障する「教育の機会均等」を実質的に実現するために、全国的視野に立った条件整備を行わなければならない。このことは具体的には、全国的基準の設定（基準設定機能）、不均衡是正のための補助（補助機能）、教育委員会や教育機関間の連絡調整（調整機能）等の形で現れる。

　他方、文部科学省は監督庁あるいは所轄庁として、法令違反なきよう監督を行うこともある（監督機能）。また、高等教育と学術の重要性に鑑み、国が自ら大学や研究所を設置し、文部科学省がそれらを所管するようになっている（経営管理機能）。

　しかし、これら条件整備の働きが教育への「不当な支配」に陥らないために、文部科学省の本質的機能は、教育・学術・文化等に関する専門的、技術的な指導・助言・援助（指導・助言機能）にあることを見失ってはならない。

　＜審議会＞　審議会とは、行政機関に付設される合議制の機関で、大臣によって任命された複数の委員が大臣から諮問を受け、審議の後に答申を作成する。大臣はこの答申を尊重しながら以後の政策を決定していくので、行政に大きな影響力を発揮する。審議会について、公正な行政や行政の専門的妥当性を確保する働きがある、とその意義が指摘されるが、一方でその問題点として、多面的な国民・住民参加を保障するシステムになっていないこと、委員の選任のあり方、行政の正当化に資する役割を果たしているのではないか等の問題点が指摘されることも多い。

　2001（平成 13）年の中央省庁再編に伴い、それまでの文部省の 17 の審議会と科学技術庁の 6 つの審議会は、「中央教育審議会」、「科学技術・学術審議会」、「文化審議会」等 8 つの審議会に整理統合された。中央教育審議会（中教

審）は、教育の振興及び生涯学習の推進を中核とした豊かな人間性を備えた創造的な人材の育成に関する重要事項を調査審議し、文部科学大臣に意見を述べることを任務としている。中教審には、教育制度、生涯学習、初等中等教育、大学の4つの分科会が設置され、30名の委員がいずれかの分科会に属し、2年の任期で活動を行っている。

② 地方教育行政組織

A. 地方自治と地方公共団体

戦後、教育は地方固有の事務として位置づけられ、教育行政は地方自治の原則に立って実施されることになった。地方自治とは、国家の一部をなす一定の地域とその地域の住民とからなっている地方公共団体が、地方の政治や行政を地域住民の意志に基づきながら自主的に処理することをいう。「憲法」は第8章において地方自治を保障し、地方公共団体の組織及び運営は地方自治の本旨に基づき行うものと命じている。

「地教行法」は第30条において、「地方公共団体は、法律で定めるところにより、学校、図書館、博物館、公民館その他の教育機関を設置するほか、条例で、教育に関する専門的、技術的事項の研究又は教育関係職員の研修、保健若しくは福利厚生に関する施設その他の必要な教育機関を設置することができる」と規定している。これら学校や社会教育機関の設置や管理について、具体的事務は教育委員会が当たり、財政に関しては知事・市町村長が責任を負うことになっている。

B. 地方公共団体の長

地方公共団体の長とは、都道府県では知事、市町村では市長、町長、村長のことをさす。これらの長は、地方公共団体を統轄し、これを代表する。地方公共団体の長が当該地方公共団体の教育委員会の教育長と教育委員を任命する権限を有していることはすでに述べたところであるが、それ以外の教育に関する所掌事務には以下のようなものがある。

ⅰ. 大学に関する事務：公立大学の設置及び管理に関すること。

ii．私立学校に関する事務：大学と高等専門学校を除く私立学校の設置や
廃止の認可等に関すること。なお、この権限は知事のみに与えられた権
限である。

iii．教育財政に関する事務：教育予算案を作成したり、公立学校の授業料
に関する条例案を作成したり、教育財産を取得処分したり、教育委員会
の所掌にかかわる事項について契約を結ぶことなど。

iv．総合教育会議の設置と大綱の策定：首長と教育委員会により構成され
る総合教育会議を設置し、招集する。総合教育会議において首長は教育
委員会と協議し、教育の振興に関する施策の大綱を策定する。

（地教行法第 1 条の 3 及び 4、第 22 条、私立学校法第 4 条）

C．教育委員会

＜性格及び教育委員＞　教育委員会（以下、委員会と略記する）は、都道府
県、市町村、並びに地方公共団体の組合に置かれる。委員会は、それぞれの地
方公共団体の教育行政を担う執行機関であり、地方公共団体の長に留保されて
いるものを除いたすべての教育行政に関する事務を執り行う。

委員会は、文部科学省、地方公共団体の議会、地方公共団体の長に対し、ま
た都道府県教育委員会と市町村教育委員会との相互関係において、独立性を有
する。それとともに、相互間の連絡調整を図り連絡を密にすることとされている（地教行法第 51 条）。

教育委員会制度は 2014（平成 26）年に大きな改正を受けた。新しい委員会は教育長と 4 人の教育委員（以下、委員と略す）で構成される。ただし、都道府県や市の委員会では教育長と 5 人以上の委員、また町村の委員会では 2 人

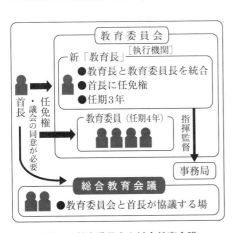

図5-3　教育委員会と総合教育会議

以上の委員をもって構成することができる。

　教育長と委員は、当該地方公共団体の長の被選挙権を持ち、人格が高潔な上、教育行政に関し識見を有するもの（教育長の場合）か、教育・学術・文化に関し識見を有するもの（委員の場合）のうちから、地方公共団体の長が議会の同意を得て任命する。任期は、教育長が3年で委員は4年である。再任も可能である。身分は、教育長は常勤の、委員は非常勤の、特別職の地方公務員という扱いになる。

　教育における政治的中立性を確保する観点から、教育長と委員の任命にあたっては、委員定数に1を加えた数の2分の1以上が同一の政党に属することを禁じている。委員の構成については、年齢、性別、職業等に著しい偏りがないように配慮するとともに、委員に保護者を含むようにしなければならないことになっている。また教育長と委員は、教育行政の中立性と公正性を確保する観点から、地方公共団体の議員や常勤の職員との兼職が禁止されている。

　委員会の責任者は、2014年の改正前は教育委員長であったが、改正後は教育長となった。教育長は委員会の会務を総理し、委員会を代表する。したがって委員会の会議は教育長が招集する。会議は過半数の委員の出席をもって開かれ、議決をすることができる。議決において可否同数の場合は、教育長の決するところによる。ただし、委員定数の3分の1以上の委員から会議の招集要請があった場合は、教育長は会議を招集しなければならない。会議は原則として公開である（地教行法第2～6条、11～14条）。

　<事務局>　委員会には、所管の事務を処理するため事務局が置かれる。その内部組織は教育委員会規則で定められる。教育長は委員会の会務を総理する職責を与えられていることから、委員会の権限に属するすべての事務をつかさどり、事務局の事務を統括し、所属職員を指揮監督する。都道府県教育委員会事務局は教育庁と呼ばれることが多く、いくつかの教育事務所を設置して所管の教育行政に当たっている。事務局には、指導主事、事務職員、技術職員その他の職員が置かれる。このうち指導主事は専門的教育職員であり、学校における教育課程や学習指導、生徒指導、職業指導、教材教具の取り扱い、教職員の

研修等について適切な指導と助言を与えることを任務としている。指導主事は、これらの職務を遂行するために、学校から要請されて訪問する「要請訪問」と、委員会事務局の計画に基づいて訪問する「計画訪問」を必要に応じて行っている（地教行法第17～20条）。

　＜職務権限＞　委員会に付託されている権限としての行政事務は地教行法第21条に具体的に示されている。その主たるものを以下に列挙する。

　　ⅰ．所管に属する学校その他教育機関の設置、管理、廃止。
　　ⅱ．学校その他の教育機関の職員の任免その他の人事。
　　ⅲ．学齢児童・生徒の就学及び生徒・児童の入学、転学、退学。
　　ⅳ．学校の組織編制、教育課程、学習指導、生徒指導及び職業指導。
　　ⅴ．教科書その他の教材の取り扱い。
　　ⅵ．校舎その他の施設、教具、設備の整備。
　　ⅶ．校長、教員その他の教育関係職員の研修に関すること。
　　ⅷ．教育関係職員並びに生徒、児童及び幼児の保健、安全、厚生及び福利。
　　ⅸ．青少年教育、女性教育及び公民館の事業その他社会教育。
　　ⅹ．その他、学校給食、スポーツ、文化財の保護、ユネスコ活動等々。
　以上のほか、教育委員会はその権限に属する事務に関し、教育委員会規則を制定することができる。規則には、委員会事務局の内部組織や学校の管理に関することや、所管する高等学校の通学区域の指定に関することなどが含まれている。

　③　国と地方の関係
　憲法が地方自治を宣言していることから国と地方はあくまで対等の関係にあり、また都道府県と市町村においてもともに独立した法人であって、上下関係は原則としてない。しかしながら、国民の教育を受ける権利を実質的に保障していくために、基本的な教育制度の枠組みを定めたり、全国的な基準を設けたり、教育条件を全国的に整備したり、適正な教育事業が実施されるよう支援を行ったりする等、地方公共団体の行政事務処理を支えて教育事業の実施を援助していくことを通して、国が都道府県や市町村の教育行政に一定の関与を行

うことは当然である。同様のことは、都道府県から市町村に対しても行われている。

　戦後教育改革の再編のなか、1956（昭和31）年に「教育委員会法（旧法）」が廃止され、新たに「地教行法」が制定されたことによって、国―都道府県―市町村の円滑な関係の構築をめざすとの謳い文句のもとで、文部省が実質的に上位機関として都道府県や市町村の教育委員会を支配する中央集権的な体制が作り上げられた。この行政システムは、全国的統一性、公平性を重視し、わが国の経済発展に大きく貢献したが、1990年代に入ると生活の質の向上や個性的で多様な生き方を求める国民意識の高まりに伴い、住民に身近なレベルで自主的な行政が推進できるシステムの構築、つまり地方分権の推進が強く求められ、制度の転換が図られた。すなわち1997（平成9）年の「地方分権の推進を図るための関係法律の整備等に関する法律（いわゆる地方分権一括法）」の制定である。その趣旨は、行政における国と地方公共団体の役割分担を明確にし、地方に国の事務を処理させてきた従来の制度を改め、国の関与を縮小し、住民に身近な行政はできる限り地方に委ねるべきであるとしたところにあった。

　具体的な改変点としては、ⅰ. 教育長の任命承認制の廃止、ⅱ. 機関委任事務の廃止、ⅲ. 文部大臣並びに都道府県教育委員会の措置要求規定の削除などであった。これによって、国と地方の教育行政機関相互の関係について、従来設けられてきた多くの規制的関係が廃止され、残されたのは、地方自治の原則を尊重しながら、以下のような技術的な関係であった。

　＜指導、助言、援助＞地教行法第48条は「文部科学大臣は都道府県又は市町村に対し、都道府県委員会は市町村に対し、都道府県又は市町村の教育に関する事務の適正な処理を図るため、必要な指導、助言又は援助を行うことができる」と定めている。指導・助言・援助とは、指示・命令という拘束力を持つ指揮監督とは異なり、事務の適正化・効率化を意図して行われる非権力的作用である。この規定により、指導・助言・援助は国や都道府県の権限でもなくまた責務でもなく、地方の教育行政の自立性を尊重しながら国や都道府県が主体

的に判断して行う行為であり、それには法的拘束力がなく、それらへの対応は各地方公共団体の自主的判断に任されている、と理解することができる。

　＜調査の実施及び資料・報告の要求＞文部科学大臣または都道府県教育委員会は、教育事務に関する指導・助言及び援助のためや、行政機関間の連絡調整のため、あるいは適切かつ合理的な事務の執行のために、地方の教育事務について必要な調査を行うことや、地方公共団体の長や教育委員会から、必要な調査、統計その他の資料または報告の提出を求めることができる（地教行法 53、54 条）。

　ところが、2006（平成 18）年に各地で起こったいじめ自殺問題への教育委員会の対応の不手際から、教育委員会の問題処理の姿勢や自主的な問題解決能力に対する国民の不信が高まったことを受け、2007 年 6 月に地教行法の一部が改訂された。これにより、教育委員会の法令違反や職務怠慢により生徒等の教育を受ける権利が明白に侵害されている場合、文部科学大臣に対し、教委員会が講ずべき措置等について指示できる権限を付与したのである（49、50 条）。

参考文献

　岩下新太郎・榊田久雄編著『要説教育行政・制度』金港堂、1996

　上原貞雄編『教育行政学』福村出版、1991

　教育制度研究会編『要説教育制度（新訂版）』学術図書出版社、2002

　河野和清編著『新しい教育行政学』ミネルヴァ書房、2014

　小松茂久編『教育行政学』昭和堂、2013

　坂田　仰・河内祥子・黒川雅子共著『図解・表解教育法規』教育開発研究所、2012

　佐藤晴雄監修『新・教育法規解体新書』東洋館出版社、2014

　佐藤弘毅・谷田貝公昭共編『教育学概論（改訂版）』酒井書房、1992

　篠原清昭・原田信之編著『学校のための法学』ミネルヴァ書房、2004

　高妻紳二郎編著『新・教育制度論』ミネルヴァ書房、2014

　高梁靖直編『教育行政と学校・教師（三版）』玉川大学出版部、2004

　田代直人・森川　泉・杉山　緑編著『教育の経営と制度』ミネルヴァ書房、2001

　樋口修資編著『教育行政と学校経営』明星大学出版部、2008

平原春好編『概説教育行政学』東京大学出版会、2009

堀内孜・小松郁夫編著『現代教育制度の構造と課題』第一法規、1987

松島鈞監修『新・現代教育要論』日本文化科学社、2000

森 秀夫『要説教育制度　改訂版』学芸図書、2001

米沢広一『教育行政法』北樹出版、2011

第6章　生涯学習社会における学び

　人が生涯にわたって学び続けることを個人の処世訓として説く自己修養の
考え方は、洋の東西を問わず、古くから多くの宗教家や思想家らによって論じ
られてきた。今日では、世論調査等に明らかなように、生涯学習は多くの人々
にとってごく身近な存在となっている。今日的な意味の生涯学習は、社会の急
激な変化を背景としたものであること、生涯にわたる学習の直接・間接の支援
まで含む広い概念であることなどを主な特徴とする。

　本章では、このような生涯学習の概念、歴史、現状を概観し、社会教育と学
校教育の両面から学びの支援にあたっての主な課題を検討してみよう。

　＊キーワード：生涯教育、生涯学習、社会教育、学習社会、学歴社会、キャリ
　　　　　　　　ア教育、国際連合教育科学文化機関（ユネスコ）、経済協力開
　　　　　　　　発機構（OECD）、図書館、博物館、公民館

1.　生涯学習の意義と理念

(1)　生涯学習理念の提言

　生涯学習に先立つ「生涯教育」の理念が国際社会の表舞台に登場したのは、
1965（昭和40）年、ユネスコ（国際連合教育科学文化機関）においてである。
同機関の成人教育部長を務めていたラングランは、成人教育国際推進委員会
（パリ）の席上でこの構想を発表した。

　彼の提唱した "l'éducation permanente" は "life-long integrated educa-
tion"（生涯にわたる統合化された教育）と英訳された。「統合化」とは、人々

が生涯にわたってかかわる教育機会の垂直的・水平的統合を意味する。すなわち、生涯という時系列に沿った時間的統合と、生活領域全体にわたる空間的統合の必要性が強調されていたのである。

　経済協力開発機構（OECD）は 1970 年に『教育の機会均等』（*Equal Educational Opportunity*）を、翌年に『代償教育政策』（*Strategies of Compensation*）をそれぞれ刊行した。前者は教育の機会均等の観点から、ヨーロッパの主要国で支配的であったいわゆる複線型学校体系（第 5 章参照）の是正を勧告した。後者はすべての子どもが一定水準以上の学力を保証されるべきであるとして、「教育結果の平等」を論じた。

　ユネスコは 1972 年、第 3 回国際成人教育会議（東京）において、*Learning to Be*（邦訳『未来の学習』）と題する報告書をまとめた。同報告書は、会議の委員長を務めたフランスの元文部大臣フォール（Faure, E.）の名にちなんで『フォール報告書』とも呼ばれ、資格・学歴・権力を「もつ」ための学習（Learning to Have）に対して、自己実現をめざす人間で「ある」ための学習を提唱した。

　同年、ラングランの後任としてジェルピ（Gelpi, E.）がユネスコの生涯教育部門を担当することになった。彼は 83 年に『生涯教育─抑圧と解放の弁証法』を著し、自己主導的学習（self-directed learning）を提起した。これは自らの学習を自らが管理・決定していくという理念であって、失業者や被抑圧者、排除されている人々などに対する教育の必要性を訴えている。

(2)　生涯学習論の展開─OECD とユネスコの取り組みを中心に─

　OECD は 1973 年、『リカレント教育─生涯学習のための戦略』（*Recurrent Education : A Strategy for Lifelong Learning*）を刊行した。同書によれば、生涯学習はあり得てもユネスコの主張するような生涯教育はあり得ず、「リカレント教育」の概念が重要であるという。リカレント教育とは、仕事を主とする諸活動と教育とを交互にクロスさせ、分散して行う教育を意味する。この場合の教育は、ユネスコに比べて限定した意味に用いられている。

　国際労働機関（ILO）は 1974 年、「有給教育休暇に関する勧告」を提出し

た。有給教育休暇は「労働時間中に一定の期間、教育上の目的のために労働者に与えられる休暇であって、十分な金銭的給付を伴うもの」と定義されており、リカレント教育を支えるためのものである。同休暇の実現には莫大な財源が必要であって、景気の動向にも影響を受けやすい。なお、日本は今日に至るまで同勧告を批准していない。企業や業種、職種の枠を超えた共通の休暇に馴染みが薄く、企業内研修が一般的な労働環境がこの背景にあるものと思われる。

ユネスコは1976年、第19回総会（ナイロビ）において「成人教育の発展に関する勧告」を採択した。同勧告は、発展途上国で被抑圧的な立場におかれている人々を対象とする、生涯にわたる教育の援助を提案した。ここにはジェルピの思想が反映されている。

ユネスコは1985年、第4回国際成人教育会議（パリ）において「学習権宣言」を採択した。同宣言によれば、「学習権とは読み書きの権利であり、深く考える権利であり、想像し創造する権利であり、自分自身の世界を読みとり、歴史をつづる権利であり、あらゆる教育の手だてを得る権利であり、個人的・集団的力量を発達させる権利である」。

OECD は1995年、『学校を超えた学習』（*Learning beyond Schooling : New Forms of Supply and New Demands*）を刊行した。同書は「学習の需要と供給」という概念を提起し、学習者が自らの学習経験を構成するなどの自己決定や自律を強調している。なお、リカレント教育には触れていない。

OECD は翌96年、『生涯学習をすべての人へ』（*Lifelong Learning for All : Meeting of the Education Committee at Ministrial Level* 16-17）を刊行した。同書は加盟国教育大臣が生涯学習を主題に開催した会議の模様を収録するとともに、「リカレント教育から生涯学習へ」と題する章を設けて、初めて本格的に「生涯学習」を取り上げた。

ユネスコは同年、『学習―秘められた宝』（*Learning: the Treasure Within*）を刊行した。同書は生涯学習と民主主義とが深くかかわり合っている点を強調し、学習の4本柱として①知ることを学ぶ、②なすことを学ぶ、③（他者と）ともに生きることを学ぶ、④人間として生きることを学ぶことを挙げた。これ

は、①に偏りがちで②～④を十分に顧みてこなかった旧来の学校教育に一石を投じたものといえよう。

　ユネスコは1997年、第5回国際成人教育会議（ドイツ・ハンブルク）において「成人学習に関するハンブルク宣言」を採択した。同宣言は人権、市民参加、持続可能な発展をキーワードとして成人学習の意義を訴えている。成人教育に代えて「成人学習」の語を用い、「人々のアイデンティティを形成し、人生に意味を与え」うる可能性に触れている点が重要であろう。この宣言は98年の「ムンバイ宣言」に具体化された。同宣言は次のように述べている。

　　　成人教育は権利以上のものになる。それは21世紀の翼である。それは能動的な市民性（active citizenship）の帰結であり、社会における十全な参加のための条件である。それは正義、ジェンダーの平等、科学的・社会的な発展を促進するための力強い概念である。

⑶　生涯学習の具体化に向けて

　OECDは2001年、『教育政策分析』（*Education Policy Analysis*）を刊行した。同書は「学習の可視化」を提起し、次のように述べている。

　　　学習はさまざまに異なる形態をとり、異なる環境で行われる。それらは学校やカレッジにおけるフォーマルなコースから、家庭内やコミュニティ、職場における多種多様な経験までさまざまである。そのようなあらゆる種類の学習が認められ、可視化される必要がある。

　OECDは2003年、『鍵となる能力（キー・コンペテンシー）』（*Key Competency*）を刊行した。これは1997年から継続してきた「能力の定義と選択（Definition and Selection of Competency：DeSeCo）プロジェクト」の成果とみられる。同書は3つの範疇（category）と9つの能力（competency）を設定し、いわゆる学力観の枠組みに一石を投じた。

　ユネスコは2006年、組織改革を図り「ユネスコ生涯学習研究所」（UIL、ハンブルク）を設立した。その前身はユネスコ教育研究所（UIE）であって、フォール報告書（1972）発表以降、生涯教育を中心に研究を続けてきた。97年以降は成人教育から成人学習へ、生涯教育から生涯学習へ、それぞれ転換が

表 6-1　キー・コンペテンシー

カテゴリ 1.　相互的に道具を用いる
必要な理由　・技術を最新のものにし続ける
・自分の目的に道具を合わせる
・世界と活発な対話をする
コンピテンシーの内容
A.　言語、シンボル、テクストを相互作用的に用いる能力
B.　知識や情報を相互作用的に用いる能力
C.　技術を相互作用的に用いる能力
カテゴリ 2.　異質な集団で交流する
必要な理由　・多元的社会の多様性に対応する
・思いやりの重要性
・社会関係資本の重要性
コンピテンシーの内容
A.　他人といい関係を作る
B.　協力する。チームで働く
C.　争いを処理し、解決する
カテゴリ 3.　自立的に活動する
必要な理由　・複雑な社会で自分のアイデンティティを実現し、目標を設定する
・権利を行使し責任をとる
・自分の環境を理解してその働きを知る
コンピテンシーの内容
A.　大きな展望の中で活動する
B.　人生設計や個人的プロジェクトを設計し実行する
C.　自らの権利、利害、限界やニーズを表明する

出典：D. ライチェン、R. H. サルガニク編著、立田慶裕監訳『キー・コンペテンシー』明石
　　　書店、2006 より作成。

なされている。

　ユネスコは 2009 年、第 6 回国際成人教育会議（CONTINTEA VI、ブラジ
ル・ベレン）において、「行動のための枠組み」を示した。この枠組みは成人
の識字教育やインクルーシブ教育の重要性を強調しながらも、97 年のハンブ

ルク宣言で提起された施策の具体化、特に省庁間連携が不十分であるとして課
題を指摘している。

2. 日本の生涯学習政策論

(1) 生涯学習理念の導入と深化

　前述の成人教育国際推進委員会に出席していた波多野完治は、ラングランの
著書を邦訳し、『生涯教育入門』第1部、第2部として刊行した。これと相前
後して国際社会で生涯教育の議論が活発になるにつれ、日本国内でも政策課題
に取り上げられるようになった。

　社会教育審議会は1971（昭和46）年、「急激な社会構造の変化に対処する
社会教育のあり方について」答申した（68年7月諮問）。同答申によると、「急
激な社会構造の変化」が「個性の喪失、人間の疎外、世代間の断絶、地域連帯
意識の減退、交通災害、公害、自然の破壊」をもたらしており、その対応には
社会教育に期待されるところが大きい。

　中央教育審議会（中教審）は同年、「今後における学校教育の総合的な拡充
整備のための基本的施策について」答申した（67年7月諮問）。同答申は教育
改革の基本的方向について、「生涯教育の観点から全教育体系を総合的に整備
すること」を強調した。

　ラングランが「垂直的・水平的統合」を強調したように、両答申が全教育体
系の見直しを掲げた点は注目に値する。しかしながら、検討の枠組みとして社
会教育と学校とに分けざるを得なかった点は、形成期（啓発段階）の限界であ
るともいえよう。

　中教審は1981（昭和56）年、「生涯教育について」答申した（77年6月諮
問）。同答申は「学歴偏重の社会的風潮」を改め、「人々の生涯を通ずる自己向
上の努力を尊び、これを正当に評価する、いわゆる学習社会」の実現をめざす
べきことを求めた。ここには個人志向の学習観が示されてはいるが、後の議論
にみられるように、経済界・産業界の求める人材観・能力観とも無関係ではな
かった。

　1984（昭和 59）年、内閣総理大臣直属の諮問機関として臨時教育審議会（臨教審）が設けられた。教育審議会でありながら文相でなく首相直属としたのは、単なる文教施策にとどめず社会制度全体の総合的再編を期したためであった。臨教審は 4 次にわたって答申し、教育改革の方針を示した。これらのうち特に重要な点は①個性重視の原則、②生涯学習体系への移行、③国際化、情報化等への対応である。これらは個別の改革理念ではなく、生涯学習体系への移行を主軸に教育体系の総合的再編を図ろうとするものであった。

　これらの動きを受けて 88 年には文部省の機構改革が行われ、筆頭局として生涯学習局が設けられた。多くの地方自治体もこれにならって社会教育課・係を生涯学習課・係などへと転換した。ただし、実質的な変化を伴っていた例ばかりでは必ずしもなかった。

　1980 年代における審議の主な特質は、①社会教育と学校とを総合して検討対象とした点、②生涯教育から生涯学習へと視点を転じた点、③社会制度全体の再編整備をめざした点にある。

(2)　生涯学習の基盤整備―生涯学習のまちづくり―

　中教審は 1990（平成 2）年、「生涯学習の基盤整備について」答申した（89 年 4 月諮問）。同答申はあらためて生涯学習の意義を次のように示している。

　①生涯学習は、生活の向上、職業上の能力の向上や、自己の充実を目指し、各人が自発的意思に基づいて行うことを基本とするものである。

　②生涯学習は、必要に応じ、可能なかぎり自己に適した手段及び方法を自ら選びながら生涯を通じて行うものである。

　③生涯学習は、学校や社会の中で意図的、組織的な学習活動として行われるだけでなく、人々のスポーツ活動、文化活動、趣味、レクリエーション活動、ボランティア活動などの中でも行われるものである。

　具体的施策については、生涯学習推進センター（仮称）を拠点に、都道府県が集中的に行うべき事業として次の 6 点を挙げている。

　ⅰ．生涯学習情報の提供及び学習相談体制の整備充実に関すること。

　ⅱ．学習需要の把握及び学修プログラムの研究・企画に関すること。

　ⅲ．関連機関との連携・協力及び事業の委託に関すること。

　ⅳ．生涯学習のための指導者・助言者の養成・研修に関すること。

　ⅴ．生涯学習の成果に対する評価に関すること。

　ⅵ．地域の実情に応じて、必要な講座を主催すること。

　なお、放送大学との連携・協力を行うこと。

　同年のうちに、生涯学習に関する日本初の法律「生涯学習の振興のための施策の推進体制等の整備に関する法律」（生涯学習振興法）が制定された。同法は生涯学習政策に初めて法的根拠を与えたものであって、これにより生涯学習社会構築の取り組みが本格的に動き始めたといえよう。

　基盤整備は「まちづくり」の形で具体化された。例えば、文部省が 1988（昭和 63）年に開始した「生涯学習モデル市町村事業」のねらいは、「生涯学習のまちづくり」を先行的・試験的に進めようとした点にある。モデルに指定された市町村は「生涯学習のまちづくり推進本部」を設置するとともに、所定の 10 事業のうち 2 以上について事業を推進する。事業終了の 97 年までに指定を受けた市町村数はおよそ 1,000 に達し、注目すべきモデルも多数生まれている。

(3) 学習機会の整備・拡充から学習成果の評価・活用へ

　中教審は 1991（平成 3）年 4 月、「新しい時代に対応する教育の諸制度の改革について」答申した（89 年 4 月諮問）。同答申は第Ⅲ部に「生涯学習社会への対応」を充て、その実現に向けて学校に期待される役割や具体的施策を示した。注目すべき論点は学習成果の評価であって、学歴偏重の弊害を是正し、さまざまな学習の成果を広く評価し活用していくことのできる「生涯学習社会にふさわしい評価の体系」を整備する必要性を指摘した。

　これまでは学習機会自体の整備・拡充に力が入れられてきたが、今後は施策の比重が次第に「学習成果の評価と活用」に移行する見通しが推察される。

　この前年、生涯学習振興法に基づき、生涯学習審議会が設置された。同審議会は 92 年 7 月、「今後の社会の動向に対応した生涯学習の振興方策について」

答申した（91 年 2 月諮問）。同答申は①社会人を対象とするリカレント教育の推進、②ボランティア活動の推進、③青少年の学校外活動の推進、④現代的課題に関する学習機会の充実の 4 点からなっている。

　生涯学習審議会は 1999（平成 11）年、「学習の成果を幅広く生かす―生涯学習の成果を生かすための方策について」答申した。同答申は学習成果の評価法として、「生涯学習パスポート（生涯学習記録票）」と学習成果の認証システムを提案した。成果の活用については、①個人のキャリア、②ボランティア活動、③地域社会の発展が挙げられている。果敢な提案ではあったが、学校における学習との関連や校外活動の評価のあり方などについては課題も指摘されている。

　2001（平成 13）年、生涯学習の振興施策に関する検討は生涯学習審議会に代えて中教審生涯学習分科会で行われることになった。これは、中央省庁再編に伴って文教関係の審議会も整理統合されたことによるものである。

　中教審は 2003 年、「新しい時代にふさわしい教育基本法と教育振興基本計画の在り方について」答申した（2001 年 11 月諮問）。同答申は新しい教育基本法に盛り込むべき理念の一つとして「国民の誰もが生涯のいつでも、どこでも、自由に学習機会を選択して学ぶことができ、その成果が適切に評価されるような社会を実現すること」を挙げている。

　これらの審議の成果は 2006（平成 18）年の改正教育基本法に結実し、「第 3 条　生涯学習の理念」、「第 12 条　社会教育」、「第 13 条　学校、家庭及び地域住民等の相互の連携協力」の規定が設けられている。

　中教審は 2008 年、「新しい時代を切り拓く生涯学習の振興方策について―知の循環型社会の構築を目指して」を答申した（2005 年 6 月諮問）。同答申と先に制定された教育基本法、検討協力者会議の検討とが相まって、社会教育法、図書館法、博物館法も併せて改正された。

表6-2　日本における生涯学習政策略年表

1971（昭和46）	4月	社会教育審議会答申「急激な社会構造の変化に対処する社会教育のあり方について」
	6月	中央教育審議会答申「今後における学校教育の総合的な拡充整備のための基本的施策について」（いわゆる「四六答申」）
81（昭和56）	6月	中央教育審議会答申「生涯教育について」
83（昭和58）	4月	放送大学発足（授業開始は85年4月）
85（昭和60）	6月	臨時教育審議会第1次答申
86（昭和61）	4月	第2次答申
87（昭和62）	4月	第3次答申
	8月	第4次答申（最終答申）
88（昭和63）	6月	文部省「生涯学習モデル市町村事業」開始（〜1999〔平成11〕年度）
	7月	文部省の機構改革により、同省筆頭局として生涯学習局を設置（のち生涯学習政策局）
89（平成元）	11月	第1回全国生涯学習フェスティバル（千葉県。以後別表）
90（平成2）	1月	中央教育審議会答申「生涯学習の基盤整備について」
	6月	「生涯学習の振興のための施策の推進体制等の整備に関する法律」制定
	7月	通産省産業政策局サービス産業課に「生涯学習振興室」を開設
	8月	生涯学習審議会を設置
91（平成3）		文部省、リカレント教育推進事業開始
	4月	中央教育審議会答申「新しい時代に対応する教育の諸制度の改革について」
	5月	産業構造審議会に「生涯学習振興部会」を設置
92（平成4）	7月	生涯学習審議会答申「今後の社会の動向に対応した生涯学習の振興方策について」
96（平成8）	4月	生涯学習審議会答申「地域における生涯学習機会の充実方策について」
	7月	中央教育審議会答申「21世紀を展望した我が国の教育の在り方について」（第一次答申）
97（平成9）	8月	文部省「[子どもと話そう] 全国キャンペーン」を展開（以降継続）
98（平成10）	9月	生涯学習審議会答申「社会の変化に対応した今後の社会教育行政の在り方について」
	12月	労働省（現厚生労働省）、教育訓練給付制度開始
99（平成11）		文部省「全国子どもプラン（緊急3ケ年戦略）」開始（〜2001〔平成13〕年度）
	6月	生涯学習審議会答申「生活体験・自然体験が日本の子どもの心をはぐくむ—青少年の [生きる力] をはぐくむ地域社会の環境の充実方策について」

	6月	生涯学習審議会答申「学習の成果を幅広く生かす—生涯学習の成果を生かすための方策について」
	7月	文部省「エル・ネット」（教育情報衛星通信ネットワーク）稼働開始
	11月	「全国生涯学習市町村協議会」発足
2000（平成12）		文部省「まなびねっと」本格運用開始（のち教育情報ナショナルセンターに機能統合）
	11月	生涯学習審議会答申「新しい情報通信技術を活用した生涯学習の推進方策について—情報化で広がる生涯学習の展望」
	〃	生涯学習審議会社会教育分科審議会報告「家庭の教育力の充実等のための社会教育行政の体制整備について」
2001（平成13）	1月	省庁再編等に伴い、文部省は文部科学省に、生涯学習審議会は中央教育審議会の生涯学習分科会にそれぞれ改編
02（平成14）	4月	学校週5日制完全実施
	7月	**中央教育審議会答申「青少年の奉仕活動・体験活動の推進方策等について」**
03（平成15）	3月	中央教育審議会答申「新しい時代にふさわしい教育基本法と教育振興基本計画の在り方について」
	6月	文部科学省告示「公民館の設置及び運営に関する基準」
	〃	若者自立・挑戦戦略会議「若者自立・挑戦プラン」（～2005〔平成17年度〕)
04（平成16）	3月	**中央教育審議会審議経過報告「今後の生涯学習の振興方策について」**「社会教育活性化21世紀プラン」実施
	12月	「若者自立・挑戦のためのアクションプラン」実施
05（平成17）	6月	文部科学大臣、中教審に対し「新しい時代を切り拓く生涯学習の振興方策について」諮問
06（平成18）	3月	検討協力者会議「これからの図書館像—地域を支える情報拠点をめざして」
	12月	教育基本法改正・成立（第3条に生涯学習の理念を規定）
07（平成19）	1月	中央教育審議会中間報告「新しい時代を切り拓く生涯学習の振興方策について」
	6月	検討協力者会議「新しい時代の博物館制度の在り方について」
08（平成20）	2月	**中央教育審議会答申「新しい時代を切り拓く生涯学習の振興方策について～知の循環型社会の構築を目指して～」**
	6月	検討協力者会議「図書館職員の研修の充実方策について」
09（平成21）	2月	検討協力者会議「学芸員養成の充実方策について」
	〃	検討協力者会議「司書資格取得のために大学において履修すべき図書館に関する科目のあり方について」
11（平成23）	1月	中央教育審議会答申「今後の学校におけるキャリア教育・職業教育の在り方について」
	12月	文部科学省告示「博物館の設置及び運営上の望ましい基準」
12（平成24）	12月	文部科学省告示「図書館の設置及び運営上の望ましい基準」

出典：文部省・文部科学省『我が国の文教施策』（各年度版）等をもとに作成。

表6-3　全国生涯学習フェスティバル（まなびピア）一覧

回	年度	事業の名称（通称）・主な開催地
1	1989（平成元）	第 1 回全国生涯学習フェスティバル　千葉県
2	90（平成 2）	第 2 回全国生涯学習フェスティバル　京都府
3	91（平成 3）	第 3 回全国生涯学習フェスティバル（まなびピア '91）大分県
4	92（平成 4）	第 4 回全国生涯学習フェスティバル（まなびピア '92）宮城県
5	93（平成 5）	第 5 回全国生涯学習フェスティバル（まなびピア '93 in 愛知）愛知県
6	94（平成 6）	第 6 回全国生涯学習フェスティバル（まなびピア '94 in 富山）富山県
7	95（平成 7）	第 7 回全国生涯学習フェスティバル　北海道札幌市
8	96（平成 8）	第 8 回全国生涯学習フェスティバル（まなびピア福岡 '96）福岡県
9	97（平成 9）	第 9 回全国生涯学習フェスティバル　新潟県
10	98（平成 10）	第 10 回全国生涯学習フェスティバル（まなびピア兵庫 '98）兵庫県
11	99（平成 11）	第 11 回全国生涯学習フェスティバル（まなびピア広島 '99）広島県
12	2000（平成 12）	第 12 回全国生涯学習フェスティバル（まなびピア三重 2000）三重県
13	01（平成 13）	第 13 回全国生涯学習フェスティバル（まなびピア山形 2001）山形県
14	02（平成 14）	第 14 回全国生涯学習フェスティバル（まなびピア石川 2002）石川県
15	03（平成 15）	第 15 回全国生涯学習フェスティバル（まなびピア沖縄 2003）沖縄県
16	04（平成 16）	第 16 回全国生涯学習フェスティバル（まなびぴあ愛媛 2004）愛媛県
17	05（平成 17）	第 17 回全国生涯学習フェスティバル（まなびピア鳥取 2005）鳥取県
18	06（平成 18）	第 18 回全国生涯学習フェスティバル（まなびピアいばらき 2006）茨城県
19	07（平成 19）	第 19 回全国生涯学習フェスティバル（まなびピア岡山 2007）岡山県
20	08（平成 20）	第 20 回全国生涯学習フェスティバル（まなびピアふくしま 2008）福島県
21	09（平成 21）	第 21 回全国生涯学習フェスティバル（まなびピア埼玉 2009）埼玉県
22	10（平成 22）	全国生涯学習フォーラム高知大会（まなびピア高知 2010）高知県
23	11（平成 23）	全国生涯学習ネットワークフォーラム 2011（まなびピア 2011）文部科学省
24	12（平成 24）	全国生涯学習ネットワークフォーラム 2012　宮城・福島・岩手県
25	13（平成 25）	全国生涯学習ネットワークフォーラム 2013（まなびピア 2013）岩手大会
26	14（平成 26）	全国生涯学習ネットワークフォーラム 2014（まなびピア 2014）宮城大会

出典：文部省・文部科学省『我が国の文教施策』（各年度版）等を参照して筆者が作成。

3.　生涯学習の機会─現状と課題

⑴　生涯学習と社会教育

　改正教育基本法は社会教育振興の主な方法として「図書館、博物館、公民館その他の社会教育施設の設置、学校の施設の利用、学習の機会及び情報の提供」を挙げている（第12条第2項）。

　このうち図書館は「図書、記録その他必要な資料を収集し、整理し、保有して、一般公衆の利用に供し、その教養、調査研究、レクリエーション等に資することを目的とする施設で、地方公共団体、日本赤十字社又は一般社団法人もしくは一般財団法人が設置するもの（学校に附属する図書館又は図書室を除く）」と定められている（図書館法第2条）。図書館ではこれに基づき、図書、雑誌等の活字資料だけでなく、映像資料や音声資料・情報を含めた多様な視聴覚メディアの活用を支援するとともに、その学習を支援する専門職員として図書館司書及び司書補を配置している。

　2015（平成27）年度の調査によると、図書館は全国に約3,300館あり、延べ1億8,000万人余りが図書等の貸出業務を利用している。

　博物館は「歴史、芸術、民俗、産業、自然科学等に関する資料を収集し、保管（育成を含む。）し、展示し、教育的配慮の下に一般公衆の利用に供し、その教養、調査研究、レクリエーション等に資するために必要な事業を行い、あわせてこれらの資料に関する調査研究を行うことを目的とする機関」と定められている（博物館法第2条）。図書館とは異なり、主に実物資料を用いた学習機会を提供している点に特徴がある。資料の保管が「育成を含む」のは、博物館が動・植物園や水族館までを包括する施設だからである。博物館で提供される知識についてみれば、学芸員・学芸員補による調査研究に基づく高度な専門性にも特徴がある。こうした点から、各館ごとに調査研究や地域性などの特色を生かした参加体験型の多様な学習機会が提供されてもいる。

　2015年度の調査によると、登録博物館は全国に895館、博物館相当施設は361館、博物館類似施設は4,434館あり、入館者数は登録博物館と相当施設で

約1億3,000万人、類似施設で約1億5,000万人に上っている。

　公民館は「市町村その他一定区域内の住民のために、実際生活に即する教育、学術及び文化に関する各種の事業を行い、もって住民の教養の向上、健康の増進、情操の純化を図り、生活文化の振興、社会福祉の増進に寄与する」施設と定められている（社会教育法第20条）。第2次大戦後の教育改革によって新設された施設であって、当時の学校では対応の難しかった成人対象の民主主義教育の役割も期待された。

　2015年度の調査によると、市町村の設置する公民館は全国に1万4,171館、開設された学級・講座数は約34万8,500講座に上り、約1,045万人が参加した。集会事業には約1,900万人が参加しており、団体利用者は延べ1億6,000万人余り、個人利用者は1,800万人余りに上る。

　生涯学習機会としての社会教育施設の位置づけや役割については、いくつかの課題が指摘されている。

　その1つは、指定管理者制度の導入をめぐって、学習機会の質が問われていることである。同制度は、2003（平成15）年の地方自治法改正によって、公立施設の管理運営を民間事業者や特定非営利活動法人（NPO）に委託することを可能にしたものであって、規制緩和の潮流を受けて経費の効率的運用がめざされた。ただし、教育の機会均等や教育・研究面の専門性確保の点には疑問の声もあり、研究団体等から声明が出されている。

　第2の課題は、学校も含め各施設固有の特色を生かしつつ、異なる施設間の連携協力を学習機会の整備拡充にどう反映させるかである。例えば、図書館法の適用を受けない学校図書館の、地域の学習機会としての利用が挙げられる。地域住民による学校施設の利用は広がりつつあるものの、公共図書館のない地域における児童図書コーナーの単なる代替では不十分であろう。学習内容の多様性・広範性に特色をもつ公民館の例では、茶道や華道、囲碁・将棋など個人的娯楽趣向の強い習い事の場を公共施設が提供することに対する疑問の声もある。だからといって、地域の環境問題等の"お硬い"講座を開いても人が集まりにくく、コミュニティセンター、国際交流センター、男女共同参画センターとのすみ分けも含め取り扱いの難しいジレンマとなっている。

(2)　生涯学習と学校

　この百数十年の間に急速な普及・発展を遂げた近代学校制度は、時代の要請に沿った人材養成という面から社会・文化・経済の発展を支えてきた。これに伴い、所定の職業的地位を獲得する手段として重要性を高めてきたのは学歴である。

　先進産業社会が成熟期を迎えるとともに、より高い学歴を求めて競争が激化し、受験戦争や受験地獄などに象徴されるさまざまな病理現象が青少年の心身を蝕むようになった。「学歴社会」の弊害と呼ばれるものがこれである。その主な要因は、学歴というごく限られた指標によって人々の社会的地位や収入のみならず、人物の評価までが決められるようになった点にある。

　一方、高学歴への信頼が揺らぎ、幸福で安定した人生を約束するわけでは必ずしもない状況も生じている。その背景には、産業構造や就労形態の流動化等を含めた社会・経済のグローバル化の進展が挙げられる。ただし、学歴は社会的地位の選抜・配分の点で軽んじてよい存在になったわけではない。

　学歴社会の弊害を是正し、人々が社会の変化に的確に対応できるようにするとともに、複雑に絡まり合った諸問題を解決できるようにするには、学校中心の考え方を根本的に改め、生涯学習の視点で学校の役割の見直しを含めた教育体系全体の再編成を図る必要がある。

　学習指導要領等にも例示されている取り組みとして注目されるのは、知識・技能の活用を伴う問題解決的な学習、各教科・総合学習とを横断的に関連づける学習、思考力・判断力・表現力の向上をめざすグループ別学習、課題の探究を伴う体験的な学習活動などであろう。

　学習内容の取り扱いについては、教科間・単元間の関連とともに社会生活との関連を考慮し、そのよさや大切さについて理解を深められる取り組みが求められる。社会生活上の諸問題として参考になるのは、生涯学習審が1992年の答申で挙げた④現代的課題の例であろう。

　　　生命、健康、人権、豊かな人間性、家庭・家族、消費者問題、地域の連帯、まちづくり、交通問題、高齢社会、男女共同参画社会、科学技術、情報活用、知的所有権、国際理解、国際貢献、開発援助、人口、食料、環

境、資源、エネルギー

このように複雑で困難な問題に対応しつつ、先行きの不透明な現代を主体的に生きられる力を育成する上では、キャリア教育（第7章3を参照）の観点に立った実践も重要である。

子どもの生活経験が乏しくなりやせ細っていく中で、学校外活動の充実も大きな課題である。

例えば、1992年の生涯学習審答申が指摘したように、子どもにとって魅力ある活動の内容・方法、多様な活動の場や機会の提供に努め、主体的な活動経験の積み重ねを支援していく必要がある。このことについては、生涯学習に関する検討を行った諮問機関も繰り返し提言している。

- 生涯学習審答申「生活体験・自然体験が日本の子どもの心をはぐくむ」（1999）
- 中教審答申「青少年の奉仕活動・体験活動の推進方策について」（2002）

ただし、これらの取り組みには学校、家庭、地域間の連携協力が欠かせない。例えば、地域の公共図書館や博物館をはじめ各種の生涯学習関連施設との連携を図りつつ、総合的な学習の時間、特別活動を有効に活用することが期待される。

参考文献

P. ラングラン著、波多野完治訳『生涯教育入門』全日本社会教育連合会、1971

OECD編、森隆 夫訳『生涯学習政策』ぎょうせい、1974

中央教育審議会第26回答申「生涯教育について」1981

内閣府「生涯学習に関する世論調査」1988（昭和63）年、1992（平成4）年、1999（同11）年、2005（同17）年、2008（同20）年、2012（同24）年。なお、1992年調査の標題は「生涯学習とボランティア活動に関する世論調査」。

日本生涯教育学会編『生涯学習事典』増補版、東京書籍、1992

ユネスコ編、天城 勲監訳『学習—秘められた宝（ユネスコ「21世紀国際教育委員会」報告書）』ぎょうせい、1997

川野辺敏、山本慶裕『生涯学習論』福村出版、1999

P. フェデリーギ編、佐藤一子、三輪建二監訳『国際生涯学習キーワード事典』東洋館出版

社、2001

　日本生涯教育学会（企画・構築）「生涯学習研究 e 事典」(http://ejiten.javea.or.jp/）日本視聴覚教育協会、コスモメディア、2005（以降随時更新）

　佐々木正治編『生涯学習社会の構築』福村出版、2007

　香川正弘、佐々木英和、鈴木眞理編『よくわかる生涯学習』やわらかアカデミズム・わかるシリーズ、ミネルヴァ書房、2008

　立田慶裕、岩崎久美子、金藤ふゆ子、佐藤智子、井上豊久、荻野亮吾『生涯学習の理論―新たなパースペクティブ』福村出版、2011

　社会教育推進全国協議会編『社会教育・生涯学習ハンドブック』第 8 版、エイデル研究所、2011

　赤尾勝己『新しい生涯学習概論―後期近代社会に生きる私たちの学び』ミネルヴァ書房、2012

　浅井経子『生涯学習概論―生涯学習への道』増補改訂版、理想社、2013

　小島弘道監修、佐藤晴雄、望月厚志、柴田彩千子著『生涯学習と学習社会の創造』学文社、2013

　生涯学習・社会教育行政研究会編『社会教育・生涯学習行政必携』平成 26 年度版、第一法規、2013

　田中雅文、坂口 緑、宮地孝宜『テキスト生涯学習』第 3 版、学文社、2013

　西岡正子、桶谷 守編『生涯学習時代の生徒指導・キャリア教育』教育出版、2013

　松田武雄編『現代の社会教育と生涯学習』九州大学出版会、2013

　鈴木敏正『生涯学習の教育学―学習ネットワークから地域生涯教育計画へ』増補改訂版、北樹出版、2014

　文部省・文部科学省『社会教育調査報告書』各年度（ほぼ 3 年ごとに調査）

第 2 部

教育の現状と実践編

第 7 章　教師の資質と能力
—学習指導・生徒指導・進路指導—

　教師の仕事は、児童・生徒に勉強を教えることだけではなく、学校生活に必要な生活指導や、卒業後の進学や就職を考える進路指導も含めて多岐にわたる。この章ではまず、教師の活動の中心をなす学習指導、学習評価について述べる。続いて生徒指導、進路指導等の学習以外の主要な教育活動に触れつつ、教師の役割を規定する法的側面、及び社会から期待される側面に触れつつ、今後の教師に求められる資質・能力について概観する。

1.　学習指導

　「教師の力量」といえば「授業力」が思い浮かぶほど、いかにして学習内容を効果的に児童・生徒に伝えられるかは最大の課題である。これまでにさまざまな学習指導法が考案・実践されてきた。ここでは代表的な学習指導の分類、授業方法、及び近年の動向をみておこう。

(1)　学習指導の分類
　学習指導の形態は、組織、あるいは学習観といった観点から大別できる。

1)　学習組織による分類
①　一斉学習（一斉授業）
　1 人の教師が学級の児童・生徒全員に対し同一内容、同一進度で行うもの形態をいう。教師が事前に準備したシナリオ（学習指導案）に沿って展開され

る。教師は児童・生徒たちに問答式で問いかけ反応をみることによって理解を推し量り、進めていく。学校で行われている授業としては最も代表的な形態の1つである。

② 個別学習

学習者一人ひとりの能力に応じ、その自発性を尊重し、個人差にかかわらず個別に目標を立てて達成させようとする指導形態をいう。一斉学習においては個々人の差異に対応することが極めて困難であるため、その補完的な指導法として用いられる。ドルトン・プランやウィネトカ・プランが有名である。

③ 小集団学習（グループ学習）

学級内をいくつかの小規模なグループに分けて学習する形態をいう。グループの分け方は意見や属性が同質のグループや、異質のグループ等、その時々のテーマに応じてさまざまであり、1グループ当たりの人数も一様ではない。児童・生徒の一人ひとりが学習に参加しやすいことが利点である。

2) 学習観・教材観による分類
① 系統学習

学習内容を系統立てて、順番に、体系的に学習していく形態をいう。各教科の学習指導において広く用いられている。基礎的な水準から応用・発展へと筋道立てて知識を整理し、提示して伝えるのに適している。4段階教授法（J.F.ヘルバルト）や、5段階教授法（W.ライン）が有名である。

② 経験学習

児童・生徒の興味や関心を重んじ、生活・経験の中の諸問題に気づき、具体的な解決の過程を通じて思考力、応用力など問題解決能力を養おうとする考え方をいう。問題解決学習（J.デューイ）が代表的である。

⑵ 授業の方法

授業方法にもさまざまなものがあり、学習の内容や活動の特質に応じ、適宜組み合わせて実践されることになる。

1) 基本的な授業法

① 講義法

教師が行う講義によって知識を伝授する際に最も一般的に用いられている方法である。一度に多くの知識を効率的に多くの児童・生徒に提示できる点に特長がある。

② 問答法

問いかけと応答の過程を通して児童・生徒の理解を確認しながら思考を促し、あらかじめ設定された教育目標の達成を目指す方法である。

③ 討議法

あるテーマについて討議を行い、意見や知識、経験などを述べ合い、互いの考えの理解と確認、課題のすり合わせや共有を図りながら、思考の深化や拡大、表現力の向上などの目標達成を目指す。発言者が特定の児童・生徒に偏らないように、「意見カード」等に記入して意見を出し合うこともある。

④ 劇化（ロールプレイング）法

学習内容について、劇を実演してみることにより、体験と実感を伴った理解の定着と深化、判断力や実践的態度の育成を目指す方法である。基本的な体験活動の1つであり、道徳教育、生活科などにおいてよく用いられる。

2) 著名な実践方法

応用的な授業実践方法としては、次のようなものが挙げられる。

① バズ学習

クラスのメンバーを 5 ～ 6 人ずつの少人数グループに分け、グループごとに討議させた後、各グループの討議結果を出し合い、全体で討議する方法であって、討議法の発展型ともいえる。6 人ずつで 6 分間の討議を行うという意味で 6・6 討議ともいう。アメリカの J. フィリップスによって考案された。

② モジュール方式

授業内容や授業方法に応じ、授業の 1 単位時間を柔軟に変更して時間割を編成する方法である。例えば、小学校の 1 時限（45 分）を 15 分のモジュール×3 ととらえ、各 15 分間のモジュールごとに(1)漢字書き取り、(2)算数ドリル、(3)音楽のリコーダー練習を行う、といったやり方が可能になる。

③ モニトリアル・システム

生徒を少人数のグループに分け、各グループを助教（優れた上級生等＝モニター）に指導させることで、最終的に大人数を効率的に指導することを目指す方法である。イギリスの A. ベルと J. ランカスターが考案したため、ベル・ランカスター法とも呼ばれる（巻末資料参照）。

④ ティーム・ティーチング（TT）

1 つのクラスで複数の教師が協力し合って指導を行う方法である。習熟度に応じてクラスを分割したり、学習障害児をサポートしたりするなど、教育効果を高める方法として行われる。1950 年代にアメリカ（ハーバード大学）の F. ケッペルによって考案された。

⑤ オープン・スクール（オープン・クラスルーム）

教室間を隔てる壁を廃して開放空間とし、学習内容や活動の特質に応じその空間を多様な教授区域に分けて教育を行う学校または教室配置をいう。児童に個人または集団の興味・関心に応じて各自の学習課題に独力で取り組むか、または教師の指導の下で取り組むかの選択を認めるものであり、学級、学年にか

かわらず、1つの空間内で多様な学習が同時に行われることになる。1940年代にイギリスの就学前学校で始まり、1970年代以降に日本にも導入された。なお、学校開放日に実施される「オープン・スクール」とは異なる。

3) コンピューターによる授業支援

今日、コンピューター等のICT（Information and Communication Technology）を教育に活用することはもはや必須である。

① CAI（Computer Assisted [Aided] Instruction）

コンピューター支援教育をいう。学習者が人間の教師ではなく、コンピューターと対話しながら、自己の能力や理解度に応じた出題・指示を受けて行う個別学習法並びにそのシステムをいう。1950年代に、心理学者B.F.スキナーが「オペラント条件づけ」（第4章参照）に基づくプログラム学習を提唱したことに始まる。日本では1980年代以降、学校現場にコンピューターが導入されるようになったことから盛んに研究が行われたが、近年ではインターネットの普及に伴い、CAIよりもCBT（Computer Based Testing）やWBT（Web-Based Training）概念に基づく手法が主流になっている。

② CMI（Computer Managed Instruction）

コンピューターによって教授・学習及びそれに関する資料を管理することをいう。単に成績処理等の事務処理へのコンピューター活用を意味するのではなく、学習者個々の興味・関心に応じた学習ができるようなデータの収集・蓄積・加工及び活用を図るという考え方に基づく。e-ラーニングにおけるLMS（Learning Management System［大人数の受講者の進捗や成果を把握しやすくするためのシステム］）はその一例である。

③ e-ラーニング

ICT（情報通信技術）を用いて行う学習をいう。パソコンをはじめとする情報通信機器及びインターネットが普及し始めた1990年代半ばから導入される

ようになった。使用される機器として、パソコン、CD-ROM、DVD-ROM、デジタルテレビ、携帯情報端末等が挙げられる。また、インフラストラクチャーとしてのインターネットを通じて、ホームページ、電子メール、電子掲示板、電子会議（チャット）、ビデオ配信（VOD）などの技術を活用した教育も行われている。こうした手法は CBT あるいは WBT と呼ばれ、ICT を用いた教育手法の主流になってきている。

2.　学習評価

　学習評価は学習指導と一体のものとしてとらえられる。つまり、単に児童・生徒個々の関心や知識・理解度を判定する（診断的評価）だけでなく、指導が達成度に差を生み出していないかについても同時に考慮しなければならないということである。また評価は、学習内容や学習場面に応じ、複数の方法を用いて行われるものであり、例えば試験の点数のみで行われるものではない。授業中の児童・生徒の発言や行動に対する評価発言を行うこともできるし、机間指導の際に児童・生徒のノートやワークシートの記入状況を見て、助言とともに赤ペンで○をつけて評価を行うこともできる。さらに授業後には、提出されたノート等にコメントを記入して返却することにより、その学習の評価をフィードバックすることもできる。

　学習評価においては、単に出来不出来を判定するだけでなく、複数の方法を用いて多面的に評価し、児童・生徒のモチベーションを維持・向上させることによって、さらに学習効果を高めよう、そして学習指導そのものを改善しようという「形成的評価」（B.S. ブルーム）の意図をもって行われることが重要である。

(1)　評価の観点

　どのような観点から評価を行うのかについては、2010（平成 22）年 3 月 24 日の中央教育審議会報告「児童生徒の学習評価の在り方について」において次のように述べられている。

　各教科については、学習状況を分析的にとらえる「観点別学習状況の評価」と「総括的にとらえる評定」とを、「学習指導要領に定める目標に準拠した評価」として実施することが明確にされている。学習評価には、このような目標に準拠した評価のほか、学級・学年など集団の中での相対的な位置付けに関する集団に準拠した評価や、観点別学習状況の評価や評定には示しきれない子どもたち一人ひとりのよい点や可能性、進歩の状況について評価する個人内評価がある（「　」は引用者が付記）。

評価の観点の見直しは、およそ10年ごとの学習指導要領改訂に合わせて行われてきた。以下、現行の「観点別学習状況の評価」と「総括的にとらえる評定」を「学習指導要領に定める目標に準拠した評価」として用いる際のポイントを見ておこう。なお、目標に準拠した評価とは、相対評価ではなく絶対評価である。

1）　各観点の趣旨と評価のポイント

評価事項	評価の観点
主体的に学習に取り組む態度	「関心・意欲・態度」
課題を解決するために必要な思考力・判断力・表現力等	「思考・判断・表現」
基礎的・基本的な知識・技能	「知識・理解」及び「技能」

① 「関心・意欲・態度」

　趣旨：各教科が対象とする学習内容に関心をもち、自ら課題に取り組もうとする意欲や態度を児童生徒がどの程度身につけているかを評価する。

　この観点は、他の観点による評価の前提にかかわるものであり重要である。実際の評価は、授業や面談における発言や行動等の観察、レポート作成や発表などの学習活動への参加状況に照らして行われる。

　ただし、授業中の挙手や発言回数といった表面的態度にのみ注目することにならないよう、留意する必要がある。

② 「思考・判断・表現」

趣旨：各教科の知識・技能を活用して課題を解決するために必要な思考力・
　　　判断力・表現力を児童生徒がどの程度身につけているかを評価する。

　これは主に、児童・生徒が自ら取り組む課題を多面的に考察し、観察・実験
結果の分析・解釈を通じて規則性・法則性を見いだすなど、基礎的な知識・技
能を活用しつつ、各教科の内容に即して「思考」「判断」したことを、説明、論
述、討論といった言語的「表現」活動等を通じて評価するものである。つま
り、発表や討論、観察・実験、レポート作成といった学習活動を多く取り入
れ、学習指導の目標に照らしてその実現状況を評価すると同時に、成果だけで
なくそこに至ったプロセスと一体のものとして評価することが必要である。

③ 「知識・理解」

趣旨：各教科において習得すべき知識や重要な概念等を、児童・生徒がどの
　　　程度理解できているかを評価する。

　これは前項の思考・判断・表現に伴う学習活動の中で身につくものでもあ
り、学習の到達点として、ペーパーテストなどを通じて客観的に評価すること
が比較的容易である。

④ 「技能」

趣旨：各教科において習得すべき技能を児童生徒がどの程度身に付けている
　　　かを評価する。

　従来は「技能・表現」の一体であったが、現行では独立した観点となってい
る。これについても例えば音楽、図工・美術、体育、技術・家庭科といった活
動や制作等の実技を伴う教科について、客観的に評価することが比較的容易で
ある。

2)　各教科の観点に関する考え方

　各教科の評価の観点は、上記の 4 つの観点を基本としつつ、個々の教科の特
性に応じて設定される。例えば国語の場合、「言語についての知識・理解・技

能」が基礎的・基本的な知識・技能に着目した観点であり、これに「思考・判断・表現」（例：「話す・聞く」等）を合わせて評価する。また音楽や図工・美術等の場合、芸術表現の能力評価については、「技能」に関する観点と、表現を工夫したり新たに発想したりする能力に関する観点に分けられる。鑑賞の能力については、「知識・技能」に関する観点と、児童・生徒自らが作品を評価し価値を考える力を一体的な観点として評価する等である。

3) 学習活動の設定及び学習評価を行う際の留意点

いずれの教科においても、基礎的・基本的な知識・技能の習得を図る学習活動と思考力・判断力・表現力の習得を図る学習活動は相互に関連し合っているものであり、明確に独立したものとして規定できないものと理解しておく必要がある。また、児童・生徒に身につけさせようとする資質・能力（ねらい）を明確にした上で、それに則って学習評価を行うことが重要である。そのため、同じ学習活動・内容であっても、ねらいに応じて評価は異なる。そして、1単位時間の授業の中で、すべての観点の評価を行うことは不可能であるため、主たる観点を明確にしておく必要がある。

(2) 主な評価方法

① 観察法

あらゆる学習場面において、子どもの活動状況や態度を観察する評価法をいう。この観察は評価の重要資料となる。ただし、観察に追われるあまり指導がおろそかにならないよう、評価すべき行動や状態を明確化しておくことや、子どものつまずきに対応できるよう、さまざまな予測を立てて行うべきである。

② 自己評価

評価対象者である子ども自身が、評価の主体となって自分の学習を振り返る評価法をいう。自らを評価することにより、主体的な学習へのつながりが期待できる。ただし、児童・生徒が自ら感じたことや率直な評価を何の制限もなく純粋に表現することは容易ではないため、常日頃の教師－生徒間の信頼関係や

公平性の成立が重要である。これにより適切な評価が可能になり、仮にネガティブな自己評価があったとしても、それを励ましてポジティブに転換することも可能になる。

③　相互評価

児童・生徒同士が互いを評価し合うことをいう。これも自己評価同様に、互いの信頼関係があって初めて適切な評価として成立するものといえる。

④　パフォーマンス評価

習得した知識・技能を使いこなす能力に対する評価をいう。一口にパフォーマンスといっても、評価方法には、日常的な観察や対話による評価、自由記述の筆記テストや実技テストによる評価、課題としてのパフォーマンス（作品や歌唱、実演等）による評価など、さまざまなものが含まれる。

⑤　ポートフォリオ評価

教育におけるポートフォリオとは、児童・生徒の学習活動プロセスや成果などの記録及び残す価値のある作文やテスト、作品などを集めたファイル等を指す。このポートフォリオは、学びのプロセスや成果を長期的に評価するための材料となる。価値あるものを選択的に残すことになるため、児童・生徒にとって自分が何を達成してきたのかを把握することが容易になり、自尊感情や学習をコントロールするメタ認知を育む効果も期待できる。長期の指導計画を実施する場合や、思考力・判断力・表現力のように、育成に長期間を要する能力の評価に向いている。

⑥　ペーパーテスト（教師自作テスト）

児童・生徒の学習の実態を客観的に把握し、効果的な指導につなげるために自ら作成するテストを教師自作テストという。単元ごと、または1単位時間ごとに行う小テストと、学期末、学年末などに行う定期テストがある。自作テスト作成にあたっては、当然のことながら学習内容と密接に関連した問題を出題

し、目標がどの程度達成されているかを把握すべきであるし、先の4つの観点
を明確に評価できるような問題及び解答方法を工夫すべきである。

(3) 評定の方法

評定の方法については、文部科学省より2001（平成13）年4月27日に通
知された、「小学校児童指導要録、中学校生徒指導要録、高等学校生徒指導要
録、中等教育学校生徒指導要録並びに盲学校、聾学校及び養護学校の小学部児
童指導要録、中学部生徒指導要録及び高等部生徒指導要録の改善等について」
の中で以下のように示されている。

1) 観点別評価の記入

小学校・中学校学習指導要領に示す各教科の目標に照らして、その実現状況
を観点ごとに評価し、A、B、Cの記号により記入する。Aは「十分満足でき
ると判断されるもの」、Bは「おおむね満足できると判断されるもの」、Cは
「努力を要すると判断されるもの」である。

2) 評定の記入

各教科における児童・生徒の学習状況を総括的にとらえる評定は、小学校
（第3学年以上のみ）は達成度順に3段階、中学校と高等学校は5段階で行わ
れる。各単元で総括した観点別評価の結果を、学期末・学年末に総括し、通信
簿や指導要録に記載する。

表7-1 評価・評定の記載方法

校種	観点別評価	各教科の評定
小学校	A＞B＞Cの3段階	3＞2＞1の3段階（第3学年以上）
中学校	A＞B＞Cの3段階	5＞4＞3＞2＞1の5段階
高等学校	上記に倣う（ただし要録の記載欄なし）	5＞4＞3＞2＞1の5段階

以上、さまざまな評価方法及び基準が存在するが、いずれを用いる場合にも

評価を授業と一体のものとし、より良い指導に結び付けていくという「形成的評価」及び PDCA サイクルに配慮した姿勢が必要である。

3.　生徒指導・進路指導

　生徒指導と進路指導は、学習指導と合わせて学校教育の三本柱ともいうべき重要な事項である。生徒指導については『生徒指導提要』（文部科学省、 2011 年）の中で、進路指導については「キャリア教育の推進に関する総合的調査研究協力者会議報告書」（2004 年 1 月 28 日）等の中で、その考え方が述べられている。ここではそれらをもとに、基本的な考え方と指導にかかわる要点を述べる。

⑴　生徒指導
1）　生徒指導の意義
　生徒指導は、主として児童・生徒の学校生活への適応促進を意図して行われる。それは学習指導の成立に必要な態度の形成、休み時間や学級活動等を通じた社会性発達の促進に加え、余暇や休日等、学校外における児童・生徒の過ごし方までをも網羅し、児童・生徒の学校生活がより充実したものになることを目指している。一般的に児童・生徒の立場から理解される生徒指導のイメージは、登校時の校門における服装・頭髪チェックや教室における持ち物検査等であるが、これは生徒指導のごく限られた一面に過ぎない。

2）　生徒指導成立の要件─児童・生徒理解
　生徒指導を成立させるためには、まず、生徒指導が通常の教育課程（カリキュラム）のような共通性ではなく、個別性を前提とした教育活動であることを認識する必要がある。つまり、児童・生徒は一人ひとり異なった能力・適性、興味・関心等を持っており、生活背景や将来の希望進路も異なるため、そうした個性に応じて個々の児童・生徒を多面的かつ総合的に理解しなければならないのである。そのため、教師は学級担任、ホームルーム担任等の日常的な

触れ合いの中で児童・生徒を広い視野からきめ細かく観察し、また教科担任、部活動顧問等の関係性においても同様に、児童・生徒の様子や考えていることを常に感じ取ろうとする姿勢が必要となる。

　こうした児童・生徒理解は、教師と児童・生徒の間に信頼関係を築く基礎となる。信頼関係が児童・生徒の教師や学校、及び仲間たちとの連帯感を基礎づけ、学校生活に対する動機づけを高めるのである。そして信頼関係によって児童・生徒は自らを開示し合い、互いの個性を尊重し合い、社会性を高めていくことになる。

3) 学習指導と生徒指導

　各教科等の学習時にも、生徒指導の考え方を基礎に、一人ひとりの児童・生徒が、目標の達成に向けて意欲的に取り組めるよう、児童・生徒の個性を生かすことのできる、創意工夫ある指導を行うことが必要である。従来は一斉授業の成立を目指した指導であったが、近年は一人ひとりが"分かること"を目指した指導が望まれている。なぜなら、授業が分からない場合（学習上の不適応）、当該児童・生徒の学校及び学習に対する動機づけが弱まり、怠学やその他の非行等の問題行動に結び付く要因となり得るからである。それを防ぐためにも、生活背景も含めた児童・生徒理解は肝要である。

4) 集団指導と個別指導

　学校は、集団生活を通じて児童・生徒の社会性を涵養（かんよう）する場である。そのため教師は、児童・生徒の個性を十分に理解し、集団の場面において、児童・生徒らが相互に協力し合って活躍できる機会を作るとともに、できる限り児童・生徒らの自主性を尊重した指導を行うことが必要である。

① 集団指導

　児童・生徒らが互いに平等な立場で理解し合い、信頼し合い、学級等の目標に向かって励まし合いながら成長できる集団をつくることが重要である。そのために、教師は児童・生徒一人ひとりが、安心して個性を発揮でき、自己決定

の機会を持ち、集団に貢献できる役割を持ち、達成感・成就感を持ち、集団での存在感を実感でき、他者と好ましい関係を築き、自己肯定感・自己有用感を培うことができ、自己実現の喜びを感じられることを基盤とした集団づくりを工夫する。

　集団指導は教師主導で行われることが多いが、児童・生徒の心身の発達段階やその場の状況に応じて自主性を尊重し、児童・生徒が集団の一員としての自らの役割を自覚し、自分たちの力で問題解決を行うことができるように配慮すべきである。

　②　個別指導

　集団的状況を離れて、個別的に行うのが個別指導である。個別指導の意図は、「児童・生徒の成長を促す」「問題を予防する」「課題を解決する」ことなどにある。成長を促すことは、児童・生徒にとって有益な情報を与えたり、将来の目標について話し合ったりすることで行われる。問題を予防するというのは、出欠席状況や身だしなみ等の変化に気づき、原因や解決策を話し合うことによって問題の進行を防ぐことである。課題の解決は、発達障害や児童虐待、家庭内不和や経済的困窮等の諸問題を原因とする児童・生徒の悩みについて、他の教員やスクールカウンセラーらと協力し合って支援に当たることである。

　個別指導を効果的に進めるためには、常日頃の学校生活を通して、児童・生徒としっかり向き合い、信頼関係を築いておくことが何よりも重要である。

5)　学校の体勢づくり

　生徒指導は教師個人だけで行うべきものではなく、学校として組織的に行われなければならない。

　反対に、学校運営の在り方を考える場合に、生徒指導を切り離して論ずることはできないほど、学校運営と生徒指導は密接に関連し合っている。つまり学校を学校たらしめるのは生徒であり、その生徒をいかにして動かし、指導するかが学校運営なのである。

　これを円滑に進める上で必要なのは、明確な教育目標のもとに、教職員の共

通理解が成立し、一体感のある取り組みが行われることである。またそれに加え、教育目標を児童・生徒にも具体的に伝え、学校全体の士気を高めることも必要である。中学校、高等学校、中等教育学校及び特別支援学校の中・高等部には生徒指導主事が置かれるが、この生徒指導主事を中心に十分な体制づくりが望まれる。もちろん、そうした体制づくりにおいて校長がリーダーシップを発揮できるということが、極めて重要である。

(2) 進路指導・キャリア教育

　進路指導とは、狭義には、児童・生徒の卒業後の進路（進学や就職）について指導・助言を行うことである。そのため、卒業後の進路が100％進学である小学校においては、本来なじみ難いものである。具体的な指導が行われ得るのは中学校や高等学校においてであり、進路指導主事がおかれるのも中学校以上である。ただし、近年は児童・生徒の明確な職業観・勤労観を育むための「キャリア教育」の概念が、小学校においても実現可能な進路指導の形として普及している。

1) 進路指導の意義

　進路指導も学校教育の一環として行われるものであり、そこには教育的意義及び目的が存在する。現行の学校教育法では、第21条第10項において、小中学校における教育の目標を「職業についての基礎的な知識と技能、勤労を重んずる態度及び個性に応じて将来の進路を選択する能力を養うこと」と規定している。また高等学校と中等教育学校の目標は、それぞれ第51条第2項及び第64条第2項において「社会において果たさなければならない使命の自覚に基づき、個性に応じて将来の進路を決定させ、一般的な教養を高め、専門的な知識、技術及び技能を習得させること」とされている。

　このことから進路指導とは、学校段階ごとに定められた目標の終段にあって「その後の進路の選択」に寄与すべく行われる教育活動である。その進路選択とは、何も○○高校や××大学といった進学先の決定や、△△株式会社のような就職先の決定といった、直接的な選択の問題ではない。仮に現実の学校現場

で行われている進路指導にそのようなものがあったとしても、進路指導の本質は、それまでに行われてきた学習指導並びに生徒指導を通して育まれてきた生徒一人ひとりの能力や個性を生かして、より良い自己実現に結び付けるところにある。それは、進路指導がそれ単独で成立するものではないということでもある。その点で、進路指導は学校の教育課程全体を通して行われるものと考えられるべきである。

2)　進路指導の目的

教育課程全体を通して進路指導が目指すものは、生徒が「働く」ことの意義を見いだし、さまざまな「職業」への尊敬を抱くことができるようになることである。そして生徒自身が社会における自己の役割の理想形を自分自身で目標立て、それに向けて生涯努力し続けるという、「生きる力」の獲得である。「生きる力」について文部科学省は、変化の激しいこれからの社会を生きる子どもたちに身に付けさせたい［確かな学力］・［豊かな人間性］・［健康と体力］の3つの要素からなる力と定義づけている。これらのうち［確かな学力］は、基礎的な知識・技能を習得し、それらを活用して、自ら考え、判断し、表現することにより、さまざまな問題に積極的に対応し、解決する力をいう。この点からも、進路指導は、進路指導室で進学・就職の資料を眺めながら卒業後の行き先について助言を受ける、といったイメージだけではとらえきれないものであることが分かるだろう。いわば、卒業前に進路指導が始まった時点で、すでに進路指導の結果は出ているのである。

3)　進路指導の実際（中・高）

実際の教育現場で行われる進路指導は、目に見えるレベルでは2種類に大別される。1つは先述のように、進路指導室等で進路指導担当の教諭、または担任教師が生徒と一対一もしくは保護者を交えて、進学・就職の希望先と現実的な選択肢とのマッチングについて話し合ったり、模擬面接を行ったりするものである。もう1つは、地域の商店や各種施設等で就業体験を行い、働くことの意味・尊さについて考えを深めさせるものである。高等学校の場合、第1・2

学年で「○校以上の大学のオープンキャンパスに参加してくること」が課題として課される例もある（○は数値）。

このほかには、業者主催の大学等説明会（特定の大学の説明ではなく、学部の一般的特徴を説明）や、高大連携により招聘した大学教員による出前授業、企業を招いた就職相談会、外部のキャリアアドバイザーや卒業生を招いた講演会などが行われる。いずれもやがて迫ってくる進路選択について考える機会を増やしたり広げたりすることで意識の向上を促し、生徒自らが自分の生き方を追究できるようになることを意図している。

4）　キャリア教育と小学校

キャリア教育という言葉が、学校教育をめぐる国の考え方の一環として最初に登場したのは、1999（平成11）年の中教審答申「初等中等教育と高等教育との接続の改善について」である。そこにおいては、新規学卒者のフリーター志向が広がり、高等学校卒業者では無業者（当時は「ニート」の呼称はまだ登場していない）の割合が約9％に達し、新規学卒者の就職後3年以内の離職率も、新規中卒者で約70％、新規高卒者で約50％、新規大卒者で約30％に達するという、いわゆる七五三問題への対応の必要性が述べられている。またこうした現象が社会的階層や不況による求職難の影響もさることながら、学校教育と職業生活との接続の課題であるとも指摘している。

こうした状況を踏まえ、学校と社会の間や学校段階間の円滑な接続を図るための「キャリア教育」を、幼児期から発達段階に応じて体系的に実施することの必要性が述べられた。

キャリア教育は、自己の個性を理解し、主体的に進路を選択する能力・態度を育てる教育であるとされ、その実施にあたっては、家庭や地域と連携し、体験的な学習を重視するとともに、学校ごとに目標を設定し、教育課程に位置付けて計画的に行う必要があることと、実施状況や成果について常に評価を行うことが重要であるとの提言もなされた。

2011（平成23）年1月の中教審答申「今後の学校におけるキャリア教育・職業教育の在り方について」において、キャリア教育については、<u>体験的な学</u>

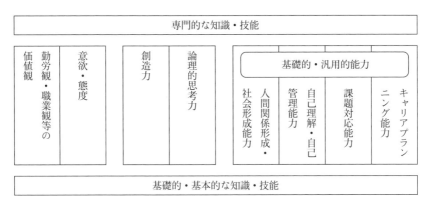

図7-1　社会的・職業的自立、社会、職業への円滑な移行に必要な力の要素
出典：中教審答申「今後の学校におけるキャリア教育・職業教育の在り方について」(2011)

習活動を効果的に活用しつつ、幅広い他者との人間関係形成能力、自己管理能力、課題対応能力、キャリアプランニング能力の基礎的・汎用的能力を培い、望ましい職業観・勤労観及び職業に関する知識や技能を身に付けさせることの重要性が示された（図7-1）。

　事実上、キャリア教育は従来の進路指導と同義である。ただし、義務教育の途上である小学校卒業に際し、同じ義務教育の一環である中学校へ向けて進路指導を行うことに意義を見いだすことが難しかったと考えれば、「キャリア教育」という大きな視点に立ち、低学年から勤労観・職業観、そして将来の目標について、ある程度の意識化を促すことは、例えば生活科や社会科の授業ともタイアップして自然に行うことができるという意味でも現実的である。

5)　キャリア教育の実際（小学校）

　小学校におけるキャリア教育は、総合的な学習の時間、特別活動、道徳、社会科、生活科等の時間に行われる。その典型的パターンとしては、まず①低学年時に学校内で働く教師以外の大人（事務職員、用務員、給食調理員、図書館司書等）について学び、さまざまな役割の大人によって学校が運営されているというイメージをつかむ。そして②中学年時に学校の近隣の商店街やその他施設で利用者との触れ合いや軽作業の手伝い等を行い、感じたことをまとめると

いう学習を行う。③高学年になると、地域の地場産業の拠点を訪れるなどして、学習対象及び職業観をさらに拡大していくことになる。こうした社会見学や体験自体は、はるか以前より行われてきたことである。しかし、「キャリア教育」の一環として行うことにより、将来を意識した体系的な意味づけが可能となる。

6) 進路指導・キャリア教育における最も基本的な課題

　キャリア教育の概念は今や小・中・高のいずれの校種にも浸透している。今後も学校段階ごとに、児童・生徒の発達段階に応じてキャリア形成も進んでいくと考えられ（図 7-2）、長期的視点に立った計画的指導が望まれている。ただし現実に、中学校及び高等学校におけるキャリア教育は、これまでの進路指導と本質的に異なるものではなく、むしろ進路指導がキャリア教育の中核ととらえられている（「キャリア教育の推進に関する総合的調査研究協力者会議報

小学校段階	中学校段階	高等学校段階
＜職業的（進路）発達段階＞		
進路の探索・選択にかかる基盤形成の時期	現実的探索と暫定的選択の時期	現実的探索・試行と社会的移行準備の時期
＜職業的（進路）発達課題＞		
・自己及び他者への積極的関心の形成・発展	・肯定的自己理解と自己有用感の獲得	・自己理解の深化と自己受容
・身のまわりの仕事や環境への関心・意欲の向上	・興味・関心等に基づく職業観・勤労観の形成	・選択基準としての職業観・勤労観の確立
・夢や希望、憧れる自己イメージの獲得	・進路計画の立案と暫定的選択	・将来設計の立案と社会的移行の準備
・勤労を重んじ目標に向かって努力する態度の形成	・生き方や進路に関する現実的探索	・進路の現実吟味と試行的参加

図 7-2　学校段階別に見た職業的（進路）発達段階、職業的（進路）発達課題
出典：国立教育政策研究所生徒指導研究センター「児童生徒の職業観・勤労観を育む教育の推進について」2002。

告書」2004 年 1 月）。キャリア教育とは、小学校低学年次から段階的、計画的、組織的な指導・支援を行うことによって、勤労観・職業観を段階的に具体化・育成していこうとするものである。言い換えればそれは、進路指導の早期化によって、学校と社会との接続を強化しようとする連続的な取り組みとして評価され得るだろう。

　だが、であればこそ、その担い手である教師の持つキャリア観・職業観及び職業経験、社会経験がきわめて重要な意味を持つことになる。学校で児童・生徒に職業観やさまざまなキャリアパスについて助言・指導を行う教師の多くは、大学・短大卒業後ただちに教壇に立っており、一部の社会人経験者を除いて、その社会経験は非常に限定的なものであると言わざるを得ない。そのため、一部自治体で行われている、夏休み等を利用した教師の一般企業研修等を活用して、教師が自身の社会的位置を相対化し、さまざまな職業の特性を理解し、キャリア観・職業観・勤労観を磨く努力が望まれる。

　さらに現実的な問題として、価値観の多様化及び個人的価値観の尊重といった現代社会の風潮ゆえに、児童・生徒の進路選択に教師が積極的にかかわることをためらうケースも少なからずある。例えば、東京都のある公立中学校教師（40 代男性）は、「家庭の状況が把握できていない上に、保護者が子どもの進路選択に関して中学校側に何も求めていないケースが増えつつある」という。個人情報保護の観点から、保護者の職業等の基本的情報が見えにくくなっていることと、保護者が進路選択（受験）について、もっぱら学習塾に頼る事例が増加している、ということである。

　学校・教師の行うキャリア教育・進路指導がどこまでをカバーできるのか、なおも検討すべき課題といえよう。

4.　教師の社会的役割と責任

　教育者として多様な役割を期待される教師であるが、その社会的責任は重く、さまざまな法規定によって職責が明確化されている。また教師の主たる活動の場である学校もまた、多くの規程によってその在り方を規定されている。

つまり、「教師」は単なる職業の一選択肢以上の重みを持つといってよい。本節では、学校と教師の在り方をめぐる法的根拠について述べる。

(1)　学校と教職員組織

　まず、学校組織に関する法規定を確認して行こう。最も基本的な法律は、学校教育法（以下、学教法）第7条、すなわち「学校には、校長及び相当数の教員を置かねばならない」である。これに基づき同第37条では、小（中）学校に配置すべき教職員が以下のように定められている。（以下、下線はすべて筆者）

- 小学校には、校長、教頭、教諭、養護教諭及び事務職員を置かなければならない。（第1項）
- 小学校には、（中略）副校長、主幹教諭、指導教諭、栄養教諭、その他必要な教員を置くことができる。（第2項）
- （略）副校長を置くときその他特別な事情のあるときは教頭を、養護をつかさどる主幹教諭を置くときは養護教諭を、特別の事情のあるときは事務職員を、それぞれ置かないことができる。（第3項）
- 特別の事情のあるときは、（中略）教諭に代えて助教諭又は講師を、養護教諭に代えて養護助教諭を置くことができる。（第18項）

　小（中）学校の教職員組織は、校長－教頭（副校長）、教諭、養護教諭、事務職員から構成される。また、小（中）学校には校長が必置の条件である。このほかに必置の教頭、教諭、養護教諭については、それぞれ副校長、助教諭・講師、養護をつかさどる主幹教諭・養護助教諭をもって代えることが可能であり、事務職員については必置であるものの、特別の事情がある場合には置かなくてもよい。なお、第18項については高等学校や中等教育学校にも同様の規定が存在する。

　一方、第1項から第3項については、小（中）学校と高等学校、中等教育学校とで異なる点がある。まず高等学校の場合を見てみよう（学教法第60条）。

- 高等学校には、校長、教頭、教諭及び事務職員を置かなければならない。

（第 1 項）

- （略）副校長、主幹教諭、<u>指導教諭</u>、<u>養護教諭</u>、<u>栄養教諭</u>、<u>養護助教諭</u>、<u>実習助手</u>、技術職員その他必要な職員を置くことができる。（第 2 項）
- （略）副校長を置くときは、<u>教頭</u>を置かないことができる。（第 3 項）

そして中等教育学校については次の通りである（学教法第 69 条）。

- 中等教育学校には、校長、教頭、教諭、<u>養護教諭</u>及び<u>事務職員</u>を置かなければならない。（第 1 項）
- （略）副校長、<u>主幹教諭</u>、指導教諭、栄養教諭、実習助手、技術職員その他必要な職員を置くことができる。（第 2 項）
- （略）<u>副校長</u>を置くときは教頭を、養護をつかさどる<u>主幹教諭</u>を置くときは養護教諭を、それぞれ置かないことができる。（第 3 項）

　中等教育学校は小（中）学校と同様の教員配置に加えて事務職員が必置に、そして高等学校では養護教諭が必置でなく、事務職員が必置となっているが、一口に学校、教職員といってもさまざまな職位によって構成されていることが分かるだろう。

⑵　教職員の職務と職務上の地位

1）　職務

次に、それぞれの教職員がどのような職務を担当しているのかを見てみよう。

職名	職務内容
校長	校務をつかさどり、所属職員を監督する。
副校長	校長を助け、命を受けて校務をつかさどる。 校長に事故があるときはその職務を代理し、校長が欠けたときはその職務を行う。この場合において副校長が 2 人以上あるときは、あらかじめ校長が定めた順序で、その職務を代理し、又は行う。
教頭	校長を助け、校務を整理し、及び必要に応じ児童の教育をつかさどる。 校長に事故があるときはその職務を代理し、校長（校長及び副校長）が欠けたときはその職務を行う。この場合において教頭が 2 人以上あるときは、あらかじめ校長が定めた順序で、その職務を代理し、又は行う。

主幹教諭	校長（校長及び副校長）及び教頭を助け、命を受けて校務の一部を整理し、並びに児童の教育をつかさどる。
指導教諭	児童の教育をつかさどり、並びに教諭その他の職員に対して、教育指導の改善及び充実のために必要な指導及び助言を行う。
教諭	児童の教育をつかさどる。
養護教諭	児童の養護をつかさどる。
栄養教諭	児童の栄養の指導及び管理をつかさどる。
事務職員	事務に従事する。

2) 職務上の地位

以下、各学校における教師の職務上の地位についてまとめておく。

小学校・中学校・高等学校に置くもの

教務主任	教育計画の立案その他の教務に関する事項について連絡調整及び指導、助言に当たる。（学教法施行規則第44条）
学年主任	当該学年の教育活動に関する事項について連絡調整及び指導、助言に当たる。（同上）
保健主事	保健に関する事項の管理に当たる。（同第45条）
司書教諭	学校図書館の専門的職務をつかさどる。（学校図書館法第5条）

中学校・高等学校に置くもの

生徒指導主事	生徒指導に関する事項をつかさどり、当該事項について連絡調整及び指導、助言に当たる。（学教法施行規則第70条）
進路指導主事	生徒の職業選択の指導その他の進路の指導に関する事項をつかさどり、当該事項について連絡調整及び指導、助言に当たる。（同第71条）

高等学校に置くもの

学科主任	当該学科の教育活動に関する事項について連絡調整及び指導、助言に当たる。（学教法施行規則第81条）
農場長	農業に関する実習地及び実習施設の運営に関する事項をつかさどる。（同上）

⑶　教員の服務・義務

　先節末で述べた、「教師」という職業が持つ、職業の一選択以上の重みについて、特に公務員である公立学校の教員については、法律で次のように規定されている（私立学校であっても、公教育の担い手として、教育基本法、学教法及び学教法施行規則、そして学習指導要領は遵守せねばならない）。

- すべて公務員は、<u>全体の奉仕者</u>であつて、一部の奉仕者ではない。（日本国憲法第 15 条第 2 項）
- すべて職員は、<u>全体の奉仕者</u>として公共の利益のために勤務し、且つ、職務の遂行に当つては、全力を挙げてこれに<u>専念</u>しなければならない。（地方公務員法［以下、地公法］第 30 条）

1)　職務上のさまざまな義務

　上記の各規定を基本に、教師としての職務の遂行にあたっては、以下の法律上の義務を負う。

- 服務の宣誓義務（地公法第 31 条、国家公務員法［以下、国公法］第 97 条）
- 法令等及び上司の職務上の命令に従う義務（地公法第 32 条、国公法第 98 条第 1 項）
- 地方教育行政組織及び運営に関する法律［以下、地教行法］第 43 条第 2 項）
- 職務に専念する義務（地公法第 35 条、国公法第 101 条第 1 項）

①　服務の宣誓義務

教師には、職務遂行にあたり、それを全うすることを宣誓する義務がある。

- 職員は、<u>条例の定めるところ</u>により、<u>服務の宣誓</u>をしなければならない。（地公法第 31 条）
- 職員は、政令の定めるところにより、服務の宣誓をしなければならない。（国公法第 97 条）

② 法令等及び上司の職務上の命令に従う義務

・職員は、その職務を遂行するに当つて、法令、条例、地方公共団体の規則及び地方公共団体の機関の定める規程に従い、且つ、上司の職務上の命令に忠実に従わなければならない。（地公法第32条）

・職員は、その職務を遂行するについて、法令に従い、且つ、上司の職務上の命令に忠実に従わなければならない。（国公法第98条第1項）

・県費負担教職員は、その職務を遂行するに当つて、法令、当該市町村の条例及び規則並びに当該市町村委員会の定める教育委員会規則及び規程に従い、かつ、市町村委員会その他職務上の上司の職務上の命令に忠実に従わなければならない。（地教行法第43条第2項）

③ 職務に専念する義務

・職員は、（中略）その勤務時間及び職務上の注意力のすべてをその職責遂行のために用い、当該地方公共団体がなすべき責を有する職務にのみ従事しなければならない。（地公法第35条）

・職員は、（中略）その勤務時間及び職務上の注意力のすべてをその職責遂行のために用い、政府がなすべき責を有する職務にのみ従事しなければならない。（国公法第101条第1項）

④ 服務の監督権者

県費負担教職員（市町村立の義務教育学校教職員）は公務員であるため、その服務の監督は任命権者が行う。そして県費負担教職員の任命権者は都道府県の教育委員会である。ただし、県費負担教職員の服務の監督者は市町村の教育委員会である（地教行法第43条第1項）。

市町村立の義務教育学校であっても、その給与の負担は都道府県が行っていることから、任命権と監督権が分かれている。

2) 教員の身分上の義務

公務員としての教員には、民間の会社員と異なり、その身分上次の5つの義

務が課せられている。すなわち、①信用失墜行為の禁止、②秘密を守る義務、③政治的行為の制限、④争議行為等の禁止、⑤営利企業等の従事制限である。以下、その法的根拠を順に示す。

①　信用失墜行為の禁止
・職員は、その職の信用を傷つけ、又は職員の職全体の不名誉となるような行為をしてはならない。（地公法第 33 条）

犯罪行為はもちろん、職業倫理からの逸脱（体罰など、指導の範囲を超えた行為をはじめ、生徒との交際など、性的問題も多い）など、その職の地位を貶^{おとし}めるようなことがあってはならない。

②　秘密を守る義務（いわゆる守秘義務）
・職員は、職務上知り得た秘密を漏らしてはならない。その職を退いた後も、また、同様とする。（地公法第 34 条第 1 項）

自宅住所・電話番号等をはじめ、家庭事情や成績、進路動向等、生徒の個人情報やその他の情報を決して他人に明かしてはならない。

③　政治的行為の制限
・公立学校の教育公務員の政治的行為の制限については、当分の間、国家公務員法第 102 条の規定が適用される。（教育公務員特例法第 18 条第 1 項）
・職員は、政党又は政治的目的のために、寄付金その他利益を求め、若しくは受領し、又は何らかの方法を以てするを問わず、これらの行為に関与し、あるいは選挙権の行使を除く外、人事院規則で定める政治的行為をしてはならない。（国公法第 102 条第 1 項）

一方、教育公務員以外の一般地方公務員の扱いはこれとやや異なっている。

- 職員は、特定の政党その他の政治的団体又は特定の内閣若しくは地方公共団体の執行機関を支持し、又はこれに反対する目的をもって、あるいは公の選挙又は投票において特定の人又は事件を支持し、又はこれに反対する目的をもって、次に掲げる政治的行為をしてはならない。(地公法第36条第2項)
- ただし、当該職員の属する地方公共団体の区域（中略）外において、（中略）政治的行為をすることができる。(同上)

このように、一般地方公務員の場合、勤務する自治体の外では政治的行為が認められているのに対して、教員の場合は政治的中立性維持のため、どこにいようとも政治的行為が認められない。

④　争議行為等の禁止、

- 職員は、地方公共団体の機関が代表する使用者としての住民に対して同盟罷業、怠業その他の争議行為をし、又は地方公共団体の機関の活動能率を低下させる怠業的行為をしてはならない。又、何人も、このような違法な行為を企て、又はその遂行を共謀し、そそのかし、若しくはあおってはならない。(地公法第37条)

公務員の労働者としての権利は、民間企業の労働者に比べて大きく制限されているのである。

⑤　営利企業等の従事制限

- 職員は、任命権者の許可を受けなければ、営利を目的とする私企業を営むことを目的とする会社その他の団体の役員その他人事委員会規則［人事委員会を置かない地方公共団体においては、地方公共団体の規則］で定める地位を兼ね、若しくは自ら営利を目的とする私企業を営み、又は報酬を得ていかなる事業若しくは事務にも従事してはならない。(地公法第38条)

　例えば学校での勤務終了後に無断でうどん屋等のアルバイトをすれば、それは処分の対象となる。しかし、実家のうどん屋を無給で手伝う分には、ボランティアと解釈される。とはいえ、実家でも労働報酬を受け取れば即アルバイトとみなされる。

　これらの禁止・制限事項をはじめとする事項に背く等、問題を起こした場合には処分の対象となる。

3)　教員の処分
　教員に対する処分には、大きく2つの種類がある

①　分限処分
　まず分限処分であるが、地公法第28条では以下の4つに該当する場合に、その職員本人の意志にかかわらず、降任あるいは免職することができる。

・勤務実績が良くない場合
・心身の故障のため、職務の遂行に支障があり、又はこれに堪えない場合
・前2号に規定する場合の外、その職に必要な適格性を欠く場合
・職制若しくは定数の改廃又は予算の減少により廃職又は過員を生じた場合

②　懲戒処分
　これとは別に職員自身の行動が社会的に問題のあるものであった場合、地公法第29条による戒告、減給、停職または免職等の懲戒処分が適用されることになる。

・この法律若しくは第57条に規定する特例を定めた法律又はこれに基く条例、地方公共団体の規則若しくは地方公共団体の機関の定める規程に違反した場合
・職務上の義務に違反し、又は職務を怠つた場合
・全体の奉仕者たるにふさわしくない非行のあつた場合

4)　不適格教員（指導力不足教員）

1990年代以降問題化してきた不適格教員については、地教行法第47条の2の規定に従って分限処分が行われる。

- 都道府県委員会は、地方公務員法第27条第2項及び第28条第1項の規定にかかわらず、その任命に係る市町村の県費負担教職員（教諭、養護教諭、栄養教諭、助教諭及び養護助教諭（同法第28条の4第1項又は第28条の5第1項の規定により採用された者（以下この項において「再任用職員」という。）を除く。）並びに講師（再任用職員及び非常勤の講師を除く。）に限る。）で次の各号のいずれにも該当するもの（同法第28条第1項各号又は第2項各号のいずれかに該当する者を除く。）を免職し、引き続いて当該都道府県の常時勤務を要する職（指導主事並びに校長、園長及び教員の職を除く。）に採用することができる。
  - 一　児童又は生徒に対する指導が不適切であること。
  - 二　研修等必要な措置が講じられたとしてもなお児童又は生徒に対する指導を適切に行うことができないと認められること。

(4)　教員研修

先のような分限処分の有無にかかわりなく、教員は常に自己研鑽に努めなければならない。この原則は、教育基本法第9条に示されている。

　第9条　法律に定める学校の教員は、自己の崇高な使命を深く自覚し、絶えず研究と修養に励み、その職責の遂行に努めなければならない。

　　2　前項の教員については、その使命と職責の重要性にかんがみ、その身分は尊重され、待遇の適正が期せられるとともに、養成と研修の充実が図られなければならない。

これに関連して、地方公務員法及び教育公務員特例法では次のように規定されている。

- 職員には、その勤務能率の発揮及び増進のために、研修を受ける機会が与えられなければならない。（地公法第39条）

2　前項の研修は、任命権者が行うものとする。（同第 2 項）

・教育公務員は、その職責を遂行するために、絶えず研究と修養に努めなければならない。（教育公務員特例法第 21 条第 1 項）

・教育公務員の任命権者は、教育公務員の研修について、それに要する施設、研修を奨励するための方途その他研修に関する計画を樹立し、その実施に努めなければならない。（同第 2 項）

・教育公務員には、研修を受ける機会が与えられなければならない。（第 22 条第 1 項）

・任命権者が定める初任者研修及び 10 年経験者研修に関する計画は、教員の経験に応じて実施する体系的な研修の一環をなすものとして樹立されなければならない。（第 25 条）

　一方、こうした研修は、義務であると同時にその機会を保障された権利でもある。

・教員は、授業に支障のない限り、本属長の承認を受けて、勤務場所を離れて研修を行うことができる。（教育公務員特例法第 22 条第 2 項）

・教育公務員は、任命権者の定めるところにより、現職のままで、長期にわたる研修を受けることができる。（同第 3 項）

　また、研修は任命権者（つまり都道府県教委）が行うもの（地公法第 39 条第 2 項）であるが、市町村教委も行うことができるものである。

・県費負担教職員の研修は、地方公務員法第 39 条第 2 項の規定にかかわらず、市町村委員会も行うことができる。（地教行法第 45 条）

1)　初任者研修

　新規採用された教員が全員受けることになるのが、初任者研修（初任研）である。これは教育公務員特例法に定められているため法定研修と呼ばれる（該当者全員が受けるため、悉皆研修ともいう）。

　第 23 条　公立の小学校等の教諭等の任命権者は、当該教諭等（政令で指定

する者を除く。）に対して、その採用の日から1年間の教諭の職務の遂行に必要な事項に関する実践的な研修（以下「初任者研修」という。）を実施しなければならない。

　2　任命権者は、初任者研修を受ける者（次項において「初任者」という。）の所属する学校の副校長、教頭、主幹教諭（養護又は栄養の指導及び管理をつかさどる主幹教諭を除く。）、指導教諭、教諭又は講師のうちから、指導教員を命じるものとする。

　3　指導教員は、初任者に対して教諭の職務の遂行に必要な事項について指導及び助言を行うものとする。

　研修内容は、基礎的素養、学級経営、教科指導、道徳、特別活動、総合的な学習の時間、生徒指導・進路指導を大項目として、さらに2〜10の中項目及び具体的な研修内容へと細分化されており（文部科学省HPにて公開されている）、ベテラン教員を講師とする校内での研修は週10時間以上、年間300時間以上、また教育センターでの講義の受講や企業・福祉施設等での体験や奉仕活動等に関する研修を年間25日以上、それぞれ受けることになっている。

2）　十年経験者研修

いわゆる十年研も、初任研と並ぶ法定研修である。

第24条　公立の小学校等の教諭等の任命権者は、当該教諭等に対して、その在職期間（公立学校以外の小学校等の教諭等としての在職期間を含む。）が十年（特別の事情がある場合には、十年を標準として任命権者が定める年数）に達した後相当の期間内に、個々の能力、適性等に応じて、教諭等としての資質の向上を図るために必要な事項に関する研修（以下「十年経験者研修」という。）を実施しなければならない。

　2　任命権者は、十年経験者研修を実施するに当たり、十年経験者研修を受ける者の能力、適性等について評価を行い、その結果に基づき、当該者ごとに十年経験者研修に関する計画書を作成しなければならない。

　十年研の内容は、課業期間中（平常時）年間20日程度、主に学校内において、校長、教頭または教務主任等を指導・助言者とした研究授業や教材研究を行うことに加え、夏休み等の長期休業中にも年間20日程度、教育センター等において、指導主事やベテラン教員を講師とした教科指導、生徒指導、または適性に応じた得意分野づくり等とされている。なお、法定研修は、任命権者が果たすべき責任として体系的に行われるべきものでもある。

　第25条　任命権者が定める<u>初任者研修及び十年経験者研修に関する計画</u>は、教員の経験に応じて実施する<u>体系的な研修の一環をなすもの</u>として樹立されなければならない。

3）　指導改善研修

　今一つの法定研修が、2008（平成20）年より導入された指導改善研修である。これは、年々問題化してきた指導力不足の改善を図るために設けられたものである。

　第25条の2　公立の小学校等の教諭等の<u>任命権者</u>は、児童、生徒又は幼児（以下「児童等」という。）に対する指導が<u>不適切</u>であると認定した教諭等に対して、その能力、適性等に応じて、当該指導の<u>改善</u>を図るために必要な事項に関する研修（以下「指導改善研修」という。）を実施しなければならない。

　　2　指導改善研修の期間は、1年を超えてはならない。ただし、特に必要があると認めるときは、任命権者は、指導改善研修を開始した日から引き続き2年を超えない範囲内で、これを延長することができる。

　　3　任命権者は、指導改善研修を実施するに当たり、指導改善研修を受ける者の能力、適性等に応じて、その者ごとに指導改善研修に関する計画書を作成しなければならない。

　指導改善研修の対象教員に対しては、教育センター等で数週間から1年間程度の研修（教科指導や生徒指導等について）を受けさせ、その結果に応じて教育現場へ復帰あるいは研修の継続が決められる。

・指導改善研修後の措置

しかし、改善が不十分かつ一層の改善も望めない場合は、教員の職を解く（他の職務への転属を含む）等の措置がとられることになる。

第25条の3　任命権者は、前条第四項の認定において指導の改善が<u>不十分</u>でなお児童等に対する指導を適切に行うことができないと認める教諭等に対して、<u>免職</u>その他の必要な措置を講ずるものとする。

以上みてきたように、（特に公務員としての）教員には、その社会的役割及び義務・制約に関するさまざまな法規定がなされている。教師という職業を選ぶことは、職業選択の自由に基づく本人の自由意志であるが、その先には他の職業よりも多くの制約が待っている。私立学校教員の場合は公務員ではないため自由度は若干高いが、それでも私企業ではなく公教育の担い手として、教育基本法、学校教育法をはじめとする諸法によってその役割を規定されている点は同じであり、相応の倫理観が求められていることに本質的な違いはない。

5.　教師に求められる資質・能力

グローバル化と情報化の進展に伴い、社会の変化のスピードも増している。そのためこれからの社会を生き抜くためには、一人ひとりが自らの頭で考え、行動し、自立した個人として、たくましく「生きる力」を養うことが重要となる。現代の学校・教師にはそのような力の育成も期待されている。こうした教師に求められる資質・能力とはどのようなものなのか、関連する文科省関係のの審議会答申に沿ってみておこう。

(1)　学校・教師に求められる役割

社会が学校・教師に期待する役割は時代によって変化する。例えば、明治の公教育草創期であれば読み書き算盤力の育成を、戦時中であれば忠君愛国の志の育成を、戦後になれば民主主義の担い手の育成を、それぞれ期待されてきた。

　現代社会において求められるのは、変動著しい社会を生き抜く力を備えた人間の育成である。この背景には、不況による就職難や雇用環境の悪化に伴い終身雇用制が崩壊し、転職も珍しくなくなる中、退職後あるいは最初から定職に就かないニートやフリーターになる若者が増加したこともある。これはキャリア教育が導入されたきっかけでもあるが、現代の社会が抱える課題として、解決に向けた大きな役割を果たすことが学校にも求められている。

⑵　求められる資質・能力

　1997（平成9）年7月の教育職員養成審議会（教養審）第1次答申では、「いつの時代にも求められる資質能力」と、「生きる力」を育む観点から、「今後特に求められる資質能力」について、それぞれ以下のように示された。

いつの時代にも求められる資質能力	今後特に求められる資質能力
・教育者としての使命感 ・人間の成長・発達についての深い理解 ・幼児・児童・生徒に対する教育的愛情 ・教科等に関する専門的知識 ・広く豊かな教養 ・これらを基盤とした実践的指導力等	・地球的視野に立って行動するための資質能力（地球、国家、人間等に関する適切な理解、豊かな人間性、国際社会で必要とされる基本的資質能力） ・変化の時代を生きる社会人に求められる資質能力（課題探求能力等に関わるもの、人間関係に関わるもの、社会の変化に適応するための知識及び技術） ・教員の職務から必然的に求められる資質能力（幼児・児童・生徒や教育の在り方に関する適切な理解、教職に対する愛着、誇り、一体感、教科指導、生徒指導等のための知識、技能及び態度）

①　いつの時代にも求められる資質能力

　「養成と採用・研修との連携の円滑化について（第3次答申）」（1999［平成11］年12月）において、教員の資質能力とは、「専門的職業である『教職』に対する愛着、誇り、一体感に支えられた知識、技能の総体」を意味するものとされた。学校教育の直接の担い手である教員の活動は、人間の心身の発達にかかわるものであり、幼児・児童・生徒の人格形成に大きな影響を及ぼすという専門職としての教員の職責から、教育者としての使命感、人間の成長・発達に

ついての深い理解、幼児・児童・生徒に対する教育的愛情、教科等に関する専門的知識、広く豊かな教養、そしてこれらを基盤とした実践的指導力が、いつの時代にも教員に求められる資質能力である。

②　今後特に求められる資質能力

　同答申は、変化の激しい時代にあるこれからの教員には、子どもたちに自ら学び自ら考える力や豊かな人間性などの「生きる力」を育成する教育を行うことが期待されること、そしてその観点から、今後の教員には特に、「地球や人類の在り方を自ら考えるとともに、培った幅広い視野を教育活動に積極的に生かすことが求められる」と述べている。教員は多くの場合、在住都道府県のみを主な活動場所としているため、幅広い視野の確保が困難になりがちであるが、この答申の実現には、そうした状況の打破に向けた教師個々人の意識と努力が必要となる。それは続く「教員という職業自体が社会的に特に高い人格・識見を求められる性質のものであることから、教員は変化の時代を生きる社会人に必要な資質能力をも十分に兼ね備えていなければならず、これらを前提に、当然のこととして、教職に直接かかわる多様な資質能力を有することが必要である」という文言に、先の研修を受ける権利及び義務とも関連付けて読み取ることができる。

③　得意分野を持つ個性豊かな教員の必要性

　さらに同答申では、「しかしながら、すべての教員が一律にこれら多様な資質能力を高度に身に付けることを期待しても、それは現実的ではない」という重要な指摘がなされている（以下引用、下線筆者）。

　　　むしろ学校においては、多様な資質能力を持つ個性豊かな人材によって構成される教員集団が連携・協働することにより、学校という組織全体として充実した教育活動を展開すべきものであり、また、いじめや不登校の問題をはじめとする現在の学校を取り巻く問題の複雑さ・困難さの中では、学校と家庭と地域社会との協力、教員とそれ以外の専門家との連携・協働が一層重要なものとなることから、専門家による日常的な指導・助

言・援助の体制整備や学校と専門機関との連携の確保などを今後更に積極的に進める必要がある。

　さらに、教員一人一人の資質能力は決して固定的なものではなく、経験を積むことにより変化し、成長が可能なものであり、それぞれの職能、専門分野、能力・適性、興味・関心等に応じ、生涯にわたりその向上が図られる必要がある。教員としての力量の向上は、日々の教育実践や教員自身の研鑽により図られるのが基本であるが、任命権者等が行う研修も極めて重要である。

　このようなことを踏まえ、今後における教員の資質能力の在り方を考えるに当たっては、画一的な教員像を求めることは避け、生涯にわたり資質能力の向上を図るという前提に立って、全教員に共通に求められる基礎的・基本的な資質能力を確保するとともに、更に積極的に各人の得意分野づくりや個性の伸長を図ることが必要である。結局は、このことが学校に活力をもたらし、学校の教育力を高めることに資するものと考える。

　国家・民族といったスケールにおける多様性・異質性への理解・受容（異文化理解）については、多くの人がその重要性に賛同を示す。だが同じ国の同じ職業かつ同じ勤務先となると、勢い同質性への期待と圧力が高まってしまう。多数派と少数派あるいは二大勢力の対立といった事態は、いじめやケンカと構造的に同じであり、教育機関においては特に望ましくない。教師の職責に対する共通認識を堅持し、教師個々人の得意分野と力量に応じて円滑なチームプレーができる、次代を育む高度な使命感をもった学校・教師集団の在り方が期待される。

参考文献

秋田喜代美、佐藤　学『新しい時代の教職入門』有斐閣アルマ、2006

岩城孝次、森嶋昭伸『生徒指導の新展開』ミネルヴァ書房、2008

梶田叡一、加藤　明『改訂実践教育評価事典』文溪堂、2010

文部科学省『生徒指導提要』教育図書、2011

藤田晃之『キャリア教育基礎論』実業之日本社、2014

第8章 教育相談の技法と実践

　この章では、生徒が集団に適応し、所属する集団で貢献できるようになるためと、集団が個人を受容できる雰囲気をつくれるようになるために必要な指導の理論を学ぶ。さらに、カウンセリング理論、不適応の概念、発達障害、コミュニケーション技法、心理テスト等を学ぶことで生徒一人一人が自己理解を深めながら自己解決能力等の可能性が開花できるための相談の理論や技法、そしてカウンセリングマインドの理解をめざす。

　＊**キーワード**：生徒指導、教育相談、カウンセリング理論、コミュニケーション技法、適応・不適応、発達障害、カウンセリングマインド

1.　生徒指導

⑴　**生徒指導の基礎**

　生徒指導は、「一人一人の児童生徒の人格を尊重し、個性の伸長を図りながら、社会的資質や行動力を高めることを目指して行われる教育活動」（文部科学省、2010 年）と定義される。また、中央教育審議会の答申等から、「他者との共生」「異質なものへの寛容」「社会との調和を可能にするための指導」が期待されている。生徒指導における指導内容には、表 8-1 のようなものがある。

⑵　**生徒指導の実際（行動の目的的理解からの方法）**

　生徒のとる不適切な行動を以下のように分け、それぞれについて対応を考えることは生徒指導上有効である。

表 8-1　生徒指導における指導内容の分類

学習指導	学習面での不適応要因の発見と改善学習意欲の育成など学習面での指導を行う
個人適応指導	個人を集団に適応あるいは順応させようとする面と集団が個人を受容できるような雰囲気にするような指導
社会性・公民性指導	所属する集団の成員としての役割を発見させる等
道徳性指導	道徳の授業と関連しながら道徳的実践力を高めさせる
進路指導	自己の適性・個性・家庭環境などについての理解の促進、職業や上級学校についての情報の提供や収集方法の指導等を行う
保健・安全指導	集団生活の中で、健康で安全な生活を送ろうとする意欲や習慣を育てる
余暇指導	学校週 5 日制の導入も踏まえて余暇を豊かに過ごせるようにする
その他	地域社会や社会教育関係諸機関などとの連携をとる

出典：秋山俊夫ほか『図説生徒指導と教育臨床』北大路書房、1993。

ⅰ．単なる失敗：生徒がとった行動が、結果として周りや本人に対して何らかの迷惑があったり破壊的な影響を与えている場合でも、良い意図をもっていたり、少なくとも悪い意図をもたずにとった行動は失敗と考えられる。失敗を今後に生かせるようにかかわることが重要である。

　特に叱責してしまうと関係が悪化し、対処への自信を失うおそれがある。これを避けるためには、結果に注目するのではなく、生徒の良い意図、努力、そしてチャレンジする姿勢に焦点を当てて話し合うことが大事である。その中で、迷惑をかけた相手への慰謝、可能であれば原状回復、そして再発防止をともに考えていく。

ⅱ．その行動が問題だと知らない場合：生徒が自分のとった行動が問題だと知らない場合は、どのように迷惑がかかっているかを冷静に伝えることで不適切な行動をやめる場合が多い。逆に、やめない場合には、生徒との関係を見直すことから始めた方がよい。

ⅲ．その行動が問題だと知っているが適切な行動を知らない場合：この場

合には、代わりの適切な行動をともに考えたり、あるいは教えたりする
ことが有効である。

iv. その行動が問題だと知っており、適切な行動も知っているが、適切な
行動では目標を達成できないと信じている場合：この場合には、行動の
矯正よりも、まず生徒を十分に理解するために、適切な問いかけをし、
心理的な面での自信がつくようなかかわりを始めていくことが必要で
ある（第2節(5)を参照）。

v. 不適切な行動で目的を達成している場合：この場合、行動を矯正しよ
うとすればするほど、結果としてそれが強化子となって行動が続いてし
まっている可能性がある。まず、不適切な行動がどのような文脈で起き
ているかを理解し、不適切な行動にではなく、適切な行動に注目するこ
とが重要である。

(3) 教室でよく見られる不適切な行動で目的を達成しようとしている生徒
の例とその対応

i. 注目・関心を得ている：悪い子ではないが、いたずらばかりする生徒
等がこれに相当する。例えば授業中に先生の板書の間違いをおかしく
指摘して、クラスを笑わせるような生徒である。このような生徒は、い
たずらをして注目を集めることによって自分の居場所を見つけようと
思い始めている可能性がある。

　この場合には、不適切な行動に注目しないで、適切な行動を認める。
例えば、生徒の貢献への感謝や、生徒がとる不適切な行動以外のすべて
の行動に対して「当たり前」と考えずに注目を与えることが必要であ
る。

ii. 権力闘争をしかけている：例えば「静かにしなさい」と言われると、
わざと大きな声を出したりするような生徒は、「せめてケンカをして負
けないでおく」ことで居場所を得ようとしている可能性がある。

　このように権力闘争をしかけてくる生徒には、まず教師がクールダウ
ンをすることが重要である。そして、相手の挑発に乗らずに降りる対応

が必要である。

2.　教育相談

(1)　教育相談の歴史

　日本の教育相談の歴史をまとめると以下のようになる（文部省『学校における教育相談の考え方・進め方』1990、p. 1-5）。大正初期には、民間の施設による子どもの適応や職業選択の相談があった。その後、昭和期に入ると、全国規模で教育相談が行われるようになっていった。

　戦後、1947（昭和22）年に「児童福祉法」が制定され、児童相談所が法的に各都道府県に設けられるようになる中で、教育相談的な活動が行われていた。昭和20年代後半には、東京都に公立の教育相談所（室）が設置された。

　学校に教育相談が導入されたのは、昭和20年代中頃に、ガイダンスとしての生徒指導の理論がアメリカから導入されたのが始まりであるとされている。この当時の相談は、臨床心理学の理論をもとにしたカウンセリングを中心とするものであった。

　昭和30年頃の教育相談は、カウンセリング技術を用いて問題傾向をもつ児童生徒を早期に発見する面を重視するようになった。相談の方法は来談者の訴えを傾聴し共感することによってクライエントの自己成長力が増し、解決に至ると考えられていた。

　昭和40年代には、教育相談は生徒一般の自己理解、自己実現の援助まで含むようになってきた。昭和50年代中頃からは、学校において「カウンセリングマインド」が強調されるようになった。すべての教師が、生徒を援助できる理論や技術だけでなく姿勢を身に付けることも求められるようになった。

　最近では援助の対象が広がり、単に生徒を援助するだけでなく、保護者や同僚の教師等を援助することも期待されている。

(2)　教育相談の役割

　生徒指導のうち、個別・小集団・非公開による指導・援助が教育相談の役割であるといえる。指導・援助の目標は、生徒に自己存在感を与えること、共感的人間関係を育成すること、生徒にできるだけ多くの自己決定の場を与えることにある。

　「教育相談は、生徒指導の一環として位置付けられるものであり、その中心的な役割を担うもの」である（文部科学省『生徒指導提要』2010、p.99）。

　そのための活動を役割によって整理すると、教育相談を担当する教師は、問題傾向の早期発見と確認のための活動、生徒に対する助言活動、教師・保護者に対する助言活動、他の機関との連携を個別面接や集団面接において行う。

　学級担任、ホームルーム担任の役割は、日常の交流を通して生徒との相互理解を深めること、相談活動をより効果的に進められるよう、学級・ホームルームの諸条件を整えること、相談に生かせるような情報や資料を集めることである。

　養護教諭の役割としては、問題傾向の早期発見、問題傾向の身体的要因の吟味、教師への連絡と助言、生徒の健康上の問題の相談、専門機関との連絡が挙げられる。

(3)　教育相談の成立条件

　相談とは、問題を抱えている生徒や保護者、他の教師等の行動を解決するように変化させる作業である。この作業を、言語的、非言語的コミュニケーションを通して行う。人の行動を変容させる行為であるから、相談が成功するためには、以下のような条件が満たされる必要がある。

①　相談の必要性があること

　相談では、相談者（以下クライエント）、つまり現在の状態から何らかの行動の変化を望んでいる者と相談を受ける者（クライエントの行動の変化を援助できる者）とが存在して初めて成立する。

　例えば、「成績を上げたい」と思う者が、「成績を上げる方法を知っている」

者に相談することによって相談が始まる。ところが、「自分の子どもの成績を上げたい親」が教師に相談をしてきても、生徒本人が別にそれを望まないとき、原則的には相談は成立しない。

　後者の場合、子どもとのコミュニケーションがよりうまくとれるようになる、子どもが本当に望んでいる援助を提供できるような親になるための方法を考えることなどが相談内容となる。

　②　何を相談するかについて合意が図られていること

　これを相談目標の一致という。例えば、進学を希望している中学校3年生が、受験を控えた2月に、ガールフレンドができそうだがどうつきあおうかと相談に来たとする。この場合においても、安易にガールフレンドのことを諦めさせ、受験に専念させるような対応をしてはならない。

　このような場合、相談内容はガールフレンドのことでよいのか、勉強のことをテーマにした方がよいのかなどを生徒と話し合って合意を得る必要がある。また、相談に何を望むかについても一致しておく必要がある。例えば、クライエントがアドバイスを求めず、ただ話を聞いて欲しいのであれば、原則的にはそれに合意する必要がある。

　③　価値自由であること

　これは、特定の価値観から自由になっている、縛られないでいられるということである。相談を受ける者が何らかの価値観をもっている必要はある。基準となる価値観をもっていなければ相対的な判断ができなくなり、相談の方向性を見失うおそれがあるからである。しかし、その価値観にのみ縛られると、無理にその価値観にあてはめるようにクライエントを操作してしまう危険がある。

　相談を受ける者は、クライエントの弁護士のような立場でなければ援助ができない。そのためには、生徒の価値を受容し、共感することが大切である。

④ 秘密を守ること

クライエントの悩みや問題についての秘密を厳守する必要がある。倫理的・法的にも重要であるが（第7章参照）、クライエントが何を言っても大丈夫という信頼感を得るためにも重要である。

逆に、職務上一人で保持していくことができない場合などの例外規定についても、事前にクライエントに伝え、何をどこまでなら開示できるかについて合意を得ておく必要がある。例えば、生徒の親が相談について問い合わせてきたときに、どのように対応した方がよいのかなどについては、生徒に確認をとっておく必要がある。

⑤ ことばが通じること

クライエントとカウンセラーとで文字通りことばが通じるという意味と、カウンセラーが伝えたいことや聞きたいことの意図が通じるという2つの意味がある。特に、意図が通じるためには、信頼関係が必要である。

(4) 相談の組み立て

相談は、一般的には、1回50〜60分でおおよそ全15回にわたって行われる。この15回は、以下のように組み立てることができる。この組み立ては、1回ごとの相談にも適用できるし、相談的クラス経営としては、1年をこのように区分してイメージし、運営してみるのも効果的である。

　ⅰ．関係樹立期：相談的な人間関係を築く時期である。クライエントが相談をしてもよい、つまり自分の内面や悩みを話してもよいと思えるような人間関係を築く時期である。クライエントを批判せず、肯定的に受容することが重要である。クライエントが何を言っても相手から批判されないと感じられなくてはならない。

　　これは、相談が始まった当初に築く必要があるが、教師は授業等において、「この先生なら相談をしても分かってもらえる」と生徒から思われるような関係を培っておく必要がある。

　ⅱ．情報収集期：主に問題発生以来の経過、生育歴一般、勉強の状態、交

友や家族等の関係等について情報を収集する。この段階でのアドバイスは一般的には控えた方がよい。また、相談目標の一致も図っていく。

ⅲ．分析期：集めた情報をもとに、問題の解決に必要なことについてさまざまな分析をする。例えば、クライエントの性格についての診断や起こっている問題の理解、解釈、そして分析を行う。

ⅳ．再教育期：分析結果をもとに、解決のためのアドバイスや情報提供、説明、指示等をする時期である。

ⅴ．終結期：再教育期におけるかかわりが奏功すれば相談が終わる。奏功しなかった場合には情報収集を再度行い、分析し、再教育を行う。

　この作業を数回繰り返しても効果がない場合には、相談目標について再度検討する必要がある。それでも解決しない場合は、いったんその問題は凍結し、終了する方法もある。

⑸　相談における心理アセスメントの実際

①　心理アセスメントの基本構造

　心理アセスメントとは、クライエントを援助するために全人的に相手を理解することである。言い換えると、クライエントが抱える問題のさまざまな原因に焦点を合わせて、その原因を探っていく作業であるといえる。

　アリストテレスの4原因論説によると、原因には事物の生成原因である質料因、事物の形相または原型である形相因、物事が始まる原因である始動因、そして物事が何をめざしているかの原因である目的因がある。

　不登校生徒を例にとると、質料因とは不登校状態の原因となっている生徒の心身の状態であり、形相因は生徒の性格であり、始動因は不登校のきっかけとなった出来事であり、目的因は不登校をすることで訴えたいことや、達成したい目標である。

　身体症状のある人にこの理論を適用すると、質料因とは、身体疾患の原因となった身体の生理的状態や、その変化に当たる。形相因は、ストレスをためやすい性格傾向や、対人関係が苦手などの性格的要因がこれに当たる。始動因は、ウィルスやアレルゲン等が身体に入ってきたことだけでなく、学校や職場

が合わない、友人から何かを言われたといった環境からのストレスも考えられる。最後の目的因とは、ウィルスから身体を守るとかアレルゲンを除去するように動くとか、症状を理由に職場を変わるなど、その症状が出た結果、達成しようとしている目標ということになるであろう。

　このようにして心理アセスメントを行うと、身体症状のあるクライエントに対しても心理・社会的側面の理解と、最後の目的因を明らかにできることで具体的な解決へのヒントを得やすくなる。

　具体的には「その問題があるために困ることは何か」を聞くことによって、問題除去以外の解決策についてのヒントが得られる。「問題が発生した結果、できなくなったことは何か」、「問題が解決したら何をしたいか」を聞くことによって、クライエントが無意識に避けていることや、本来解決しなくてはならない問題を分析するのに役立つ。「問題が発生した結果、生活はどのように変わったか」、「問題が発生した後に周りの人の対応はどのようなものか」、「周りの人への対応についてどう思っているか」、「周囲の人々に何を期待しているか」を尋ねれば、問題行動が向かっている相手役の特定、そして、相手にどのようになって欲しいかについての期待に関する情報を得ることができる。

　②　心理アセスメントのための方法
　生徒を理解するための心理アセスメントの方法には、観察法、面接法、テスト法がある。

　A.　観察法
　観察法には、普段の生活の中での自然な状態を観察する自然観察法と、ある特定の状況を作り出しその状況での行動を観察する実験的観察法とがある。教育現場では、生徒の普段の行動を観察する中で生徒についての理解を深めていく方法である自然観察法が主たる観察法となる。

　しかし、自然観察法も、観察される側も観察されていることがまったく分からない状態にはないので、観察されるという状況が生徒に何らかの影響を与えていることは否定できない。また、観察する側の主観が入ることも考慮する必

要がある。

B.　面接法

　面接法とは、生徒から直接話を聞くことで生徒を理解する方法である。面接法には、生徒に自由に話してもらい、その話の中から生徒についての理解を深めていく自由面接と、問題解決のために聞く内容を選び聞いていく構造化面接とがある。自由に話してもらう方が、生徒本来の興味や関心、そして行動特徴について多くの情報を収集しやすい。

　一方で話題が散漫となり、単なる世間話に終わってしまう危険性もある。特定の問題があるときには構造化面接の方が問題解決につながる情報を得やすい。

C.　心理テスト法

　心理テスト法は、心理テストを用いて生徒を理解する方法である。テスト項目の内容が正確に内容を反映していることを意味する「妥当性」、テスト結果に再現性があることを意味する「信頼性」の検討を統計学的に行い、妥当性、信頼の検討がなされた「標準化」されたテストを用いることが重要である。

　実施に際しては生徒とのラポールを築いておく必要がある（巻末「人物・事項解説」参照）。テスト法には、投影法、質問紙法、作業検査法がある。

③　心理アセスメントのための技法

　心理アセスメントは、クライエントとカウンセラーとの間のコミュニケーションを通して行われる。そこで、心理アセスメントが可能になるためには、クライエントと適確なコミュニケーションがとれる技術を持っていることが必要である。

　そのためには、カウンセラーはまずクライエントが言語的・非言語的に表現しようとした内容について理解できる必要がある。例えば、「昨日は眠れなかったのです」という言葉は、何を伝えようとしているのか、「心配事があるのです」、「体調がすぐれないのです」、「今日は頭が十分働かないかもしれませ

ん」等々、意味するところには多くの可能性がある。

　また、「心配事があるのです」と言った後に笑ったとすれば、この「笑い」が何を伝えようとしているのかを理解できなくてはならない。つまり、まず、このメッセージでクライエントが伝えたかったことは何か、その背景にはどのようなことがあるのか、クライエントは何を期待しているのか等を理解する必要がある。

　次には、その理解が正しかったかどうかをクライエントに確認し、了承を得てから相談の方針を立て、アドバイスを行うことが重要である。このようなコミュニケーションの連続でアセスメントは行われていく。

A. 質問技法

　質問技法には、「開かれた質問」と「閉じられた質問」とがある。開かれた質問とは、具体的な内容を回答できるような質問の仕方であって、いわゆる5W1H（いつ、どこで、だれが、何を、どうして、どのように）の質問法である。例えば、「どこが分からないのですか？」、「何か気になることがあったのですか？」、「何か困っていますか？」等の聞き方である。

　閉じられた質問とは、「はい」、「いいえ」で答えられるような問い方である。例えば、「ここが分からないのですか？」、「他はできたのですか？」、「解き方を教えて欲しいのですか？」といった質問の仕方である。

　一般的に原因を探し出すために質問として、「○○ということはありますか？」とカウンセラーが問い、クライエントが「はい」、「いいえ」で答え、この答えをもとにカウンセラーがアセスメントをしていく方法がある。

　心理アセスメントにおいては、一般に「閉じられた質問」は「開かれた質問」に置き換え、できるだけ「開かれた質問」を用いて、クライエント自身から情報を得るように努力する必要がある。

　そして「閉じられた質問」は原則として、「開かれた質問」で集められた情報を要約するとき、その情報を元に分析した「4つの原因」をクライエントに確認していくとき、そして、その確認が正しかったときに、それに対するアドバイスをするときに用いるようにする。

　ただし、「開かれた質問」は多くの時間を要する。また、クライエントの状態が悪いときには、クライエントに負担をかけることもある。そのようなときには、適宜「閉じられた質問」を用いることも必要であろう。

B.　非言語的コミュニケーション技法

　非言語的コミュニケーション技法には、沈黙、あいづち、身体表現技法等がある。沈黙もまたアセスメントでは重要な技法である。クライエントが沈黙しているのは、「考えをまとめているから」、「頭が真っ白になって考えられないから」、「カウンセラーに怒っているから」、「カウンセラーとクライエントとの間に信頼関係がまだできておらず、しゃべることを躊躇しているから」等の理由が考えられる。

　そこで、基本的には、クライエントが沈黙したら一呼吸から30秒は待ち、それでも相手が沈黙をしていたら「それで」とか沈黙前の言葉の最後を繰り返すのが効果的である。

　あいづちも、コミュニケーションを成立させるための技法である。我々は普段、意識せずにあいづちを打っているが、あいづちの打ち方によっては相手を安心させることもできるし、逆にいらだたせしまうこともある。一般には、まず自分が最も話しやすいと感じているときに人がどのようなあいづちを打っているかをイメージするとよい。

　微笑みなど、クライエントの話を傾聴しているときの表情等の身体表現も重要な技法である。にっこり微笑むことは、相手への受容や肯定を示すメッセージとなる。そのためには、鏡で意識的に表情を作ってみてどのような表情になっているかを知っておく方法がある。また他者から、自分が普段どのような印象を持たれているかを確認しておくと、身体表現を効果的に用いることができる。

　さらに、相談するときのクライエントとの距離、座る位置などを可能な限り工夫することによって、クライエントが話しやすくなることも考えられる。

C. その他の技法

生徒が話をしやすくする技法には、表8-2のようなものがある。（文部科学省『生徒指導提要』2010、p. 110）

表8-2 教育相談で用いるカウンセリング技法

つながる言葉かけ	いきなり本題から始めるのではなく、始めは相談に来た労をいたわったり、相談に来たことを歓迎する言葉かけ、心をほぐすような言葉かけを行います。
	例：「部活のあと、ご苦労さま」「待ってたよ」「緊張したかな」など
傾聴	丁寧かつ積極的に相手の話に耳を傾けます。よくうなずき、受け止めの言葉を発し、時にこちらから質問します。
	例：「そう」「大変だったね」など
受容	反論したくなったり、批判したくなったりしても、そうした気持ちを脇において、児童生徒のそうならざるを得ない気持ちを推し量りながら聞きます。
繰り返し	児童生徒がかすかに言ったことでも、こちらが同じことを繰り返すと、自分の言葉が届いているという実感を得て児童生徒は自信を持って話すようになります。
	例：児童生徒「もう少し強くなりたい」 　　教員「うん、強くなりたい」
感情の伝え返し	不適応に陥る場合には、自分の感情をうまく表現できない場合が少なくありません。少しでも感情の表現が出てきたときには、同じ言葉を児童生徒に返し、感情表現を応援します。
	例：児童生徒「一人ぼっちで寂しかった」教員「寂しかった」
明確化	うまく表現できないものを言語化して心の整理を手伝います。
	例：「君としては、こんなふうに思ってきたんだね」
質問	話を明確化する時、意味が定かでない時に確認する場合、より積極的に聞いているよということを伝える場合などに質問を行います。
自己解決を促す	本人の自己解決力を引き出します。
	例：「君としては、これからどうしようと考えている？」「今度、同じことが生じたとき、どうしようと思う？」

⑹　相談の理論

　例えば、生徒が突然キレた、生徒が学校に来ない、他の生徒をいじめていた、成績が上がらないなど、現象としては 1 つであるが、その現象の原因や、生徒の心の状態についての説明理論には多くのものがある。ここでは、相談の過程において指示・教育の有無と洞察の有無の 2 つの視点から、人の行動や心についての代表的な理論とその理論から導き出される相談の理論、技法を解説していく（表 8-3）。

表 8-3　教育相談に役立つ相談理論

		指示・教育の有無	
		あり	なし
洞察の有無	あり	人格理論：認知論 治療理論：認知（行動）療法 創　始　者：ベック等	人格理論：分析理論 治療理論：精神分析療法 創　始　者：フロイト
	なし	基本理論：学習理論 治療理論：行動療法 創　始　者：アイゼンク等	人格理論：自己理論 治療理論：クライエント中心療法 創　始　者：ロジャーズ

①　精神分析療法

　精神分析は、オーストリアの精神科医フロイトが体系立てて発展させた理論・治療法である。今日の多くの心理療法のみならず、文化、文学、そして社会的にも多大な影響を与えている。

　フロイトは、人間の心を 3 つの深さと 3 つの機能で説明しようとした。深さによって分ければ、自分自身で意識することのできる意識、思い出そうとすれば意識可能な前意識、普段は意識することのできない無意識の 3 つがある。そして、人間の行動は、意識ではなく無意識の影響を受けていると考えた。

　機能としては、イド、超自我、自我の 3 つの部分に分けられる。イドは、リビドーとよばれる本能的な性衝動、欲動で無意識下にあるため、直接知ることはできない。超自我は倫理観、規範、自己批判を行う機能であるが、我々に意識できる場合と、無意識下にある場合とがある。自我には、現実を検討して、

それと折り合いをつける機能と、イドと超自我との葛藤の調節を行う機能とがあり、意識できる部分と無意識下にあり意識できない部分とがある（図8-1）。

　イドは無意識的に不快を避け、快を追求しながら欲動を解放し満足させようとする。これを快感原則という。欲動が解放を求める力が現実の生活に支障がなく、現実的な内容に置き換えられる程度ものである場合はよいが、イドの欲動が現実の生活と合わず自我と葛藤を引き起こす場合、自我はイドの欲動を抑え込もうとする。

　例えば、授業中に携帯電話でメールしていたところを教師に叱られたときに、もし相手に危害を加えたいほど憎んでしまったとしたら、その憎しみを外に出せば現実生活が破壊される。

　そこで自我は、イドの欲動を意識から押し退け無意識下に抑え込んでおこうとする。これを抑圧という。そのため怒りの感情は意識されるが、本当の憎しみ等は意識することができない。

　しかし、抑圧されて無意識化された欲動は、形を変えて夢や原因の

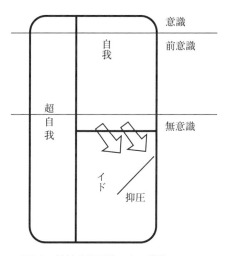

図8-1　精神分析理論の心の構造

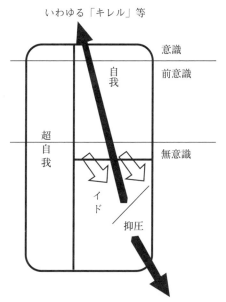

原因不明の不安や身体の機能障害

図8-2　精神分析理論による症状形成の理論

見つからない身体症状や神経症状となって現れる。フロイトは、これが諸症状の原因であると考えた。そして、もし自我が抑えきれなければ、「キレる」という形で突然の暴力となって現れると考えた（図8-2）。

精神分析療法は、治療者が解釈を繰り返しながら無意識下にあるものを意識的なものに置き換え、抑圧を解放し自我を強化する作業である。無意識下にあるものを浮かび上がらせる方法として、クライエントに思い浮かんだことを何でも自由に話してもらう自由連想法や、クライエントの夢を解釈する方法を考えた。

治療は、治療者がクライエントを観察し話を聞きながら、分析し解釈を行うことを繰り返しながらクライエントが洞察を得て、抑圧されたものを意識的に受け入れて終わる。

精神分析療法は、フロイト自身も常に修正・発展を繰り返し試みていた。彼の後、フロイトから離れ独自の理論を打ち立てた者として、分析心理学を創設したユングや、アドラー心理学を創設したアドラーなどがいる。ユングの治療は、夢、箱庭といった視覚的なイメージの分析を重視する。アドラーは、個人の主体性と重視しながら共同体感覚の育成を治療の目標にする。

また、新フロイト派として社会的、文化的な影響を、幼児期体験や無意識の衝動より重視したホーナイやフロム、自我の機能により重きをおいたエリクソンやハルトマンなどがいる。

②　行動療法

行動療法とは、アイゼンク等が学習理論をもとに発展させた方法である（第4章参照）。フロイトのように、症状は無意識の葛藤から起きるとは考えず、不適切に学習された結果と考える。治療は、学習した不適切行動を消去し、適切行動を再学習させていく。

行動療法の基本となる学習理論には、「古典的条件づけ」、「オペラント条件づけ」、「モデル学習」がある。

A. 古典的条件づけによる症状形成

ワトソンが生後11か月のアルバート坊やを対象に行った実験が知られている。彼は、古典的条件づけによって恐怖症状を成立させた。まず、アルバート坊やにシロネズミを見せた。彼はシロネズミに対して本来恐怖がなく、興味を示した。次に、アルバート坊やがシロネズミに手を触れようとしたとき、背後で大きな音を鳴らした。アルバート坊やは大きな音に驚き、最後には泣き始めた。

その後、アルバート坊やは大きな音がなくても、シロネズミや白いふわふわしたものにまで恐怖を示し、泣くようになった。このように、恐怖や不安は、比較的短期で学習される。

これを治療するには、今度は恐怖を示す状況で、その人がリラックスでき、楽しい気持ちになるような条件を示すと恐怖が除去できる。アルバート坊やであれば、シロネズミを見せた直後に彼が好きなキャンディーを与えて喜ばせる

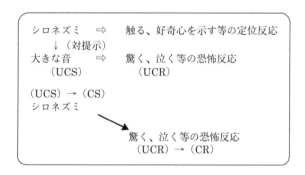

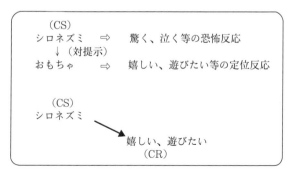

図8-3　古典的条件づけ理論による恐怖の学習と、再学習による恐怖の消去

と、キャンディーがなくてもシロネズミに対して恐怖を示さなくなるはずである（図 8-3）。

　ウォルピは、不安や恐怖を除去する方法として系統的脱感作法を考案した。まず患者が感じる不安や恐怖とは相いれないような弛緩反応として、リラクゼーション法を学習する。次に、患者が不安や恐怖を感じるさまざまな場面をイメージしてもらい、不安や恐怖の度合いが最も弱いものから最大のものまで段階的にした不安階層表を作る。

　その不安階層表の最も低いものをイメージする（5 ～ 10 秒）。ここでリラクゼーションを行い、緊張が感じられなくなったら再び不安場面をイメージする。恐怖や不安を感じたら再びリラクゼーションを行う。これを繰り返し、恐怖や不安が感じられなくなったら次の段階へ進むのである。

B.　オペラント条件づけによる症状形成

　スキナーのオペラント条件づけの理論をもとにした考えである。人は絶えず自発的な行動（オペラント行動）をする。人が自発的にとった行動に強化子が与えられ、苦痛が軽減することで強化される。

　例えば、おもちゃ売り場でおもちゃを買ってくれと泣き叫ぶ子どもにおもちゃを買い与えると、その子どもは次からもおもちゃ売り場に行くとおもちゃが欲しければ泣き叫ぶであろう。

　このように、不適応行動が持続するのは、その行動を行うことで金銭やおもちゃのような物理的強化子や、他者からの尊敬、注目という心理的強化子が与えられたり、欲求不満状況が解消したり苦痛場面から回避できているからと考えるのである。

C.　観察学習（モデリング）

　人は他者の行動の観察や、本、テレビ等を通して多くのことを学習する。このように、直接に行為を行わなくても観察するだけで学習が成立する学習を観察学習という。バンデューラは、観察者に直接報酬という強化子がないのに学習が成立するのは、他者が強化されているのをみるためだと考えた。

例えば、暴力場面が多いマンガを読むと、読み手の子どもに強くなりたいという気持ちがあるとか、いじめっ子に対処できる方法を知りたいと考えていたときには、マンガの主人公が力を使って勝っているので、学習が成立する。

行動療法は問題行動の除去をめざすものであるから、患者の何が問題なのかを明らかにすることが重要である。そのためには、患者が何に対してどのように困っているか、またどのように考えているかが具体的になるような情報を収集していく。

例えば、「内気で困る」ではなく、「知っている人がいるときはよいが、知らない人の多い会合に出たとき、なかなか自分から話しかけることができない」というような話が出るようにしていく。そして、具体的に行動となるような治療目標を設定していく。例えば「臆病を克服する」ではなく、「一人でも外出できるようにする」とか、「授業で自分の意見を言う」ことが治療目標となる。

行動療法は、精神分析療法に比べ分かりやすく具体的である。しかもその適用範囲は、神経症、不登校から禁煙といった日常習慣の改善まできわめて幅広い。

③　クライエント中心療法

クライエント中心療法は、アメリカの心理学者ロジャーズが考案した心理療法である。ロジャーズは自身の治療法の名称について、クライエントの話をじっくり聴き、解釈や指示をしないことから初めは非指示的療法と呼んだ。次に、患者対医師関係のような縦の関係でなく、治療の主導権や方向性を握っているのがクライエントであることを示すために、クライエント中心療法と呼ぶようになった。

ロジャーズは、人間には本来自己実現を希求する力が備わっていると考え、その力に絶対的な信頼を持っていた。症状や悩みの直接的な除去より、クライエントがより成長して自立し、さらに自己の統合が進むことを目的とした。その結果として、症状や悩みも解決されていくと考えた。またロジャーズは、知的な面よりも治療中に起こる感情的な面を重視した。

ロジャーズの考えるパーソナリティとは、図8-4のようになる。（Ⅰ）は、経験と自己構造とが一致している現象の場でいわば「やっぱり」と感じられる

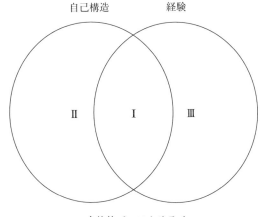

図8-4　ロジャーズの考える全体的パーソナリティ

出典：ロジャーズ、1951年の図を氏原 寛ほか編『カウンセリング
と精神治療』(培風館、1999) が簡略化したものを転載。

場である。(Ⅱ) は、自己構造に取り入れるために経験が歪曲されて知覚され
た現象の場で、いわば「わかるけど、でも」と感じられる場である。(Ⅱ) は、
自己構造に取り入れるために経験が歪曲されて知覚された現象の場である。
(Ⅲ) は、自己構造と一致しないために知覚されるのが拒否された現象の場であ
る。

　人は現実を主観的にとらえて暮らしている。例えば、テストでクラスの平均
点が60点のときに90点を取ったとしたら、嬉しいと感じるであろう。しかし、
その人の自己に対するイメージが勉強のできない人であれば、テストの点が悪
いという経験は (Ⅰ) として受け入れる。良い点を取った場合には、(Ⅱ) であ
ればラッキーだったという感じを持つ。(Ⅲ) であれば、良い点は自己構造に合
わないので忘れてしまう。

　多くの人にとって、実際に経験した客観的事実と自己が作り上げたイメージ
との間にある程度のギャップがあり、その結果についての感情も異なるのが普
通である。しかし、このギャップが大きすぎると、他者との関係にもずれが生
じてくる。この状態が不適応状態であって、このとき人は不幸感や不全感をも

つとロジャーズは考えた（図8-5）。

クライエント中心療法は、治療者とクライエントとのかかわりの中で起こる体験を重視している。そこで、治療者の条件についても触れている。治療者が特に以下の条件を満たしてかかわったとき、クライエントは本来持っている人間的成長力によって変化が起き、自己構造と経験が一致し問題が解決されると考えた。

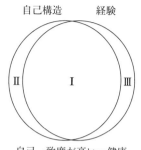

自己一致度が高い＝健康

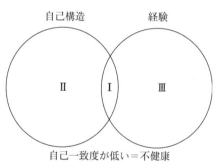

自己一致度が低い＝不健康

図8-5　ロジャーズの考える適応・不適応

   ⅰ．共感的理解：クライエントが何を考え、感じ、体験しているか、そして自らの行動をどのように受け止めているかを、治療者は傍観者として観察するのではなく、ともに体験するよう努力すること。

  ⅱ．無条件の肯定的関心：治療者がクライエントとの関係において、クライエントのどのような行動、態度、感情、思考に対しても肯定的で無批判で温かい受容的態度を示すこと。

  ⅲ．自己一致：クライエントとの関係において、治療者は自己についての理解である自己概念とさまざまな体験との間にずれがなく、一致して正確に表現できていること。クライエントとの間で起こるさまざまな事象について無条件に受容できること。

クライエント中心療法においては、クライエントと治療者が出会った瞬間から治療が始まる。治療者は、クライエントに対してただちに尊敬を示し、クライエントが話しやすい状況をつくり、クライエントの話を傾聴し共感を示して

いくのである。

　クライエント中心療法は、通常カウンセリングといわれるものや「いのちの電話」など非医師が行う心理療法に多くの影響を与えている。教育現場においても、生徒とかかわっていくための基本的な態度として必要と考えられている。

　④　認知（行動）療法

　認知（行動）療法は、ベック等がうつ病の治療と研究をもとに発展させた認知療法が統合されて体系立てられた心理療法であって、うつ病だけでなく不安障害といった情緒障害の治療にも効果と実績を上げている。ベックは、心理的な障害は患者が現実をとらえるときの思考の偏りや異常によって起こると考えた（図8-6）。

　現実の解釈の仕方が非現実的で歪んでいれば、その結果生じてくる感情や行動も歪んだものになっていく。これと認知のかたより（アンバランス）という（厚生労働省、2009）（表8-4）。

　例えば、テストで40点を取った人が「自分は常に優をとらなくてはならない」という考えを持っているとすれば、この人はひどく落ち込むであろう。し

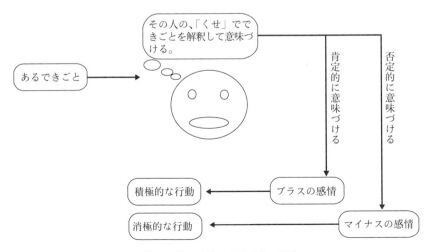

図8-6　認知療法の考える心の理論

表8-4 認知のかたより（アンバランス）

1) 感情的きめつけ

証拠もないのにネガティブな結論を引き出しやすいこと。

「○○に違いない」

例：取引先から一日連絡がない。

→「嫌われた」と思い込む。

2) 選択的注目（こころの色眼鏡）

良いこともたくさん起こっているのに、ささいでネガティブなことに注意が向く。

3) 過度の一般化

わずかな出来事から広範囲のことを結論づけてしまう。

例：1つうまくいかないと、「自分は何1つ仕事が出来ない」と考える。

4) 拡大解釈と過小評価

自分がしてしまった失敗など、都合の悪いことは大きく、反対に良くできていることは小さく考える。

5) 自己非難（個人化）

本来自分に関係のない出来事まで自分のせいにしたり、原因を必要以上に自分に関連づけたりするなどして、自分を責める。

6) "0か100か"思考（白黒思考・完璧主義）

白黒つけないと気がすまない、非効率なまで完璧を求める。

例：取引は成立したのに、期待の値段ではなかった、と自分を責める。

7) 自分で実現してしまう予言

否定的な予測をして行動を制限し、その結果失敗する。

そうして、否定的な予測をますます信じ込むという悪循環に陥る。

例：「誰も声をかけてくれないだろう」と引っこみ思案になって、ますます声をかけてもらえなくなる。

かし、テストは単にその時点での自分の理解度を計るためだけのものだと考える人は、落ち込むことなく理解していない面が分かったとかえって学習意欲が増すかもしれない。

　認知行動療法の治療においては、主に客観的な出来事に対する、他の合理的な考えを学んでいき、その考えに基づいて実際の問題処理の仕方に別の方法を考える練習をする。これらを通してクライエントの認知の歪みを修正し、論理的・合理的判断をもとにした適切行動を学んでいくのである。

　認知行動療法は、我々が日常生活で経験する落ち込み、不安、怒りといった感情の理解とコントロールにも有用である。

⑺　不適応状態

①　適応の概念

　教育相談で扱われる事例は、何らかの適応上の問題を抱えている場合が多い。適応とは、本来生物学の概念で、生物が外界の変化に合わせるために自らの身体を変化させることをいう。例えば、沸騰したお湯の中に人間を入れれば、たんぱく質が変成してしまうので人間は適応できない。このとき、適応できなかった人間を根性のないだめなものとは考えない。その意味で、本来適応の概念には価値判断が入っていない。

　その後、教育現場や教育学の立場から社会的な適応の問題が論じられるようになると、「適応＝価値がある、良いこと」、「不適応＝問題、改善すべきこと」という価値が入り込む傾向が出てきた。相談も差し当たっては社会適応的な方向での援助を考慮するのが一般的である。

　しかし、社会適応できていなときには、必ずしも人間側を変えない方が良い場合もある。例えば、かつて炭鉱夫は、カナリアを伴って炭鉱に入ったという。これは、人間には影響のない濃度の有毒ガスに反応するカナリアによって、炭坑が危険な状態になりつつあることを察知できたからである。その意味で、不適応を考慮すべきはカナリアではなく、炭坑の有毒ガスの方である。つまり、個人が適応できるようにするために社会の側を変えていくことも考慮する必要がある。

　適応には、個人の行動が社会の要求に応えているかを基準とする「外的適応」
と、個人の心理的な状態が安定しているか等を基準にする「内的適応」とがあ
る。

② 　不適応を起こす原因

　個人が、外的にも内的にも不適応を起こす状態のうち、教育相談で扱うこと
が多いのは、心理社会的なストレス等によって引き起こされる心因性障害とい
われる神経症や、身体疾患であるが、心理社会的な因子の関与を考慮すべき心
身症である。

　A.　心因性（反応性）精神障害

　ストレスなどの心理社会的な環境要因（対人関係、災害、経済的破綻、家族
の病気等）が原因で精神障害を起こしたものと、神経症や心因性精神病と呼ば
れるものとがある。神経症は、心理的なストレスなどの心理社会的な環境要因
（対人関係、災害、経済的破綻、家族の病気等）が原因で、精神面での不適応
を起こしたものをいう。

　心因性精神病は、神経症と同じく心理的なストレスによって、人格の崩壊、
現実検討能力の低下、幻覚、妄想、意識障害、知能低下等がみられ、不適応を
起こしたものをいう。

　B.　心身症

　厳密には身体疾患であるが、その発症や経過に心理社会的因子が密接に関与
し、実際に身体に客観的な障害がある器質的障害や、身体機能がうまく働かな
い機能的障害が認められる状態をいう。

　神経症と心身症の違いは表8-5の通りである。神経症は、症状の派手さに比
べて実際の原因が見つかりにくいため、対応する方も、気のせいやわがままな
どと感じ不用意な対応をすることがある。このため、社会から孤立して自分の
殻に閉じこもるような非社会的行動や、社会の規範を破るような行動（反社会
的行動）につながることがある。

表8-5　心身症と神経症の比較

	心身症	神経症
症状の種類	身体症状の比重が大きい	精神症状の比重が大きい
症状の性質	特定の器官に固定し、持続的に現れる	症状が多発し一過性で、移動しやすい
障害の程度	機能的障害にとどまらず、しばしば器質的障害を伴う	機能的障害
原因	体質的、身体的な基盤に心理社会的因子が加わる	心因性
治療	心身両面からの総合的治療	心理療法が中心で、補助的に向精神薬
失感情症傾向	(++) ～（±）	（±）～（ー）
失体感症傾向	(++) ～（±）	（±）～（ー）
社会適応	過剰適応が多い	不適応が多い

（注）機能的障害：その器官の機能がうまく働かない状態

　　　器質的障害：その器官に客観的な異常が認められる状態

　　　失感情症、失体感症：客観的状態としては、つらいなどの感情や身体の疲労感等があるにもかかわらず、そのことを意識しにくい状態

　心身症は、過剰適応という形の不適応であるといえる。対応する側も一見適応的であるために見逃しがちになるので、十分に気を付ける必要がある。

(8)　発達障害の理解と援助法

　教育現場で「気になる行動をする生徒」の増加が指摘されている。行動の原因が心理的要因とか育児が問題とされた時代があったが、現在では、脳の軽度の発達障害に原因があると考えられているが、不明な点もなお多い。このようななか、2005（平成17）年から発達障害者支援法が施行され、教育現場においても発達障害の児童生徒への対応が義務づけられた（図8-7）。

　発達障害者支援法等で定義された基準は、ICD-10（疾病及び関連保健問題の国際統計分類）のF80-F89の心理的発達の障害に含まれるものと、F90-F98の行動及び情緒の障害等に含まれるものを発達障害としている。

〈発達障害者支援法〉

自閉症、アスペルガー症候群その他の広汎性発達障害
学習障害
注意欠陥多動性障害
その他これに類する脳機能の障害であってその症状が通常低年齢で発現するものとして政令で定めるもの

〈発達障害者支援法施行令（政令）〉

脳機能の障害であって、その症状が通常低年齢で発現するもののうち、 　言語の障害 　協調運動の障害 　その他厚生労働省令で定める障害

〈発達障害者支援法施行規則（厚生労働省令）〉

自閉症、アスペルガー症候群その他の広汎性発達障害、学習障害、注意欠陥多動性障害、言語の障害及び協調運動の障害を除く、 　心理的発達の障害（ICD－10 の F80－F89　※） 　行動及び情緒の障害（ICD－10 の F90－F98　※）

※〈文部科学事務次官・厚生労働事務次官通知〉

<u>法の対象となる障害は</u>、脳機能の障害であってその症状が通常低年齢において発現するもののうち、ICD－10（疾病及び関連保健問題の国際統計分類）における「心理的発達の障害（F80－F89）」及び「小児〈児童〉期及び青年期に通常発症する行動及び情緒の障害（F90－F98）」に含まれる障害であること。なお、てんかんなどの中枢神経系の疾患脳外傷や脳血管障害の後遺症が上記の障害を伴うものである場合においても、法の対象とするものである。

図8-7　発達障害者支援法等で定義された「発達障害」の範囲図

　実際の診断は教育現場ですべきではないが、以下に主な発達障害の定義（文部科学省、2006 年）と支援方法について述べる。

① 　主な発達障害の定義について

　A. 　自閉症の定義〈Autistic Disorder〉

　自閉症とは、3 歳位までに現れ、①他人との社会的関係の形成の困難さ、②言葉の発達の遅れ、③興味や関心が狭く特定のものにこだわることを特徴とする行動の障害であり、中枢神経系に何らかの要因による機能不全があると推定される。

　B. 　高機能自閉症の定義〈High-Functioning Autism〉

　高機能自閉症とは、3 歳位までに現れ、(1)他人との社会的関係の形成の困難さ、(2)言葉の発達の遅れ、(3)興味や関心が狭く特定のものにこだわることを特徴とする行動の障害である自閉症のうち、知的発達の遅れを伴わないものをいう。

　また、中枢神経系に何らかの要因による機能不全があると推定される。

　C. 　学習障害（LD）の定義〈Learning Disabilities〉

　学習障害とは、基本的には全般的な知的発達に遅れはないが、聞く、話す、読む、書く、計算するまたは推論する能力のうち特定のものの習得と使用に著しい困難を示すさまざまな状態を指すものである。

　学習障害は、その原因として、中枢神経系に何らかの機能障害があると推定されるが、視覚障害、聴覚障害、知的障害、情緒障害などの障害や、環境的な要因が直接の原因となるものではない。

　D. 　注意欠陥／多動性障害（ADHD）の定義
　　　　〈Attention-Deficit/Hyperactivity Disorder〉

　ADHD とは、年齢あるいは発達に不釣り合いな注意力、及び／または衝動性、多動性を特徴とする行動の障害で、社会的な活動や学業の機能に支障をき

たすものである。

　また、7歳以前に現れ、その状態が継続し、中枢神経系に何らかの要因による機能不全があると推定される。

　これらを図にまとめると図8-8のようになる。

② 発達障害生徒への支援

　A. 高機能自閉症

　図形や文字による視覚的情報を用いると効果的である。学習環境を整理するなど構造化すると理解されやすい。禁止を教えるのではなく、代替案として提示する方が理解されやすいと言われている。

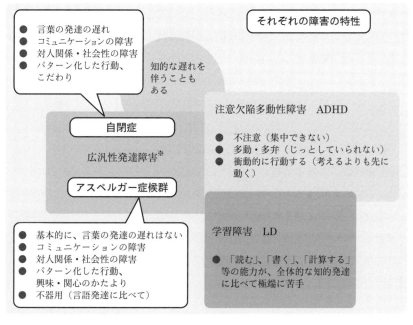

　※アスペルガー症候群とは、知的発達の遅れを伴わず、かつ、自閉症の特徴のうち言葉の発達の遅れを伴わないものである。なお、高機能自閉症やアスペルガー症候群は、広汎性発達障害に分類されるものである。

図8-8　発達障害とは

（出典：国立発達障害情報・支援センターHP）

　B.　学習障害（LD）

　困難の見られる学習に対してスモールステップによる達成目標を設定することの効果が報告されている。また、ワープロやパソコン、スマートフォンの写メ機能、録音機能などの教育・電子機器の併用も効果的であると言われている。

　C.　注意欠陥／多動性障害（ADHD）

　クラスで、じっとしていられない、集団活動が難しい等の特徴がある。特に、じっとできるのが数分以上であるとか、学校では多動だが、家庭ではそうではない等のときには、心理社会的な要因を考えそれに応じた対応を考えるべきで（1.　参照）、安易に ADHD と考えるべきではない。

　到達目標を、できるだけ楽しいもので、容易にできるものを工夫する。そのためには、ゲームやロールプレイ等を導入するのが効果的であると言われている。

　③　共通してみられる特徴

　多くの生徒が、乳幼児期から他者からの叱責やトラブルを経験していて、自尊感情がきわめて低い場合が多いといわれているため、自力解決による成功体験を少しずつ積み上げていけるような対応が必要である。構造化と視覚的情報に重点をおいた指導をする Treatment and Education of Autistic and related Com-munication handicapped Children（TEACCH）、応用行動分析、「ソーシャルスキルと呼ばれるコミュニケーション技術を向上させることによって困難さを解決しようとする Social Skill Training（SST）をはじめさまざまな支援技法が実践されている。

　④　診断の注意点

　以上の特徴は、平均的なものであり、あくまでも行動特徴からの分類である。また、例えば、「LD だから学習困難がある」ではなく、「学習困難が見られるものを仮に LD という名前で呼ぼう」ということであることを忘れてはな

らない。その意味では、あくまでも診断基準は目安であって、個々の状態に応じた対応を考える必要がある。

⑤ 自閉症スペクトラム

比較的重度な自閉症からアスペルガー症候群または高機能自閉症まで、知的な遅れがない例から重度の知的な遅れがある例まで、これらには幾つかの共通点があり、見た目には違う症状のように見えても連続しているという考え方である。近年、障害に目を向けるのではなく、生徒一人一人の特徴をつかんで支援していくために有効な視点として広がってきている。

⑼ 問題の扱いについての新しい考え方

相談では、すでに述べているように、相談者が語った内容から、問題を分析し明らかにして、問題を抱えている人の行動を解決に向けて変化させる。問題を解決に向けて変化させるには、問題の原因をつきとめ除去するか、現在問題が起こっている関係性を改善するというアプローチが一般的である。

しかし近年、問題を扱うのではなく、相談者が話した内容そのものを、相談者の「語り（物語）」として関心を持ち、単語の意味を理解し、必要であれば「語り直す」解決構成的アプローチが注目されている。つまり、従来は、解決のためには、問題の始動因、形相因、質料因を扱って、原因を除去することで解決を図るか、問題を継続させている目的因を探って代替案を提示するアプローチであったが、解決構成アプローチでは、問題をなくすことではなく、解決を構築することで解決を目指そうとする。例えば不登校をなくすのではなく、学校で午前中は勉強するといった解決像を相談者とカウンセラーで構築し、その目標に向かえるように話し合っていくといったアプローチが試みられている。

参考文献

文部科学省著刊『生徒指導提要』2010

学校教育研究所編刊『生徒指導の現代的課題』2001

中山巌編著『教育相談の心理ハンドブック』北大路書房、1992

秋山俊夫監修、高山　巌、松尾祐作編著『図説生徒指導と教育臨床―子どもの適応と健康のために』北大路書房、1993

文部省『学校における教育相談の考え方・進め方―中学校・高等学校編』生徒指導資料第21集、大蔵省印刷局、1990

中城　進、中島弘徳ほか『教養のための心理学』二瓶社、1996

中城　進編『心理学』二瓶社、2003

氏原　寛、成田善弘編『カウンセリングと精神療法―心理治療』臨床心理学 1、培風館、1999

厚生労働省「うつ病の認知療法・認知行動療法（患者さんのための資料）」厚生労働省、2009

バーンズ著、野村総一郎ほか訳『いやな気分よ、さようなら―自分で学ぶ「抑うつ」克服法』星和書房、1990

アメリカ精神医学会編、高橋三郎、大野裕ほか訳『DSM-Ⅳ 精神疾患の分類と診断の手引』医学書院、1995

細川　徹編『発達障害の子どもたち―いきいきとしたその世界』中央法規出版、2003

松村多美恵、廣瀬由美子監修、新井英靖、茨城大学教育学部附属養護学校編著『「気になる子ども」の配慮と支援―学習障害（LD）・ADHD・高機能自閉症児の正しい理解と対応方法』中央法規出版、2004

文部科学省「特別支援教育について」

（http://www.mext.go.jp/a_menu/shotou/tokubetu/main/002/001.pdf）、2007

文部科学省『小・中学校における LD（学習障害）、ADHD（注意欠陥 / 多動性障害）、高機能自閉症の児童生徒への教育支援体制の整備のためのガイドライン（試案）』東洋館出版社、2004 ［http://www.mext.go.jp/b_menu/houdou/16/01/04013002.htm も閲覧可］

河合　洋、山登敬之編『子どもの精神障害』日本評論社、2002

神尾陽子「自閉症への多面的アプローチ―発達というダイナミックな視点から」『そだちの科学』no.11、pp.10-14、2008

ウォルター、ペラー著、遠山宜哉ほか訳『ブリーフセラピーの再創造』金剛出版、2005

第9章 現代日本の教育課題
―望ましい実践のための論点と展望―

　社会や時代の変化にかかわらず、教育に関する問題はさまざまな角度から議論の対象となり、解決に向け多様な試みが続けられてきた。それらは、公的な法制や施策の見直しから現場固有の柔軟できめ細かな実践に至るまで、複合的に絡まり合っている。

　本章では、現代の日本社会における主要な教育課題のいくつかを取り上げ、その問題の解決、あるいは打開の前提となる基礎的・基本的な論点を提示して、解決策検討の糸口またはヒントを提示してみたい。

　＊**キーワード**：学力、いじめ、不登校、キャリア教育、メディアと教育、少年
　　　　　　　　犯罪、懲戒・体罰

1. 現代の教育課題と主な施策

(1) 学力をめぐる懸念
A. 各種学力調査と子どもの学び

　2008（平成20）年に小・中学校の、翌09年には高等学校の学習指導要領がそれぞれ改訂された背景には、学力低下の懸念がある。例えば、経済協力開発機構（OECD）が2003年と06年に実施した学習到達度調査（PISA）を取り上げてみよう。この調査は、日本の高等学校第1学年に相当する15歳を対象に、義務教育において修得した知識や技能を、実生活のさまざまな場面で直面する課題にどの程度活用できるかを評価するものであって、3年ごとに実施さ

れている。その結果によると、日本の生徒の読解力、数学的応用力、科学的応用力の順位は 2000 年調査のそれらに比べていずれも低下している。特に読解力の低下は顕著であった（いわゆる PISA ショック）。09 年の調査では読解力の順位にやや回復が見られたものの、学力格差は依然として拡大傾向にある。

　学ぶ意欲や学習習慣にも不安材料が残る。国語、数学、理科について「宿題や自分の勉強をする時間」は対象国の中で最も少ない。

　2000 年から 12 年調査までの順位は、全体としては回復傾向にある。科学的応用力は 2 位→ 2 位→ 6 位→ 5 位→ 4 位、数学的応用力は 1 位→ 6 位→ 10 位→ 9 位→ 7 位、読解力は 8 位→ 14 位→ 15 位→ 8 位→ 4 位となっている。特に 2012 年の調査では、読解力、数学的応用力、科学的応用力のいずれにおいても日本は上位に位置しており、思考力や判断力等の向上を図るべくして学習指導要領の改訂に踏み切ったことが一定の成果を挙げているとも解釈される。ただし、確かな学力を育むためには、順位の上下に一喜一憂するよりもむしろ、子どもの学びの質のきめ細かい把握に基づく、粘り強い実践が先決であろう。

B.　確かな学力を育むために

　1970 年代後半から進められてきた「ゆとり」教育の流れを受けて、学校週 5 日制が完全実施された。1996（平成 8）年の中央教育審議会（中教審）第 1 次答申は、現代の青少年が「学校での生活、塾や自宅での勉強にかなりの時間をとられ、睡眠時間が必ずしも十分でないなど、［ゆとり］のない忙しい生活を送っている」こと、「テレビなどマスメディアとの接触にかなりの時間をとり、疑似体験や間接体験が多くなる一方で、生活体験・自然体験が著しく不足し、家事の時間も極端に少ない」ことを指摘している。そのような問題状況を打開するための一つの方策として、自ら学び自ら考えるなどの「生きる力」を育成すること、そのために「ゆとり」ある教育課程、厳選された教育内容に基づく基礎・基本を身に付けさせることを提言している。

　「生きる力」は学校の教育活動全体を通して育成すべきものであって、1998・99（平成 10・11）年の学習指導要領改訂時に新設された「総合的な学

習の時間」（総合学習）には大きな期待が寄せられた。そのねらいは、「横断的・総合的な学習や探究的な学習を通して、自ら課題を見付け、自ら学び、自ら考え、主体的に判断し、よりよく問題を解決する資質や能力を育成するとともに、学び方やものの考え方を身に付け、問題の解決や探究活動に主体的、創造的、協同的に取り組む態度を育て、自己の生き方を考えることができるようにする」こととされた（『中学校学習指導要領』2008 年）。

　しかし、PISA ショックをはじめとする各種学力・学習状況調査の結果を受け、「生きる力」の趣旨を継承しつつもその育成の手法を見直す趣旨から、「ゆとり」から「確かな学力」へと方針が転換され、2003（平成 15）年 12 月に学習指導要領が一部改正された。その後、教育基本法や学校教育法の改正を経て、中教審答申「幼稚園、小学校、中学校、高等学校及び特別支援学校の学習指導要領等の改善について」（2008［平成 20］年 1 月）においては、次のような基本的な考え方が示された。

　①改正教育基本法等を踏まえた学習指導要領改訂

　②「生きる力」という理念の共有

　③基礎的・基本的な知識・技能の習得

　④思考力・判断力・表現力等の育成

　⑤確かな学力を確立するために必要な授業時数の確保

　⑥学習意欲の向上や学習習慣の確立

　⑦豊かな心や健やかな体の育成のための指導の充実

　この答申を受けて 2008・2009（平成 20・21）年に全面改訂された学習指導要領では、授業時数や教育内容の増加によって、「生きる力」とともに基礎的な知識・技能の習得がめざされているのである。

(2)　現代の学校といじめ・不登校

　いじめ・不登校問題に対して、中教審第 1 次答申（1996）は、家庭・学校・地域社会の緊密な連携がこれらの問題の解決につながるとし、次の 7 点を強調している。

　a.　家庭・地域社会における取組の大切さ

　b.　学校の在り方そのものが問われている問題という認識

　c.　各学校・各教育委員会の取組の一層の充実

　d.　教員以外の専門家との協力

　e.　学校のみで解決することに固執しない開かれた学校運営

　f.　子どもにとって学校が極めて大きな存在となっている現状の見直し

　g.　問題の背景やその解決に向けた取組に関する研究の推進

　A　いじめ問題と主な対策

　文部科学省は、1994（平成 6）から 2005 年度にかけて、「いじめ」を「①自分より弱いものに対して一方的に、②身体的・心理的な攻撃を継続的に加え、③相手が深刻な苦痛を感じているもの。なお、起こった場所は学校の内外を問わない」と定義し、発生件数を調査していた。

　しかし 2006（平成 18）年度からは、「当該児童生徒が、一定の人間関係のある者から、心理的・物理的な攻撃を受けたことにより、精神的な苦痛を感じているもの。なお、起こった場所は学校の内外を問わない」と定義を見直し、認知件数として調査統計を実施している。2013 年度の認知件数をみると、全体で 18 万 5,860 件、そのうち小学校で 11 万 8,805 件、中学校で 5 万 5,248 件となっている。

　2006 年 12 月には、「子どもを守り育てるための体制づくりのための有識者会議」によって、いじめ問題に対する喫緊の対策が提案されている。

　a.　学校内外における子どもに対する相談体制の充実

　b.　学校の中で、子どもが教員以外のさまざまな大人と接する機会の拡充

　c.　緊急時に、精神科医や警察、児童相談所など外部の専門家チームが学校を支援する仕組みの構築

　d.　実態把握・分析と良い取組をまとめた事例集の周知

　これらの提案には、先の中教審答申（1996）の示した 7 つの提起との共通点がみられる。いじめ問題の解決に向けた取組が十分とはいえないこと、換言すれば、問題の根深さと対応の難しさを示唆している。

　近年では、いわゆる「学校裏サイト」への誹謗・中傷の書き込み、メールや

ブログ、SNS における悪口や嫌がらせなどの「ネットいじめ」も深刻な問題となっている。同有識者会議は 2008（平成 20）年 6 月、「『ネット上のいじめ』から子どもたちを守るために」と題して第 2 次報告をまとめ、ケータイ・ネットに関する実態把握、情報モラル教育の充実やルールの徹底などを提案しているが、陰湿化・潜在化するいじめ問題は、簡単に解決されそうもない。

とはいえ、いじめ問題を含め、子どもの人間関係や心のケアに関する国や地方自治体の方策も色々と講じられていることも事実である。以下 4 つのトピックを挙げておこう。

①　スクールカウンセラー

1995（平成 7）年に「スクールカウンセラー活用調査研究委託事業」が開始され、初年度には 154 校（中学校）に派遣された。その後急速に増加し、2006（平成 18）年度の配置・派遣校は約 1 万校に達している。

スクールカウンセラーは、臨床心理士等の資格を持つ専門家である。成績評価等を担う教員とは異なり、第三者的な存在として、児童生徒が相談しやすい立場にいることが求められる。

その業務は、児童生徒のカウンセリング（子どもへの直接的援助）にとどまらず、保護者や教職員へのコンサルテーション（子どもへの間接的援助）、外部の専門機関とのコーディネーション（人的・物的な資源との連携）など多岐にわたっている。だが、スクールカウンセラーは多くの場合非常勤であって、相談の可能な頻度は 1 校あたり平均週 1 回、計 4 〜 8 時間程度にとどまっている。この制度が有効に機能するためには、カウンセラー自身の身分保障や待遇面の改善等課題は少なくない。

②　スクールソーシャルワーカー

心のケアを要する児童生徒は学校生活に起因する問題以外の複雑な問題を抱えているケースが多く、学校外の関係機関等と連携した対応が必要になる場合も多い。そのため、一部の自治体で社会福祉等の専門家であるスクールソーシャルワーカーを活用した取組が進められてきたが、2008（平成 20）年度か

ら「スクールソーシャルワーカー活用事業」が始められ、全国的に展開することになった。

　スクールソーシャルワーカーには、教育と福祉の両面における専門的な知識・技術並びに活動経験のほか、社会福祉士や精神保健福祉士等の資格を有することが求められており、職務としては学校内におけるチーム体制の構築、関係機関等とのネットワークの構築、教職員等への研修活動などが期待されている。

③　メンタルフレンド等

　メンタルフレンドとは、兄や姉に相当する20代前半のボランティアの若者が、引きこもりや不登校の子どもたちの話し相手・遊び相手を務め、「心の支え」となることを目指す事業である。週に1～2回子どもの自宅を訪れ、交流を通して、子どもの社会性の発達やコミュニケーションの促進を図るのである。

　このほか、スクール・ボランティア、学校サポートボランティアといった名称で、地域住民や大学生等が学校活動の中の参加する取組もすすんでいる。児童生徒にとって校内で教員以外の大人と接する機会の拡充を目指すものである。

　スクールカウンセラーとスクールソーシャルワーカーが専門家による心のケアを行うのに対して、メンタルフレンドやスクールボランティアの役割は、親しみやすさを特徴とする、非専門家による支援である。

④　いじめ防止対策推進法の制定

　深刻化の度を深めるいじめの防止を目的に2013（平成25）年6月、「いじめ防止対策推進法」が成立した。この法律はいじめ防止等のための対策の基本理念、いじめの禁止、関係者の責務等を定めたものであって、各学校がいじめ等の防止対策に関する基本的な方針を定めることとしたほか、次の各措置等を求めている。

　a. 学校が講ずべき施策：①道徳教育等の充実、②早期発見、③相談体制の

　　　整備、④いわゆるネットいじめ対策、⑤関係人材の育成、⑥調査研究、
　　　⑦啓発活動。
　b.　複数の教職員、心理・福祉等の専門家により構成される組織の設置。
　c.　個別的措置：①いじめの事実確認、②いじめを受けた児童生徒・保護者
　　　への支援、③いじめを行った児童生徒・保護者への助言、④警察署との
　　　連携。
　d.　懲戒、出席停止等の措置を定めること。

B　不登校問題と主な対策

　文部科学省の「児童生徒の問題行動等生徒指導上の諸問題に関する調査」に
よると、不登校とは「何らかの心理的、情緒的、身体的、あるいは社会的要
因・背景により、児童生徒が登校しない、あるいはしたくともできない状況に
あること（ただし、病気や経済的な理由によるものを除く）」をいう。一部の
子どもの内面に由来する病理として「登校拒否」ととらえられる時期もあった
が、学校に登校しない児童生徒の事情は多様であるため、「登校しない」とい
う実状のみを指し表す「不登校」という呼称が今日一般的に使用されている。

　文部科学省によると、2013（平成25）年度に学校を30日以上欠席した児童
生徒（不登校児童生徒）は12万157人（小学校2万4,175人、中学校で9万
5,442人）であり、統計調査開始以降、この数値は一貫して増加傾向にあった
が、近年の増加率はやや小さくなっている。なお、不登校状態が継続している
理由の上位は、小・中学生ともに「不安など情緒的混乱」や「無気力」による
ものである。

　調査開始当初、文部省（現文部科学省）は「特定の生徒にのみ起こる問題」
としていたが、1992（平成4）年からは「どの子にも起こりうる」問題へとそ
の認識を転換した。

　不登校問題への基本的なアプローチとして、学校に子どもの心の居場所をつ
くることの必要性が強調されている。例えば、学校には来れるものの教室には
入れず、いわゆる保健室登校をする児童生徒にとっては、保健室が学校での居
場所となっている。このように保健室登校をする児童生徒は少なくなく、養護

教諭の役割の拡大や、養護教諭と学級担任等との連絡・協力体制の構築が課題
と指摘されている。学校によっては、余裕教室を活用するなどして「心の教
室」とも言うべきカウンセリングルームの整備も進められている。

　そのほか、文部科学省が主唱している支援事業としては、教育支援センター
（適応指導教室）やスクーリング・サポート・ネットワーク整備事業（SSN）
がある。1997（平成9）年には「中学校卒業程度認定試験」の受験資格が16
歳以上から15歳以上に引き下げられたり、高等学校入学者選抜の際には、調
査書以外の選抜資料の活用を図るなどの配慮・対応もなされている。

(3)　青少年の職業意識と教育課題

　フリーター等の増加に伴い、青少年の職業観・勤労観の形成も重要な教育課
題の一つとなっている。フリーターには、若年期の発達課題とされてきた（職
業的）アイデンティティの形成に失敗し「定職に就かずにふらふらしている」
という負のイメージが付きまとうからである。国民生活白書（2003年版）に
よれば、フリーターとは「15～34歳の若年（ただし学生と主婦を除く）で、
パート・アルバイト（派遣等を含む）及び働く意志のある無職の人」とされ
ている。その数は、1991（平成3）年には182万人であったが、10年後の
2001年には417万人と増加傾向にある。学生及び正社員以外の主婦を除く若
年層の5人に1人（21.2%）がフリーターという計算になる。

　フリーター問題は、その原因が若者の内面に起因する問題に限定されるもの
でない。慢性的に続いてきた不況を含め、就職・雇用環境の変化とも無関係で
はない。希望職種・業種への正規採用が難しい現状において、国民生活白書
（2003年版）も社会の側の要因を強調している。

　青少年教育の一環として職業意識形成の支援のあり方を検討する際には、複
合的な視点が必要であることは明らかであろう。近年では、ニート（NEET）
と呼ばれる若者の就業意欲の乏しさと併せて対策が急がれる。

　学校において取り組まれている例の一つとしては、中学校学習指導要領第1
章総則（2008年改訂）に「生徒が自らの生き方を考え主体的に進路を選択す
ることができるよう、学校の教育活動全体を通じ、計画的、組織的な進路指導

を行うこと」が示されている。特別活動についても「望ましい職業観・勤労観の形成」を図ることが明記されている。

　国立教育政策研究所「児童生徒の職業観・勤労観を育む教育の推進に関する調査研究」報告書（2002）は、「望ましい職業観・勤労観」について次のように述べている。

　　　子どもたちが働く意義や目的を探究し、1人1人が自分なりの職業観・勤労観を形成・確立していく過程を指導・援助することが大切である。その際、多様性を大切にしながらも、それらに共通する要素として、職業の意義についての基本的な理解・認識、自己を価値あるものとする自覚、夢や希望を実現しようとする意欲的な態度など、「望ましさ」を備えたものを目指すことが求められる。

　望ましい職業観・勤労観形成に必要な取り組みとして、同報告書は「学ぶこと・働くことへの意欲を高めること」「職業観・勤労観の形成過程を支援すること」を挙げている。前者については、①学習への動機を高め、それを進路意識の高揚や将来の上級学校・職業の選択につないでいくこと、②子どもたちが、将来の夢や希望をしっかりと描くことを通して、今、なぜ、何を学ばなければならないのかを自覚し、学ぶことや働くことへの意欲や目的意識をより確かなものしていくことを強調している。

　後者については、①周囲の指導・援助が不可欠であり、支援によって育むことができるという共通認識を持つこと、②小学校段階からのさまざまな体験の機会の確保、現実の社会に対する多様な情報の提供及びその活用方法等を習得させること等を通して、考える力・学ぶ力・選択する力を育成すること、③その際、個別の指導・援助、相談等の充実に留意し、教員のガイダンス・カウンセリング等に係る資質・能力の向上を図ることの必要性を挙げている。

　2005（平成17）年度からは「若者自立・挑戦プラン（キャリア教育総合計画）」が推進されている。これに基づき、小学校段階からの体系的な職業観・勤労観の醸成が図られ、フリーターの再教育など、それぞれの立場に応じた支

援を行い、職業的自立を促進させる取り組みが展開されている。その要件とし
て、職業意識醸成のための学習プログラムの開発や教育課程への適切な位置づ
けのみならず、保護者との共通理解や情報・課題意識の共有、インターンシッ
プ受け入れ等に関する関係団体・企業等との連携が求められている。

2.　少年犯罪とメディア

(1)　謎の "17 歳"

　「また 17 歳による痛ましい事件が起きてしまいました…」、「17 歳の少年が
起こしたとは思えないくらい凄惨な事件です…」。2000 年、リポーターやコメ
ンテーターのこんなコメントが連日のようにテレビから聞かれた。その当時、
若者のメンタリティを表した "キレる" という言葉がメディアによく登場する
ようになり、今やすっかり定着しているように思われる。もっともこの "キレ
る" 自体は、さらにさかのぼって遅くとも 1990 年代初頭には、特に週刊少年
誌掲載のマンガ作品の中で比較的広く用いられていたものである。例えば暴走
族を扱った作品において、柔和な顔立ちの美少年がふとしたきっかけで鬼の形
相へと豹変して大暴れするような描写には付きものであった。この順序性のな
い突然の変化のニュアンスは、マンガ作品の登場人物の持つ肉体的強さや暴走
族の荒々しさと、平常時の彼らのにこやかで優しいふれ合いとのギャップその
ものであり、このギャップは特に "キレキャラ" と呼ばれる登場人物の存在感
に謎めいた味わいを付加する役割も果たしていた。

　当時のマス・メディアが、事件を起こした少年たちにみたイメージも、まさ
しくこうしたマンガ的ギャップにあったのだろうか。例えば "17 歳" の口火
を切ったともいえる豊川市主婦殺人事件（2000 年 5 月 1 日）の少年は、教師
の親を持ち、学業成績はきわめて優秀であり、近所の住民にもきちんと挨拶
し、部活動の後輩からの信頼も厚かったことに加え、被害者との面識が全くな
かったこと、そして何よりも「人を殺す経験をしてみたかった」という動機自
体の唐突さが注目された。またその夏（8 月 14 日）に起きた大分一家 6 人殺傷
事件の少年（15 歳）の場合、学校では "まじめ" で "いい子" との評価を受け

ていたが、元々小集落で親しい近所づきあいのあった隣家の住人に、"風呂場のぞき"の疑いをかけられ、その地域で生活できなくなることを恐れた末、一家皆殺しを計画したという。

　こうした事件に関する報道の論調は概して、①"いわゆる普通の少年がなぜ突然の凶行に走ったのか？"という問い立てから、②少年の人間関係などの身辺情報に触れ、③いかに事件が理解し難い唐突な動機によるものかを強調しつつ、④"生い立ちには一部影があり、時として常軌を逸した言動や行動がみられる少年であった"と、潜在的な異常性あるいはその顕在化した断片をほのめかし、最終的には⑤"責任能力の有無は精神鑑定に委ねられる"として、異常者ラベルを貼り付ける寸前で一段落する流れであった。特に①～③については、少年のあまりにも日常的・一般的な背景が強調されるため、同年代の子を持つ親の不安が大いに掻き立てられることになった。

(2)　普通の少年とは何か

　こうした報道の際にメディアが使う"普通の少年"とは、どのような少年を指すのかを考えてみよう。というよりもむしろ、どのような少年であれば驚愕されることなく、自然に"犯罪者"として受け容れられるのだろうか。これについては、例えば豊川市主婦殺人事件の少年に付与された説明や評価をすべて裏返しにしてみると、ある一定のイメージが浮かび上がるだろう。すなわち、職業不定の親を持ち、学業成績は著しく劣り、近隣住民に挨拶もしない、部活動の後輩からも信頼されていない……。こうなればかつてアメリカの社会学者R.K. マートンが描いたような、社会的成功への見込みや手段を持ち合わせていない、孤独でフラストレーションの塊のような、ある種の腫れ物のような逸脱的人間像が出来上がる。このような人間が自暴自棄になって、たまたま目にした被害者に襲いかかった、というのであればおそらく辻つまが合い、"いつか起きると予期された事件"と理解されるのだろう。

　ところで、このように"絵に描いたような"分かりやすい若者はどのくらいいるのだろう。あるいはどこにいるのだろう。

(3)　視聴者の心の中の"悪人"

　むしろ反対に、"絵に描いたような"という筆者の表現自体を考え直してみよう。なぜ豊川市主婦殺人事件の少年の属性を反転させて作り出した逸脱的人間像を"絵に描いたような"と表現できるのだろう。この"絵"、つまりイメージの源泉となっている情報はどこから得られたものだろうか。それは例えば、1970年代の任侠映画や、続く1980年代のツッパリブーム期のドラマや映画、あるいは外国映画などに登場する悪漢、その他古今東西、情報媒体の種別を問わず、勧善懲悪が主題の諸作品に共通して見られる悪役のイメージだろう。こういった作品の中で、概ね悪は一貫して悪であり、不用意に溢れんばかりの人間味を持たせてストーリーを混乱させることがないように配慮されている。

　当然筆者も幼時よりそうした設定を素直に受け容れ、作品に触れつつ育った1人であるが、ここに問題の一端が垣間見えるように思われる。つまり我々は人生の中で、絵本や語り聞かせに始まり、テレビ、映画、小説などのメディア情報を通じて不断に悪人イメージを自らの内面に醸成している。そのイメージは多くの場合、語り手や作者あるいは報道関係者によって意図的に構成された情報を手がかりにしており、提示される情報以外に考慮すべき事情は存在しないかのごとく、明快に味付けされた情報で成り立っているということである。おそらくこれは、テレビや映画の登場以前から、演劇や語り聞かせ、書物等の中で延々と行われてきたことであろうが、留意すべきは、我々情報の受け手ばかりでなく、発信する製作者や報道関係者の内面にも、同様の悪人イメージが醸成されていることが容易に想像できる点である。このようにして我々の間に広く共有された悪人イメージは、もはや社会学者 E. デュルケムのいう"集合意識"の一端と考えて差し支えないレベルの強固さを持ち、"事件"発生のたびに我々の内面から引き出され、事の仔細を吟味する天眼鏡や化学試験紙のような役割を果たすのだろう。

⑷　"悪"を上塗りする報道

　さて、問題はここからである。もっぱら情報の受け手である我々の中に、事件の当事者に関する詳細な情報を知り得る者はどれほどいるのか。また、事件に関与してしまう当事者が、たとえ常習者であったとしても、四六時中アジトにこもって事件の企てに明け暮れているわけではなく、普段の生活により多くの時間を費やしているはずだ、という想像を働かせる者はどれほどいるのだろうか。おそらく皆無に等しいだろう。我々はいわば"一事が万事"の思考様式でもって、ある個人にまつわる一つの事象からその個人の他の側面まで類推することに慣れている。殊にそれが"殺人"のように極端な事象であった場合、その後の類推に与えるインパクトが強烈であることは言うまでもない。我々の多くは、もしもそうした逸脱経歴を持つ個人と相対した際には、意図せずとも相手の尋常ならざる側面を探索し、その一断片でも嗅ぎつけると"やはり…"という安堵にも似た、言い知れぬ居心地の悪さを感じることだろう。

　つまりこれは、我々人間の持つ認知様式の問題なのだが、我々はある未知の事象に遭遇すると、その事象を"純粋にそれ自体として把握しようとする"のではなく、既存の内的準拠枠（これまでの経験や学習の蓄積からなる）を足がかりに、"○○に類するものではないだろうか？"と、"見当をつけて確認しに行く"のだ。これが犯罪のように、社会の集合意識に直接触れる事象であれば、我々の認知処理はより高速化され、容疑者は瞬時に我々が満を持して内面に醸成しておいた悪人カテゴリーに投げ込まれることになる。こうなればあと必要なのは、この認知処理を正当化し、解釈を上塗りするための、幾ばくかの"悪の証拠"だけでよい。ここで"いつキレるか分からないような子どもだった"といった証言が得られれば、我々の心はもはや安泰である。これを意図してか否か、メディアは1節終盤で挙げた②〜④の情報収集及び報道に注力し、我々はその情報を額面通りに受け取っては安堵を繰り返す。事件が起きるたびに、こうした大掛かりな予定調和（劇）が行われているように感じるのは筆者だけであろうか。

　問題行動に関与する少年と接する教師や保護司らの口からは異口同音に「どんなに不良でも、一人ひとり話をしてみれば、いい子なんです」といった感想

が漏れることが少なくない。"ワル"と呼ばれる少年と言葉を交わした際に、同様の印象を抱いた経験がある読者もいることだろう。これこそは我々の認知のほころびであり、それに気づけば認知の偏りを修正するチャンスにもなり得る。だが残念なことに、この時に経験される認知的不協和は、多くの場合、「集団になると人が変わる」「カッとなると我を忘れる」といった新たな認知を付加することで薄められてしまう。

⑸　若者の凶悪犯罪は増加していない

　最後に、若者による犯罪の発生状況に関する統計をみておこう。表10-1は、犯罪白書及び総務省統計局のデータを元に、1955（昭和30）年から2010（平成22）年までの55年間に起きた殺人と強盗の少年（20歳未満）人口10万人あたりの検挙人数及び実人数を5年ごとにピックアップしたものである。
　いわゆる戦後体制が本格的にスタートして高度成長期に入り始めた頃は、まだ混乱の余韻が感じられるが、経済発展を遂げるにつれて数が急減しているの

表 10-1　少年刑法犯検挙人員人口比（10 万人あたり）

年度	殺人［実人数］	強盗［実人数］
1955（昭和30）	1.90 ［345］	11.05 ［2,003］
1960（　　35）	2.15 ［438］	13.59 ［2,762］
1965（　　40）	1.85 ［370］	9.97 ［1,998］
1970（　　45）	1.17 ［198］	6.45 ［1,092］
1975（　　50）	0.59 ［ 95］	4.51 ［ 732］
1980（　　55）	0.28 ［ 49］	4.57 ［ 788］
1985（　　60）	0.53 ［100］	3.01 ［ 572］
1990（平成 2）	0.38 ［ 71］	3.20 ［ 594］
1995（平成 7）	0.50 ［ 80］	5.44 ［ 873］
2000（　　12）	0.74 ［105］	11.82 ［1,668］
2005（　　17）	0.58 ［ 73］	9.28 ［1,172］
2010（　　22）	0.60 ［ 47］	8.00 ［ 591］

が分かる。強盗については景気の動向と関連していることが窺える。

　殺人については、この40年ほどは非常に低水準で推移していることが分かる。表にはないが、10万人あたりの検挙人員が1.0を下回ったのは1971（昭和46）年で0.90であった。それ以降1.0に達した年は一度もない。「17歳」に揺れた2000（平成12）年はやや上昇がみられるが、表上部の"古きよき時代"の数字と比べればどう頑張っても"高い"とはいえない。しかも、犯罪捜査技術及び警察のカバー力全体が向上している現代においてこの数字である。また、殺人検挙数に占める未成年者率は、少なくともこの20年来低水準で推移しており（2010年は0.05％、2013年は0.06％）、仮に他の年齢区分（20代・30代・40代・50代・60歳以上）と等分に発生すると考えても（約16％）相当低い。"若者はまだ人格形成期の不安定な状態にある"という一般的なイメージからすれば、この数字はむしろ16％より高くても不思議ではないはずである。

　こうしてみると、2000年の「17歳」騒動はまさしく"騒動"にほかならないと考えられる。ワイドショーなどの情報番組に代表されるマス・メディアの責任は、近年よく取り沙汰されるところである。しかし、メディア情報の受け手（視聴者）にも問題はないのだろうか。あるいは、そのような"若者"情報を望んだのは、ほかならぬ視聴者ではないのか。そしてその視聴者が、そのような"若者"が育ったこの社会を動かし、ひいては"若者"を生み出した当事者でもある。となれば、当の"若者"を蚊帳の外に置いた、マス・メディアと視聴者との間の予定調和は、自らの影におびえる"大人"の一人芝居にすぎない、とみることも可能ではないか。

　いずれにせよ、我々の常識の根拠が脆弱であることに自ら気づくために、情報を正確に読み解く能力（メディア・リテラシー）が必須といえよう。

3.　消えない体罰

(1)　なぜ体罰はなくならないのか？

　2012（平成24）年12月に大阪市立桜宮高校を舞台に起きた体罰自殺事件を機に、体罰への関心が再び高まっている。だがこれは今回に限った話ではなく、1990年代初頭の体罰論争以降も体罰が持続してきたことは表10-2をみても明らかである。時期によってその数には変動がみられるが、最も顕著なのは1990年代前半に、報道や管理教育批判の中で体罰が封じられた時期の低水準である。それが数年かけて上下しながら増えていき、"17歳"に揺れた2000年以降は概ね400名水準で推移してきた。もっとも、大阪の事件以降のデータの急激な上昇を考えると、表10-2のデータは正確な実態を網羅したものでは

表10-2　体罰に係る処分を受けた教育職員数

	1993	1994	1995	1996	1997	1998	1999
懲戒処分計	65	67	74	110	109	114	114
訓告等計	193	212	236	297	305	269	271
総　計	258	279	310	407	414	383	282

	2000	2001	2002	2003	2004	2005	2006
懲戒処分計	132	125	137	173	143	146	169
訓告等計	295	299	313	320	277	300	254
総　計	427	424	450	493	420	446	423

	2007	2008	2009	2010	2011	2012	2013
懲戒処分計	124	140	150	131	126	176	410
訓告等計	247	236	243	226	278	2,077	3,543
総　計	371	376	393	357	404	2,253	3,953

出典：文部科学省HP

ないだろうし、意識の高まりによる過剰選別の影響や看過・隠蔽も考えねばならない。だが真の問題はそこにではなく、わが国が少なくとも1879（明治12）年の教育令から現行の学校教育法に至るまで、体罰を公式に是認していないどころか、むしろ禁じているという事実にある。それにもかかわらず、体罰は延々と繰り返されている。これは体罰が指導に有効であると信じて疑わない教員が一定数存在していたということでもあろうが、90年代の体罰批判から約20年経過した現在に至るまで、新たに教職に就いた若い世代の中に体罰の有効性に対する同様の信念を持った者が存在すると想定しなければ、このデータは理解し難い。

　杉山（1997）や高瀬・高橋（2006）、吉田（2011）らの研究によれば、教職志望学生の間に、一定の体罰を容認する態度が存在するという。そうした中から一定数の者が教職に就いているとすれば、体罰という様式が連綿と受け継がれて行くのは必然と考えられるし、これらの研究の発表時期の推移からしても、体罰を容認する態度は年々再生産されていると推測される。ではその再生産はどのように行われているのだろうか。

　以下、教職課程の大学生への調査を通して、体罰容認という態度が生成される原因を考えてみよう。

(2)　大学生への調査

　ここで取り上げるのは、中国地方の私立A大学2年生（2011年度後期）、「生徒指導・進路指導論（中等）」の受講者126名（男子76名、女子50名）である。そのうち約93%が体育会系の部活動に所属（無所属9名）し、中・高体育教員免許の取得を希望している。一般的に"体罰"は、生活指導に携わることの多い体育教師のイメージに結び付けられることが多い。そこでこの中・高保健体育の教員免許取得を希望する受講者間でディベートを実施し、体罰に対する態度とその変容を観察した。

A.　ディベートの方法

　まず体罰の定義について「手足または物品を用いた身体への打撃」に限定し

表 10-3　体罰（打撃）への賛否

人数（うち女子）

	賛成	？	反対
	48（6）	67（38）	11（6）
代表人数	6	8（3）	4（2）

た上で、体罰の使用に"賛成"、"反対"、"どちらともいえない（以下「？」）"、の 3 群に分割した（表 10-3）。

　次に各群を 5 〜 7 名のグループに分割し、グループ内討論を行った後、代表者が黒板にグループでまとめた意見（表 10-6）を記入し、その意見に基づいて代表者ディベートを行い、ディベート中・ディベート後の態度変化を調べることにした。

B.　経過

　ディベート中の座席移動（態度変更）は自由である。開始後約 10 分で"？"から"反対"へ男子 6 名・女子 9 名が移動し、"賛成"から"？"へ男子 13 名・女子 2 名が移動した。"反対"から他への移動及び"賛成"から"反対"への移動はなかった。その後、議論は賛成と反対の間で拮抗して平行線をたどったまま終了。その際"？"から"反対"へ男子 7 名・女子 20 名が移動。"賛成"から"？"へ男子 4 名・女子 2 名が移動した（表 10- 4）。さらにディベート後に担当教員から、学校教育法第 11 条において、体罰は正式に禁止されていること、及び体罰によらない"懲戒"が意味を持ち得る関係性の構築を提案したところ、"賛成"の大半（21 名）が"？"へ移動した（表 10- 5）。代表者からは"賛成"から"？"へ 4 人、"？"から"反対"へ男女 1 人ずつの 2 人が移動、"反対"代表の 4 人に変化はなかった。

C.　ディベートから浮かび上がるもの

　当初賛成を表明した学生 48 名中 44 名が教師や部活動指導者からの体罰を受けた経験を持ち、全員が体育会部活動の所属学生もしくは高校時代までに運動

表10-4 ディベート終了時の体罰への賛否
人数（うち女子）

賛成	?	反対
27 (2)	46 (13)	53 (35)

表10-5 最終的な体罰への賛否人数
（うち女子）

賛成	?	反対
6	67 (15)	53 (35)

表10-6 体罰に対する態度とその主な理由

賛　成	?	反　対
1. 口で言うよりも気持ちがよく伝わる 2. 先生も本気だと分かる 3. 頭でダメなら体で分からせるべき 4. 痛みと衝撃が心に残り、次回の抑止力になる 5. ハッキリと悪いことをしたんだと分かる 6. 自分もよく殴られたが、結果として良かった 7. 部活指導では絶対に効果的	1. やり過ぎなければいいが、加減が難しい 2. 信頼関係のある相手ならば効果はある 3. 飽くまで最後の手段として 4. 効果のある子もいれば逆効果の子もいる 5. 親がモンスター化して怒鳴り込んでくるかも知れない	1. きちんと説得しなければならない 2. とにかく暴力はいけない 3. トラウマになる 4. 憎しみが増すだけ 5. 教育の場で暴力が正当化されてはならない 6. 体罰を受けた人間がまた大人になって体罰を繰り返す 7. 教員の未熟さが露呈する

系部活動への所属経験を持っていた。このことは（種目や指導者にもよるが）、いわゆる部活動指導には体罰的側面が半ば必然的に付随することを示唆している。だが、ディベート途中で賛成者の4割が"?"に態度を変更したことや、担当教員から学校教育法第11条の説明及び同法にある"懲戒"の効果的使用の可能性について提案を受けた際にはさらなる態度変更者が発生し、最終的に賛成者が当初の1割強にまで減少したことからすれば、体罰賛成者の当初の態度は"信念"というより、上下関係に厳格な体育会系人間特有の追従者的態度の反映とも考えられる。つまり、"上の人間の指示・教示には従う"という行動様式に由来する受動的態度である。だがその一方、最後まで賛成の態度を変えなかった学生については、彼らの体罰経験に対する質的な理解を必要とした。

⑶　体罰体験にみる教師のストラテジー

　そこで後日、当初体罰に"賛成"した学生の中から、最後まで賛成であった3名を含む計6名に面談を行い、彼（女）らが体罰に肯定的な意識を持つに至った背景としての、中学・高校時代のエピソードを得た。

　その結果、教師や部活動指導者が体罰を行う際には、ほとんどのケースにおいて、体罰の後にそれをフォローする説諭を行っていることが分かった。説諭は多くの場合、一対一の密室的状況で行われる。そしてその際の教師の語りは次のような特徴を持つ。

A.　共感演出

　「痛いか？ 先生も痛い。殴られたお前は今ほっぺたが痛いだろう。でも先生は殴ったこの手じゃなくて心が痛いんだ。殴らなきゃいけないと思った自分の心がものすごく痛いんだ」（ケース1：中学40代男性教師）

　「先生も殴りたくて殴ってるんやない、こんなことしたら、今時暴力教師で訴えられて先生クビになるかもしれん。でもクビになってもええ。先生それでもお前にだけはどうしても分かって欲しいんや」（ケース2：中学30代男性教師）

　こうした説諭は教師や部活動指導者の涙を伴って行われることも多く、その際、頭をわしづかみにして撫で擦られると生徒の方ももらい泣きしてしまうことが少なくない。中には額と額を当て、「俺の目を見ろ！ 悔しかったら先生にぶつかって来い！ もっと！ もっと強く！」（ケース3：中学30代男性教師）と、頭突きを繰り返し煽り、双方涙を流しながら頭突き合いを繰り広げるケースもある。このように、説諭と一種のスキンシップを組み合わせることで、体罰のショックは緩和され、生徒が"泣けた"、"心に響いた"と認知するように計らい、共感を得やすくするという、いわば"共感演出ストラテジー"である。

B.　多重拘束

　部活動で行われる体罰の場合はより苛烈な戦略が採られることがある。そ

れは、不祥事イコール活動停止というリスクを敢えて明示することで体罰を受容させる、次のようなものである。

　　ある高校の球技（女子部）指導者（男性）が一人の部員を監督の部屋に呼び出し、活動への参加態度について叱責し、体にボールをぶつける、頭を叩く、足を蹴る、小突く、突き飛ばす等々の体罰を行った後、その生徒に対し次のように述べた。
　　「今俺がお前にしたことは立派な体罰だ。なんで俺が体罰をしたのかその理由は分かるな？　でも体罰自体は禁止されている行為だ。だからお前は校長や教育委員会に俺を訴えてもいい。今すぐ医者へ行って体の跡（体罰痕）を見せたら診断書を書いてくれるだろうから、それ〔を〕持って警察へ被害届〔を〕出してもいい。俺は逮捕されても逃げようのないことを、指導とはいえお前にしたんだから。当然、そうなればウチの部は活動停止か廃部になるだろうけど。他の部員たちには申し訳ないけど、不祥事を起こした監督が部を続けられる訳ないし、そんな部に代わりの指導者なんて来ないかもしれないから、終わりということになるけど。これをどう取るかはお前の判断に任せる。よく考えた上で、お前自身今後どうしたらいいと思うのか、結論を出してくれ」（ケース4：高校30代男性教師）

　この発言は、体罰は指導法として不当であるという認識を示した上で、体罰の帰結が部活動の消滅という最悪の結果に結び付く可能性に触れ、体罰を行った指導者と受けた生徒の関係性にとどまらず、部員全体に影響が及ぶ危険性をほのめかすものである。
　当の生徒は活動停止や廃部を望んではいないし、またそうなれば部の仲間との関係も無傷では済まないという懸念もある。だから、仮に体罰に納得していなくとも、そのことを公にすれば指導者の処分だけでなく自分自身の利益もまた犠牲になり、さらに仲間たちも犠牲にし、仲間との関係性も犠牲になるという多重拘束の状況におかれることになる。このケースでは、翌日、生徒が「非は自分にある」と指導者に謝罪し終息した。このようにして、最終的には体罰

を甘受せざるを得ない状況が、他に目撃者のいない一対一の密室的状況で作り出されるケースもある。

⑷　アウトローが規範を支えるパラドックス

　インタビューから、中・高校（部活動を含む）において、泣き落としと恫喝（どうかつ）を効果的に用いた体罰の正当化や隠蔽が行われるケースが少なからず存在することが明らかになった。こうした側面をみると、体罰教師というのはいわばアウトローであり、その存在は正統な教育とは一線を画すサブカルチャーともとらえられる。そして、体罰とその隠蔽レトリックや恫喝の手法が、効果的な指導モデルとして、体罰を受けた生徒に伝承されていく可能性も看過できない。しかもこの問題が複雑なのは、体罰が単なるアウトロー行為ではなく、アウトロー化する児童・生徒の抑制及び集団規範強化の機能も果たし得るという事情ゆえである。この手段と目的との間の不整合が、体罰容認論のアンダーグラウンド性を高めている。また調査対象となったいわゆる体育会系の若者には、"上からの指示に従順"というイメージが伴うが、そうした特性自体が体罰を許すアンダーグラウンドを生む可能性は否定できないし、部活動という課外活動自体が正課に対するサブカルチャーとして、通常の人間関係とは異なる関係性を許容する"異界"的意味合いを持つとも考えられる。あるいは教師との一対一という状況もまた異界なのかもしれない。こうした異界の出来事が日常界に影響を与え、または下支えしているというパラドキシカルな構造が、先の教師のストラテジーを成立させている。このような若者たちが生きる学校世界の精神的複層性に向き合わなければ、この問題は再び賛否両論を生み、容認論が一層アンダーグラウンド化する帰結を生むだけであろう。

　体罰教師を非難するだけでなく、なぜ体罰教師が生まれるのかを追究することが重要である。

参考文献・推薦文献・引用文献

　杉山　緑「教育学部生の体罰意識に関する考察⑶―学生へのアンケートをもとに」『山口大学教育学部付属教育実践研究指導センター研究紀要』第8号、1997

門脇厚司『子どもの社会力』岩波新書、1999

広田照幸『日本人のしつけは衰退したか─「教育する家族」のゆくえ』講談社現代新書、1999

南本長穂・伴恒信編著『子ども支援の教育社会学』北大路書房、2002

苅谷剛彦・志水宏吉『学校臨床社会学─「教育問題」をどう考えるか』放送大学教育振興会、2003

高瀬 博、高橋 進「学校教育における体罰に関する大学生の意識について」『関東学園大学紀要』第 14 集、2006

曽我雅比児・皿田琢司編著『教育と人間の探究─子どもがわかる・教育がわかる─』大学教育出版、2008

広岡義之編著『新しい教職概論・教育原理』関西学院大学出版会、2008

松岡 律「"キレる 17 歳"とは何だったのか─若者の逸脱をめぐる言説の足下」『人権 21- 調査と研究』第 213 号、おかやま人権研究センター、2011

吉田卓司「体罰の被害経験と受容の相関性─教職課程履修性の体罰肯定意識を変革する試み」『教職教育研究』第 16 号、関西学院大学教職教育研究センター、2011

松岡 律「教職課程学生の体験にみる体罰容認論の再生産プロセス－ディベートとインタビューの分析」『人権 21- 調査と研究』第 226 号、おかやま人権研究センター、2013

資料編

1. 人物・事項解説（五十音順）

エラスムス（Erasmus, Desiderius 1469-1536）

　オランダの人文学者。教会の堕落を厳しく批判し、聖書の福音の精神への復帰を説き、弟子から多くの宗教改革者を出した。『愚神礼賛』（1511）を書き、教会の腐敗を風刺した。教育に関しては『幼児教育論』（1529）を著し、すべての子どもが幼児から公共の学校で人間らしい愛情と知恵に支えられた教育を受け、平等に立身出世の機会を持つようにすべきであると説いた。その学校における教育方法としては、子どもの興味と能力に適した教材の選択と配列、遊戯的方法や競争的方法の活用などを提案した。

カウンセリング・マインド（counseling mind）

　カウンセリングにおいてクライエントが必要としている援助をするために、まずクライエントを信頼し、尊敬し、そして、ロジャーズがいうように受容、共感していこうという態度を表す造語。

学習指導要領（course of study）

　小・中・高等学校、特別支援学校、幼稚園の教育内容に関する事項について、各学校の目的、目標を達成するために文部科学大臣が公示する校種別の教育課程の基準（幼稚園では「幼稚園教育要領」）。1947（昭和22）年、当時の文部省が初めて「試案」として公表し、ほぼ10年ごとに改訂されている。58年の改訂で「教育課程の基準」と位置づけられ、法的拘束力（法的基準性）を付与された。

　国の立場は、全国どこで教育を受けても一定の水準を確保するための大綱的基準と位置づけるものである。これに対して国民の教育権を保障する観点から、国の役割は外的条件の整備にとどめ、教育内容にまで規制すべきではないとの指摘もある。

　今後の教育課程については、各学校の主体的な創意工夫に委ねられる余地が大きくなる方向にある。内容上の選択幅拡大と相まって、変化の激しい社会の中で「生きる力」を育むための各学校の特色づくりが課題となっている。

学力調査

　教育目標の達成状況や学習上の課題などを客観的に把握するために行われる調査。厳密には、教育目標の設定、教育内容の量や質の妥当性、目標の達成水準等を分析的・比較的に考

察し、改善すべき課題を把握することを目的としたものである。

　日本では、1990年代以降に公表された経済協力開発機構（OECD）による国際数学・理科教育動向調査や、国際教育到達度評価学会（IEA）による生徒の学習到達度調査の公表などを機に注目が集まり、学力テストや学力検査と同義に使われる場合も多い。

　目標の到達状況を含めた学力の実態を究明する学力調査の本来のねらいは、学校や教師の教育実践の成果や改善課題を明確にすることにある。公的機関が教育施策の基礎資料を得るために行う学力調査も、子どもや学校を取り巻く教育条件の改善課題を究明することを目的とすべきであって、調査結果についての判断には慎重を期さなければならない。

学級崩壊

　「学級がうまく機能しない状態」を指す。より具体的には、「子どもたちが教室内で勝手な行動をして教師の指導に従わず、授業が成立しない学級の状態が一定以上継続し、学級担任による通常の手法では問題解決ができない状態に立ち至っている場合」をいう（学級経営研究会『学級経営の充実に関する調査研究』1999）。このような現象を表す用語としては、「学級崩壊」以外に「学級の荒れ」や「授業崩壊」などもある。

課程主義・年数主義

　学校教育における学年の修了（進級）または卒業の要件の方式。所定の教育課程を修得したことを条件に、修了や卒業を認定する方式を課程主義または修得主義という。この場合、教育課程を修得したかどうかは主として試験によって認定される。一定水準の修得が認められなければ、留年、落第などの措置が取られる。

　これに対して、所定の年齢に達すれば、所定の教育課程を修得したか否かにかかわらず修了や卒業を認める方式を年数主義または年齢主義という。

　歴史的には、義務教育段階では多くの国で課程主義から年数主義へと移行している。明治初期にとられていた等級制も、一種の課程主義である。今日では年齢主義をとる例が多い。日本の義務教育においても、特に定める場合を除き（学校教育法施行規則第57条、第79条）、基本的には年数主義がとられている。

規範喪失

　日常生活において行動を拘束したり、規制したりする法律、規則、道徳、習慣などは社会の中で共有されており、社会規範と総称される。近年、子どもたちにこうした社会規範が欠如、あるいは喪失しているといわれている。社会規範は社会化の過程で学習されていくが、子どもの社会化に問題が指摘されるに伴って、社会規範に関しても、規範意識や規範そのも

のを欠く子どもや子育て環境が問題とされるようになっている。

基本的信頼感

アメリカの心理学者エリクソン（Erikson, Erik Homburger 1902-94）の発達段階において、乳児期に養育者、主に母親との関係で獲得される感覚。子どもが泣いていたり、お乳を欲しがったりしているとき、母親が子どもの欲求を満たしてやったり、あやしてやったりする中で、子どもは母親を信頼し、人や社会に対する信頼感の基礎が培われていく。したがって、乳児期におけるこの基本的信頼感の獲得は、それ以降の発達における対人関係の基礎となるものである。

教育二法

1954（昭和29）年、吉田茂内閣によって提出され、国会内外で強力な反対を受ける中で成立した「教育公務員特例法一部改正法」及び「義務教育諸学校における教育の政治的中立の確保に関する臨時措置法」を包括した呼称。教員の政治活動を禁止した法律。

教育課程の編成

学校教育法は、小・中学校の教科に関する事項は文部科学大臣が定めるとしている。同法施行規則によれば、小・中学校の教育課程は、同規則に定めるもののほか、教育課程の基準とされる学習指導要領によることとされている。これらは、教育の機会均等を確保し、一定の教育水準を全国的に維持するための措置であるが、教育課程の編成権の所在を規定したものではない。

教育課程の編成権について学習指導要領総則は、「各学校においては、……適切な教育課程を編成するものとする」という。このことから、学習指導要領を基準とする教育課程の編成主体は各学校である。その最終的責任、すなわち教育課程の編成権は「校務をつかさどる」校長にあるといえる。

教育支援センター（適応指導教室）

都道府県教育委員会または市町村教育委員会が設置・運営し、不登校等の児童生徒の学校復帰に向けた支援を行う機関。児童生徒の在籍校との連携を図りつつ、個別カウンセリングや集団での指導等を組織的、計画的に行う組織であるが、教育相談室のように単に相談を行うだけの施設は含まれない。2013（平成25）年度に1,286か所設置され、指導員は4,422人（約73%は非常勤）である。

教育支援センターで指導を受けた場合、一定の要件を満たせば指導要録上「出席扱い」と

される。なお、フリースクールなどの学校外施設でも一定の要件を満たすときには同様に「出席扱い」とされることが 1992（平成 4）年に文部省から通知されている。

教員の地位に関する勧告

　国際労働機構（ILO）と国際連合教育科学文化機関（ユネスコ）によって共同作成され、1966 年 10 月 5 日、ユネスコ特別政府間会議で採択された勧告。ここで「教員の地位」とは、職務の重要性によって示される社会的地位や尊敬と、他の専門職集団と比較して教員に与えられる労働条件や物質的給付等の双方を意味する。勧告文には、教員養成や現職教育、教員の権利と責任、給与や社会保障など種々の内容が取り扱われている。とりわけ、教職を専門職と規定した点でのインパクトは大きい。

教科書検定

　民間で著作・編集された図書について、法令に定める学校の目的・目標などに照らして文部科学大臣が教科書としての適否を審査し、これに合格したものを教科書として認める制度。現行の学校教育法では小・中・高等学校に適用され、文部科学大臣が別に公示する教科用図書検定基準に基づいて運用されている。

　歴史的には、1886（明治 19）年から 1902 年にかけて、検定による教科書採択が行われた。しかし、贈収賄に伴う教科書疑獄事件や、修身を中心とする国家統制の強化などを機に国定制に転じ、これが戦後教育改革期まで続いた。

　教科書検定の実質的意義は、国による教育水準の確保にあり、直接には教育課程の基準とされている学習指導要領に適合しているかどうかが審査される。その一方で、検定が子どもの学習権、表現や学問の自由、検閲の禁止等に反するとして訴訟が起こされ、30 余年にわたって争われたことがあった（家永教科書訴訟）。

クリーク （Krieck, Ernst 1882-1947）

　ドイツの教育学者。小学校教師をしつつ研究を続け、1922 年『教育の哲学』を著し、博士号を受ける。以後、小学校教師を退いて研究に専念し、教育類型学という新分野を開拓する。後にハイデルベルク大学総長に就任した。

　彼は、伝統的な教育学における技術論的性格及び文化政策の強い影響を批判し、客観的な教育事実を叙述する純粋教育科学を主張した。また、ナチス体制下の教育界の理論と実践運動の最高指導者としても活躍した。

ケイ（Key, Ellen Karolina Sofia 1849-1926）

スウェーデンの女性教育家・思想家・文明批評家。学校教育をほとんど受けず、リベラルな政治家の父と貴族出身ながらラディカルな考えをもつ母の影響を受けて育ち、父の秘書として読書や知識人らとの交友を図る中で自己の思想を確立した。私立女学校の教師、労働者のための学校の講師として教鞭を執る一方、当時隆盛していた婦人解放運動や進化論の影響を受けながら著述活動を活発に展開した。その範囲は教育、婦人問題、芸術、平和問題と幅広い。

『児童の世紀』を著し（1900）、20世紀こそは子どもの世紀であると宣言した。子どもの権利の前提を自由恋愛と優生学に求める一方、母性を女性の本質とみなし、母性保護と母親による家庭教育の重要性を指摘した。同書はドイツ語をはじめ欧米など各国語に翻訳され、世界中の注目を集めた。子どもの解放をめざす教育改革の指針となり、新教育運動、児童中心主義教育の発端の一つともなった。

ゲゼル（Gesell, Arnold Lucius 1880-1961）

アメリカの発達心理学者。児童の発達を研究するために、映画や写真を用い、発達の法則を提唱した。各年齢の発達標準の測定や発達形式を明らかにした。

一卵性双生児についての成熟と学習との関係に関する研究のほかに、狼に育てられた子どもの研究においても著名である。主著には『1歳から5歳まで』（1940）、『発達診断』（1941）などがある。

国際化社会

国際化社会において重要なのは、人々が互いの違いを認めて受け入れていく姿勢である。互いの違いを認める場合、その前提として自らを知ることが重要である。自分自身や自分の国、自分の国の文化を知らずして違いは見つけられず、ひいては違いを認めることもできない。国際化社会において重要なのは、まず第1に自分が所属する地域や国を含めた、自分自身を理解することである。教育においても、この視点を含んだ働きかけや活動を行う必要がある。

子どもの権利条約（児童権利条約）

子どもの権利宣言（児童権利宣言）30周年に当たる1989年、国連総会において全会一致で採択された条約。日本は1994（平成6）年4月の国会において批准を承認し、158番目の締結国となった。この条約は、18歳以下のすべての子どもを対象としており、プライバシーの保護や表現・結社の自由、親による虐待・放任・搾取からの保護など、多種多様な子どもの権利を保障している。この条約を積極的に生かし、「川崎市子どもの権利条例」などを制定

する自治体もみられる。

コメニウス（Comenius, Jan Amos 1592-1670）

　チェコ・モラヴィア生まれの教育家。チェコ語ではコメンスキーといい、コメニウスはラテン語名。戦乱で両親を亡くし、親戚に引き取られてボヘミア同胞教団（チェコ兄弟教団）附属学校、ドイツの大学で学び、帰国後は教団附属学校の牧師兼教師を勤めた。その間、三十年戦争によって祖国を追われポーランドに亡命、晩年はオランダに移った。

　祖国の荒廃に直面したコメニウスは、青少年の教育を通した世界平和を構想し、「万人にすべてのことを教授する」技術の確立をめざして『大教授学』（1657）を著した。これは、教育の機会均等の理念を先取りした著作としても知られる。一方、「すべてのことを教授」しようとする意図の一端は、世界最初の挿絵入り教科書『世界図絵』（1658）となって結実した。

　コメニウスは新たな知識の体系化も試み、「汎知学」として人類共通の陶冶材をまとめ、社会改革と世界平和の実現をめざした。

コンドルセ（Condorcet, Marie Jean Antoine Nicolas Caritat, Marquis de 1743-94）

　フランスの数学者・政治家・教育改革家。『積分論』などで数学者として名声を得た後、テュルゴーやヴォルテールなどの啓蒙思想家と交遊をもった。『百科全書』では経済学の項目を執筆、1782年にはアカデミー・フランセーズ会員に選出された。

　フランス革命が勃発すると政治家に転じ、当初は立憲王党派であったが、ヴァレンヌ逃亡事件以後は王制廃止に傾きジロンド派に近づいた。立法議会のジロンド与党期には財務委員や公教育委員会委員長となり、特に後者として公教育改革法案を作成し、後のフランス公教育の礎を築いた。

　しかし、国王処刑をめぐって山岳派と対立、1793年にジロンド憲法草案を作成するものの、ジロンド派の失墜と運命をともにし、恐怖政治下において逮捕令が出された。『人間精神進歩史』は逃亡中に執筆されたものであるが、完成を目前に逮捕され、服毒自殺を遂げた。

作業検査法

　心理的な質問は一切行わず、計算等の単純作業をさせ、その達成度や内容、態度から性格を測定するテスト法。加算の作業を一定時間繰り返し行った結果から性格を判断する内田クレペリン精神検査が代表的なものである。

自我同一性（アイデンティティ；identity）

　アメリカの心理学者エリクソンによれば、青年期に獲得されるべき発達深題である。青年

期における身体的発達とそれに伴う自我の発達の中で、「自分とは何者か」という問いに対して、「これが自分である」という答えを自己像として確立することができた状態をいう。

試行錯誤学習

アメリカの心理学者ソーンダイク（Thorndike, Edward Lee 1874-1949）が、ネコを問題箱に入れて実験した。ネコは、初めはでたらめな反応をしていたが、そのうち偶然に正しい行動をして箱から出ることができた。その結果、箱餌にありつけた。これを繰り返していくうちにネコは、徐々に餌を得るための行動が増え、それ以外の行動が減った。このような学習を試行錯誤学習という。

質問紙法

多くの質問項目が書かれた質問紙を被験者に回答してもらい、その結果を得点化して性格を把握する心理テスト法。性格の特徴を表す性格特性を含む質問項目からなっている。情緒の安定性と活動の向性を表す12の特性から性格を測定するYG性格検査（矢田部・ギルフォード性格検査）、5つの自我状態を表す特性から性格を測定するエゴグラムなどがある。

児童虐待

厚生労働省は、児童虐待を下表のように定義している。

身体的虐待	殴る、蹴る、投げ落とす、激しく揺さぶる、やけどを負わせる、溺れさせる、首を絞める、縄などにより一室に拘束する　など
性的虐待	子どもへの性的行為、性的行為を見せる、性器を触る又は触らせる、ポルノグラフィの被写体にする　など
ネグレクト	家に閉じ込める、食事を与えない、ひどく不潔にする、自動車の中に放置する、重い病気になっても病院に連れて行かない　など
心理的虐待	言葉による脅し、無視、きょうだい間での差別的扱い、子どもの目の前で家族に対して暴力を振るう（ドメスティック・バイオレンス：DV）　など

下表からも分かるように、児童虐待は近年増加の一途をたどり、虐待死事件も含めて社会問題化している。

児童相談所における児童虐待の対応件数の推移（相談種別）

年度	総数	身体的虐待	保護の怠慢・拒否（ネグレクト）	心理的虐待	性的虐待
2011（平成23）	59,919	21,942	18,847	17,670	1,460
12（　　24）	66,701	23,579	19,250	22,423	1,449
13（　　25）	73,802	24,245	19,627	28,348	1,582
14（　　26）	88,931	26,181	22,455	38,775	1,520
15（　　27）	103,286	28,621	24,444	48,700	1,521

出典：法務省『平成29年度版犯罪白書』4-6-1-1図

　『平成30年度版犯罪白書』によると、児童に対する殺人（無理心中等を除く）・傷害（傷害致死）・暴行・重過失致死傷・強制性交等・強制わいせつ・保護責任者遺棄・逮捕監禁・その他、の各事由により検挙された件数は、1999（平成11）年度において120件であったが、2017年度には1,116件と激増している。

　虐待が起きる主な原因としては、「親の抱える不安」（育児不安、過去に受けた虐待、パーソナリティ障害等）、「子ども自身の特性」（先天性の異常、育てにくい［かんしゃくが激しい］等）、「家族の社会的環境」（経済的不安、地域からの孤立、不安定な夫婦関係等）が挙げられる。これらは相互に関連し合っており、児童期に虐待を受けた者が親になった際に自らも虐待を行ってしまう再生産的循環に加え、バブル崩壊やリーマンショックなど、不況に伴う家庭の経済的不安（貧困）をはじめとする社会全体の閉塞感がこの問題の大きな背景の一つと考えられる。

指導要録（生徒指導要録）

　学校教育法施行規則に基づき、児童生徒の学籍や指導の過程・結果を要約して記録した公簿であって、かつては「学籍簿」とよばれた。教育評価の原簿としてその後の指導に役立たせるとともに、外部に対する証明等の際にも典拠とされる。

　指導要録における評価方法や観点等は、日頃の学習指導や評価にかかわる基本的な考え方や方法を示すものとされる。現行の学習指導要領の下で指導要録に記載すべき事項や参考様式等については、2001（平成13）年4月に、文部科学省から各教育委員会等に通知され、これに基づいて各教育委員会は、所管の学校の指導要録の様式等を定めている。

　その中には、①学籍の記録、②指導の記録、③総合的な学習、④特別教育活動、⑤行動、⑥総合所見あるいは指導上参考になる事項などの記録が含まれている。2002年度実施の教育課

程から、各教科の指導の記録は観点別評価と評定のいずれにおいても、絶対評価とすることになった。

社会教育

　基本的には、青少年の学校外教育や、学校卒業後の成人を対象とする教育活動を総称した用語（社会教育法第2条などを参照）。社会教育が実施される施設には、公民館や図書館、博物館などがある。社会教育法には、施設や事業実施の原則、職員の配置などが規定されており、教育行政機関は原則として人々の自発的学習を奨励したり環境を醸成したりする立場である。

　現在、社会教育から生涯学習に理念の拡大が図られつつある。これは、学校以外での教育の充実（社会教育）から、一生を通じた学びの体制（生涯学習体系）に移行することが求められているためである。社会教育は、生涯学習の一翼を担うものであるといえる。

自由民権運動

　明治初期、藩閥専制政治に反対し、人民の権利や自由の拡大を目標に掲げ、国会開設・憲法制定などを要求した政治運動。

　1874（明治7）年の板垣退助らによる民撰議院設立要求に始まり、当初は士族や都市知識人中心の運動であったが、次第に豪農層も加わり、国会期成同盟を中心に全国的に広まった。

　運動は1881（明治14）年に、政府から10年後の国会開設を約束する詔勅を引き出し、自由党や立憲改進党などの政党結成へと進んだが、政府の弾圧強化と運動内部の対立、福島事件や加波山事件など激化事件が相次ぐ中で衰えた。

シュプランガー（Spranger, Eduard 1882-1963）

　ドイツの哲学者・教育学者。精神科学の主唱者ディルタイとパウルゼンに師事し、ライプチヒ大学、ベルリン大学で教授を務めた。ナチス政権に批判的であったため職を追われたが、このことが後の来日の契機となる。戦後、ベルリン大学総長に就くが4か月で辞任し、46年からチュービンゲン大学で活発な著述活動を展開した。主著に『生の諸形式』（1914）、『文化と教育』（1919）などがある。

　彼によれば、人間的になるという目標のためには、悟性の代わりに魂を、知識の代わりに精神を、活動力の代わりに道徳的意欲を保持すべきである。また、精神科学は人間の価値判断を免れないと主張し、ウェーバーとの間で「価値判断論争」を展開した。

　教育を①発達の援助、②文化の伝達、③良心の覚醒と定義した彼は、教育によって良心が

覚醒される限り、文化に対する倫理的な力によって文化価値が確信され、文化は発展しうると述べた。

スーパー・サイエンス・ハイスクール（Super Science High School）

2002（平成14）年度から文部科学省によって開始された、理科・数学教育に重点を置く研究開発学校（主として高等学校）の呼称（略称SSH）。その目的は国際的な科学技術人材を養成することにある。指定期間は5年であり（2012年度までは3年）、大学等との連携を図りつつ学習指導要領によらないカリキュラムの開発・実践や、課題研究の推進、観察・実験等を通じた体験的・問題解決的な学習を国が支援する。

初年度指定校は26校であったが、2014（平成26）年度には204校（うち9校が新規校）にまで拡大されている。

なお、英語教育に重点を置く研究開発指定校スーパー・イングリッシュ・ランゲージ・ハイスクール（SELHi）事業は2009（平成21）年度をもって終了し、2014年度からは国際的素養を身に付け活躍できる人材の育成を図る「スーパー・グローバル・ハイスクール（SGH）」事業が開始された。

中央教育審議会（中教審）

1952（昭和27）年に設置された文部大臣（現文部科学大臣）の諮問機関。教育に関する文部科学大臣の問いかけ（諮問）に対し、調査や審議を経た上で意見を述べる（答申）。近年では、「21世紀を展望した我が国の教育の在り方について」の答申（1997［平成9］年）において、ゆとり教育や生きる力の育成、大学入試の多様化、中高一貫校の設置等を提言した。中教審答申の趣旨は、その後、学習指導要領など具体的な教育政策に反映され、教育現場において具体化されていく。提言の持つ影響力は大きく、その後の教育の方向性を決定する重要な審議機関である。

ティーチング・マシン（teaching machine）

アメリカの心理学者スキナー（Skinner, Burrhus Frederic 1904-90）がオペラント条件づけの理論を教育に適用した装置。解答後ただちに正誤が分かるようになっており、正答の場合には次の設問が、誤答の場合には同じ設問が出題される。この結果、正しい反応をすると正しい知識を得られる形で強化されていくことによって、学習者に正答反応が定着していく。正答反応をより定着させるために、スキナーは到達目標を細分化し、到達が分かりやすく得やすいようにするスモール・ステップの原理を応用した。

デューイ（Dewey, John 1859-1952）

アメリカ合衆国の哲学者、プラグマティズムの大成者、進歩主義教育、新教育運動の理論的指導者。ヴァーモント大学卒業後、ハイスクールで教鞭を執り、ジョンズホプキンズ大学大学院に入学した。「カントの心理学」で博士号を取得、ミシガン大学、ミネソタ大学を経てシカゴ大学に招かれた。その後、コロンビア大学に転出、『子どもとカリキュラム』（1902）、『民主主義と教育』（1916）など多くの名著を残したほか、アメリカ心理学会会長、哲学会会長、進歩主義教育協会名誉会長などを歴任した。

シカゴ大学では哲学・心理学科の主任教授に就任し、付属小学校を「実験（室）学校」として開設した。これは、プラグマティズムと哲学理論の妥当性を検証するためであった。学校は民主主義実現の期待を担う社会的機関とされ、子どもの日常生活に基づく学習活動が社会的意義をもつものとして再構成される場と見なされた。同校の実践記録は『学校と社会』（1899）としてまとめられた。

デュルケーム（Durkheim, Emile 1858-1917）

フランスの社会学者。ソルボンヌ大学で社会学及び教育学を担当。社会現象を個人的水準においてではなく、個人を越えた客観的事実としてとらえることを主張した。科学としての社会学の創設者と目されている。また、社会学の方法を教育学に適用し、従来の理念としての教育や教育技術を求める教育学を超えて、社会的事実として存在する教育を科学的に明らかにする教育科学を提唱し、教育社会学の基礎を構築した。主著に『教育と社会学』（1922）がある。

同化と調節

スイスの心理学者ピアジェ（Piaget, Jean 1896 - 1980）によって提唱された概念。同化とは、外界の構造や情報を子ども自身が既存のシェマ（認知構造）に取り入れ、それによって対象を理解することを意味する。これと対概念の関係にあるのが調節である。調節とは、外界に適合するように自身のシェマを変えていく機能をいう。ピアジェは、同化と調節によってシェマが変わることに注目し、認知の発達を説明した。

投影法

被験者にあいまいな図形等を示し、そこから感じることを自由に反応させる心理テスト法。この反応は、被験者の心の内面がその図形に反映されていると考え、反応の分析を通して被験者の性格を分析していく。左右対称のインクの染みの図版を被験者に見せて、それが何に見えるかを聞くロールシャッハ・テスト、ある一場面の図版を見せ、その図版から物語を作

らせる TAT（主題統覚テスト）、欲求不満状況のシーンを見せどのような対応をするかを見ることで欲求不満状況下での行動を判断する PF スタディ（ピクチャー・フラストレーション・スタディ）などがある。

21世紀教育新生プラン

　2000（平成 12）年に内閣総理大臣の下に設置された「教育改革国民会議」の最終報告を受け、教育改革を国政の最重要課題の 1 つに位置づけて、翌 2001 年度を「教育新生元年」とし、同年 1 月に策定された、21 世紀における取り組みの全体像を示したプラン。その中には、「学校が良くなる、教育が変わる」ための具体的な主要施策等が示されており、17 の政策課題が「人間性豊かな日本人を育成する」、「一人ひとりの才能を伸ばし、創造性に富む人間を育成する」、「新しい時代に新しい学校づくりを」、「教育振興基本計画と教育基本法」の 4 つに分類されている。同時に、参考資料として「レインボープラン〈7 つの重点戦略〉」が打ち出されている。

ニート（NEET）

　Not in Education, Employment or Training の略語。1990 年代にイギリスのブレア首相が用いたのを機に使われ始めた。「就学も就職も職業訓練もしていない」若者を意味するが、働く意志がない点でフリーターとは区別される。厚生労働省は「15 〜 34 歳の未婚の若者で、仕事も通学もしていない無業者」として、52 万人と推計している（2003 年）。ニートらの就業支援のため、2005（平成 17）年度から 5 年計画で、若者自立塾がスタートした。

ニューカマー（newcomer）

　日本で暮らす外国人のうち、近年、主として仕事を求めて日本に来た人々をいう。ニューカマーの児童生徒に関する教育問題は、児童生徒にのみ注目していては改善が難しく、その保護者も視野に入れる必要がある。例えば、多くのニューカマーは過酷な労働環境に身を置き、子どもの教育にまで配慮できない状況にあるといわれる。その結果、子どもは両親とかかわり合う機会が乏しくなり、自国の言語や文化を知ることが難しくなる状況も生じている。保護者の勤労条件の改善や支援なども重要な課題である。

ハヴィガースト（Havighurst, Robert James 1900-91）

　アメリカの発達心理学者。シカゴ大学教授。元々は物理学や化学を専攻し、ハーバード大学等で物理学を教授した。後に、オハイオ州立大学実験学校で理科教師に従事するうちに人間の発達問題に関心を抱き、教育学や社会科学の領域に移行する。

彼の業績は、発達心理学分野に発達課題という概念を普及・定着させたことと、人間の一生の発達段階についての実証的研究を行ったことにある。彼によれば、発達課題とは個人の欲求と社会の欲求の中間にあるものであって、2つの対立する教育的要請—自由と強制—を止揚する有用な概念であるという。主著は『人間の発達課題と教育』(1952)。

バズ学習

「バズ (buzz)」という英単語は、蜂などの虫が飛ぶときに発する羽音を表す。バズ学習とは、アメリカのフィリップが考案したバズ・セッションを、1962年に塩田芳久が教科学習に採り入れた方法をいう。ブンブン言い合うがごとく、児童生徒が小グループに分かれ、自由に意見をたたかわせ討議しながら学習が進められる。6人ずつの小グループが6分間話し合うところから、6—6討議とも呼ばれる。一部の子どもに発言が支配されることなく、消極的な子どもも主体的に討議（学習）にかかわる、という効果が期待される学習方法である。

パーソンズ (Parsons, Talcott 1902-79)

アメリカを代表する理論社会学者。アーマスト・カレッジを卒業後、ロンドン大学経済学部、ハイデルベルク大学に留学し、ヨーロッパの社会科学を研究した。帰米後はハーバード大学で教鞭を執った。行為の規範的側面を強調した「主意主義的行為論」を提唱し、社会学において一般システム論を取り入れることの必要性を認識して社会システム論を展開した。

第2次世界大戦後の社会学を主導した人物としても知られる。主著に『社会的行為の構造』(1937)、『社会体系論』(1951)、『経済と社会』(1956) などがある。

貧困・子どもの貧困

現代日本で社会問題化しているものは「相対的貧困」といい、一定基準以下の等価可処分所得しか得ていない世帯が被る身体的・心理的・教育的、その他の社会的な不利益が大きく注目されている。"子どもの貧困"は、等価可処分所得が一定基準以下の子どもを指す。つまり、貧困世帯の子どもを指す言葉である。厚生労働省『平成28年国民生活基礎調査結果の概況』によれば、2015（平成27）年時点での相対的貧困率は15.6%、子どもの貧困率は13.9%であり、いずれもバブル崩壊以降漸増傾向にあるが、1985年以降10〜16%の間で推移している。

なお、ひとり親世帯の貧困率は一貫して50%を超えて推移しており、ひとり親世帯の経済的ハンディが浮き彫りとなっている。

フレーベル（Fröbel, Friedrich Wilhelm August 1782-1852）

　幼稚園の創始者。ドイツ・チュービンゲン地方に生まれ、測量技師、私設秘書、家庭教師、義勇兵、大学助手などを経験、その間、ペスタロッチのイヴェルドン学園を訪れた。「一般ドイツ教育舎」を開設し（1816）、その地で万有在神論に基づく『人間の教育』（1826）のための諸原則をまとめた。財政難で学園は閉鎖されたが、その後、スイスでいくつかの学園や孤児院の運営にかかわった。

　幼児教育への関心を深めて「幼児と青少年の遊戯作業施設」を開設し、教育玩具の考案・製作、学園誌の発行、実践指導者養成、実地教育等に取り組んだ。施設の一部は「一般ドイツ幼稚園」と命名された（1840）。彼の「恩物」（教育遊具、神の賜物の意）論は、幼児教育に大きな影響を与えた。

　その思想や宗教観の革新性などが危険視されて幼稚園禁止令が発布され、これが解かれたのはフレーベル死去の8年後であった。

ペスタロッチ（Pestalozzi, Johann Heinrich 1746-1827）

　スイスの教育家。青年時代にフランス啓蒙主義、とりわけルソーの影響を強く受け、社会改革と民衆の人間的救済を決意し、農場経営や貧民学校を開設するがいずれも失敗。以後著作活動に専念し『隠者の夕暮れ』（1780）や『リーンハルトとゲルトルート』（1781-87）などを著し、文名をあげた。

　1789年、革命政府の依頼でシュタンツの孤児・貧児収容施設の運営を任され、民衆救済のための教育方法を模索した。その成果を主著『ゲルトルート児童教育法』（1801）にまとめて、教育家ペスタロッチの名声を確立、ヘルバルトやフレーベルらに多大の影響を与えた。彼は、人間の知・徳・体の諸能力の調和的発展の基本は家庭及び万人就学の小学校での基礎陶冶にあり、その方法は直観・自発的活動・作業と学習の結合に基づくべきであると説いた。

ヘルバルト（Herbart, Johann Friedrich 1776-1841）

　ドイツの哲学者・教育学者で、ゲッティンゲン大学の哲学講座など生涯の多くを大学の教壇で過ごした。主著『一般教育学』（1806）においては、教育の目的を倫理学に、方法論を心理学に求めて教育学の体系の確立をめざした。子どもに「多方面の興味」を与えることによって、「道徳的品性の陶冶」を図れると考え、その方法原理の探究に努めた。

　彼によれば、授業は管理、教育的教授、訓練からなる。教育的教授は知識・技能の習得と道徳観の形成の両機能を担うものであって、段階的に行われなければならない。①明瞭、②連合、③系統、④方法の4段階は、認識作用一般の発展形式であるという。

　この理論は『教育学講義綱要』（1835）によって補完され、死後には後継者のツィラーやラ

インによって5段階教授法に発展された。ヘルバルト派の理論は明治期の日本にも持ち込まれ、多くの師範学校で教授された。しかし、彼の精緻な理論は深く理解されず、しばしば形式主義をもたらした。

ポートフォリオ評価

「ポートフォリオ（portfolio）」とは、直訳すれば、書類やデッサン等をまとめるケースであるが、学習評価においては、学習者の過去の経験や達成してきたことを蓄積した情報ファイルを指す。具体的には、学習活動の中で作成したプリントや新聞、テーマ決定までのメモや目標達成のための具体的なプラン、感想や自己評価などを、ある目標に従って取捨選択した集大成である。これらをもとにした評価は特に総合的な学習の時間に行われている。この評価法により、子ども1人ひとりの成長・発達のプロセスがとらえられるだけでなく、児童生徒本人も自らの育ちを振り返り評価する力を養うことができる。

マイホーム主義

高度経済成長期において、大衆消費社会を目指す体制の中で、マイホームやマイカーなどの消費財を、家族を一つにまとめあげる紐帯として位置づけた。この体制の中で、夫あるいは父親は仕事中毒の企業戦士となって働き、妻あるいは母親は専業主婦、そして子どもに少しでも高い学歴を付けさせるために教育ママとなり、子どももまた、高い学歴と一流企業を目指して勉学に励むシステムが作られていった。しかし、このようなマイホーム主義も、1973（昭和48）年のオイルショック以後、企業や産業、経済の変化とともに次第に崩壊していった。

マードック（Murdock, George Peter 1897-1985）

アメリカの文化人類学者。1917年にイェール大学卒業、1925年に社会学博士号を取得。メリーランド大学講師の後イェール大学にもどり、1939年に人類学教授、1960年からはピッツバーグ大学教授。1952年アメリカ民族学会会長、1955年アメリカ人類学協会会長を歴任。

通文化的比較に関心をもち、世界中の民族の人間関係についての文献を収集・分類する"Human Relation Area Files"（略称HRAF）作成に寄与した。250の社会の資料により親族関係の構成要素の相互関連を統計的手法によって明らかにしようとした。また、核家族の普遍性も強調した。しかし、社会的背景から切り離された要素間の統計的量的比較に意味があるのか、核家族とは本当に普遍的なものなのかといった点には異議も多い。

モニトリアル・システム（助教法；monitorial system）

19世紀初頭のイギリスで、ベル（Bell, Andrew 1753-1832）とランカスター（Lancaster,

Joseph 1778-1838）によって開発された教授法。班分けされた各班に、年長生徒あるいは比較的理解の進んだ生徒をモニター（助教）として1人ずつ配置し、教師が生徒全体に教授を行った後に、助教が各班の生徒1人1人に学習内容を暗記したかどうかチェックするというものである。学習理解の進んだ生徒がモニターであるからといって、教え方が長けているとは限らず、生徒依存の教授法であるとの批判もある。

森 有礼（弘化4［1847］～明治22［1889］）

　明治初期の外交官、のち初代文部大臣。薩摩出身。

　幕末に薩摩藩留学生として渡英。その後米国に渡り、法律学やキリスト教を学ぶ。維新後帰朝し、外務少輔・清国公使・外務大輔を歴任、1879（明治12）年英国公使に就任した。その間、福沢諭吉・西周らの啓蒙的知識人を結集して「明六社」を結成し、機関誌『明六雑誌』を発刊して啓蒙運動に努めた。

　1885（明治18）年第1次伊藤内閣の文部大臣となり、帝国大学令以下の学校令を公布して学制の改革を行った。その文教政策は国家主義的であったが、有礼自身は西洋的・開明的で自由主義的な思想をもっていた。廃刀論、英語を国語として採用しようとしたこと、蓄妾制を非難した妻妾論などはその例である。

　1889（明治22）年の憲法発布の日、国粋主義者西野文太郎に襲われ、翌日死亡した。

ラポール（rapport）

　相談をするクライエントと相談を受ける者との間に、相互尊敬や相互信頼がある状態。

ラングラン（Lengrand, Paul 1910-2003）

　フランスの思想家、教育学者。第1次・第2次の両世界大戦を経験、ソルボンヌ大学を卒業した後者の戦時中、レジスタンスに身を投じ、戦後はモントリオール大学でフランス思想史を講じた。

　1950年に国際連合教育科学文化機関（ユネスコ）に入り、1955年からは成人教育部長を務めた。1965年、成人教育国際推進委員会（パリ）の席上、「生涯教育」（l'éducation permanente）の構想を発表、全会一致で賛同を得た。同委員会には世界の成人教育の重要人物が一堂に会していたこともあり、生涯教育はユネスコの基本構想の一つとして取り上げられるようになり、のち国際的にも広く受け入れられるようになった。彼の構想の特色は教育の垂直的・水平的統合にある。すなわち、学校と社会教育との区分を緩やかにし、生涯にわたって教育を行えるようにしようとした。

その著『生涯教育入門』は波多野完治によって邦訳され、1970年に来日、日本の成人教育、社会教育にも大きな影響を与えた。

臨時教育審議会（臨教審）

1984（昭和59）年から87年にかけて総理府（現内閣府）に設置された、中曽根康弘首相（当時）直属の諮問機関。同審議会の目的は、社会の変化や発展に対応した教育のあり方を探求することであった。同審議会は4次にわたる答申を提出し、教育改革に関する基本的な考え方を提示した。そこでは、①生涯学習体系への移行、②個性の重視、③国際化・情報化などの社会状況の変化への対応の3つの原則が示された。

ルソー（Rousseau, Jean-Jacques 1712-78）

フランス啓蒙運動期の思想家。ジュネーブの時計師の子として生まれた。16歳で出奔、各地を放浪の後、パリに出てディドロ（Diderot, D.）と親交をもつ。38歳のときアカデミー懸賞論文に『学問芸術論』（1750）によって当選し、一躍世に知られるようになる。その後『人間不平等起源論』（1755）、『社会契約論』（1762）、『エミール』（同）などの問題作を次々と発表した。彼は社会制度の不合理や宗教的狂信を批判し、人間理性に訴える点では当時の啓蒙思想家たちと一致していたが、理性の万能を説くよりは理性の限界と、理性を導く内面的感情＝良心の原理を強調した点では彼らとは一線を画していた。彼の思想は、政治、文学、教育などさまざまな領域で大きな影響を与えた。

ワトソン（Watson, John Broadus 1878-1958）

アメリカの心理学者。シカゴ大学でデューイから教育哲学などを学ぶ。シカゴ大学を経てジョンズ・ホプキンス大学教授。後には大学を去り、ニューヨークで実業界に入った。

彼は心理学を、行動を扱う自然科学として位置づけ、意識や観念を研究対象から排除して、刺激―反応の因果関係に基づく行動主義を唱えた。著書に、『行動主義者による心理学』（1913）、『行動主義』（1924）などがある。

2.　日本国憲法（抄）

　日本国民は、正当に選挙された国会における代表者を通じて行動し、われらとわれらの子孫のために、諸国民との協和による成果と、わが国全土にわたつて自由のもたらす恵沢を確保し、政府の行為によつて再び戦争の惨禍が起ることのないやうにすることを決意し、ここに主権が国民に存することを宣言し、この憲法を確定する。そもそも国政は、国民の厳粛な信託によるものであつて、その権威は国民に由来し、その権力は国民の代表者がこれを行使し、その福利は国民がこれを享受する。これは人類普遍の原理であり、この憲法は、かかる原理に基くものである。われらは、これに反する一切の憲法、法令及び詔勅を排除する。

　日本国民は、恒久の平和を念願し、人間相互の関係を支配する崇高な理想を深く自覚するのであつて、平和を愛する諸国民の公正と信義に信頼して、われらの安全と生存を保持しようと決意した。われらは、平和を維持し、専制と隷従、圧迫と偏狭を地上から永遠に除去しようと努めてゐる国際社会において、名誉ある地位を占めたいと思ふ。われらは、全世界の国民が、ひとしく恐怖と欠乏から免かれ、平和のうちに生存する権利を有することを確認する。

　われらは、いづれの国家も、自国のことのみに専念して他国を無視してはならないのであつて、政治道徳の法則は、普遍的なものであり、この法則に従ふことは、自国の主権を維持し、他国と対等関係に立たうとする各国の責務であると信ずる。

　日本国民は、国家の名誉にかけ、全力をあげてこの崇高な理想と目的を達成することを誓ふ。

第11条（基本的人権の享有）国民は、すべての基本的人権の享有を妨げられない。この憲法が国民に保障する基本的人権は、侵すことのできない永久の権利として、現在及び将来の国民に与へられる。

第12条（自由・権利の保持の責任とその濫用の禁止）この憲法が国民に保障する自由及び権利は、国民の不断の努力によつて、これを保持しなければならない。又、国民は、これを濫用してはならないのであつて、常に公共の福祉のためにこれを利用する責任を負ふ。

第13条（個人の尊重と公共の福祉）すべて国民は、個人として尊重される。生命、自由及び幸福追求に対する国民の権利については、公共の福祉に反しない限り、立法その他の国政の上で、最大の尊重を必要とする。

第14条（法の下の平等）すべて国民は、法の下に平等であつて、人種、信条、性別、社会的身分又は門地により、政治的、経済的又は社会的関係において、差別されない。

第19条（思想及び良心の自由）思想及び良心の自由は、これを侵してはならない。

第20条（信教の自由、国の宗教活動の禁止）信教の自由は、何人に対してもこれを保障する。いかなる宗教団体も、国から特権を受け、又は政治上の権力を行使してはならない。

2　何人も、宗教上の行為、祝典、儀式又は行事に参加することを強制されない。

3　国及びその機関は、宗教教育その他いかなる宗教的活動もしてはならない。

第23条（学問の自由）学問の自由は、これを保障する。

第25条（生存権、国の生存権保障義務）すべて国民は、健康で文化的な最低限度の生活を営む権利を有する。

2　国は、すべての生活部面について、社会福祉、社会保障及び公衆衛生の向上及び増進に努めなければならない。

第26条（教育を受ける権利、教育を受けさせる義務、義務教育の無償）すべて国民は、法律の定めるところにより、その能力に応じて、ひとしく教育を受ける権利を有する。
2　すべて国民は、法律の定めるところにより、その保護する子女に普通教育を受けさせる義務を負ふ。義務教育は、これを無償とする。

第27条（勤労の権利・義務、勤労条件の基準、児童酷使の禁止）すべて国民は、勤労の権利を有し、義務を負ふ。
2　賃金、就業時間、休息その他の勤労条件に関する基準は、法律でこれを定める。
3　児童は、これを酷使してはならない。

3.　教育基本法
（平成18年12月22日法律第120号）

　我々日本国民は、たゆまぬ努力によって築いてきた民主的で文化的な国家を更に発展させるとともに、世界の平和と人類の福祉の向上に貢献することを願うものである。
　我々は、この理想を実現するため、個人の尊厳を重んじ、真理と正義を希求し、公共の精神を尊び、豊かな人間性と創造性を備えた人間の育成を期するとともに、伝統を継承し、新しい文化の創造を目指す教育を推進する。
　ここに、我々は、日本国憲法の精神にのっとり、我が国の未来を切り拓く教育の基本を確立し、その振興を図るため、この法律を制定する。

第1章　教育の目的及び理念

第1条（教育の目的）教育は、人格の完成を目指し、平和で民主的な国家及び社会の形成者として必要な資質を備えた心身ともに健康な国民の育成を期して行われなければならない。

第2条（教育の目標）教育は、その目的を実現するため、学問の自由を尊重しつつ、次に掲げる目標を達成するよう行われるものとする。
一　幅広い知識と教養を身に付け、真理を求める態度を養い、豊かな情操と道徳心を培うとともに、健やかな身体を養うこと。
二　個人の価値を尊重して、その能力を伸ばし、創造性を培い、自主及び自律の精神を養うとともに、職業及び生活との関連を重視し、勤労を重んずる態度を養うこと。
三　正義と責任、男女の平等、自他の敬愛と協力を重んずるとともに、公共の精神に基づき、主体的に社会の形成に参画し、その発展に寄与する態度を養うこと。
四　生命を尊び、自然を大切にし、環境の保全に寄与する態度を養うこと。
五　伝統と文化を尊重し、それらをはぐくんできた我が国と郷土を愛するとともに、他国を尊重し、国際社会の平和と発展に寄与する態度を養うこと。

第3条（生涯学習の理念）国民一人一人が、自己の人格を磨き、豊かな人生を送ることができるよう、その生涯にわたって、あらゆる機会に、あらゆる場所において学習することができ、その成果を適切に生かすことのできる社会の実現が図られなければならない。

第4条（教育の機会均等）すべて国民は、ひとしく、その能力に応じた教育を受ける機会を与えられなければならず、人種、信条、性別、社会的身分、経済的地位又は門

地によって、教育上差別されない。

2　国及び地方公共団体は、障害のある者が、その障害の状態に応じ、十分な教育を受けられるよう、教育上必要な支援を講じなければならない。

3　国及び地方公共団体は、能力があるにもかかわらず、経済的理由によって修学が困難な者に対して、奨学の措置を講じなければならない。

第2章　教育の実施に関する基本

第5条（義務教育）国民は、その保護する子に、別に法律で定めるところにより、普通教育を受けさせる義務を負う。

2　義務教育として行われる普通教育は、各個人の有する能力を伸ばしつつ社会において自立的に生きる基礎を培い、また、国家及び社会の形成者として必要とされる基本的な資質を養うことを目的として行われるものとする。

3　国及び地方公共団体は、義務教育の機会を保障し、その水準を確保するため、適切な役割分担及び相互の協力の下、その実施に責任を負う。

4　国又は地方公共団体の設置する学校における義務教育については、授業料を徴収しない。

第6条（学校教育）法律に定める学校は、公の性質を有するものであって、国、地方公共団体及び法律に定める法人のみが、これを設置することができる。

2　前項の学校においては、教育の目標が達成されるよう、教育を受ける者の心身の発達に応じて、体系的な教育が組織的に行われなければならない。この場合において、教育を受ける者が、学校生活を営む上で必要な規律を重んずるとともに、自ら進んで学習に取り組む意欲を高めることを重視して行われなければならない。

第7条（大学）大学は、学術の中心として、高い教養と専門的能力を培うとともに、深く真理を探究して新たな知見を創造し、これらの成果を広く社会に提供することにより、社会の発展に寄与するものとする。

2　大学については、自主性、自律性その他の大学における教育及び研究の特性が尊重されなければならない。

第8条（私立学校）私立学校の有する公の性質及び学校教育において果たす重要な役割にかんがみ、国及び地方公共団体は、その自主性を尊重しつつ、助成その他の適当な方法によって私立学校教育の振興に努めなければならない。

第9条（教員）法律に定める学校の教員は、自己の崇高な使命を深く自覚し、絶えず研究と修養に励み、その職責の遂行に努めなければならない。

2　前項の教員については、その使命と職責の重要性にかんがみ、その身分は尊重され、待遇の適正が期せられるとともに、養成と研修の充実が図られなければならない。

第10条（家庭教育）父母その他の保護者は、子の教育について第一義的責任を有するものであって、生活のために必要な習慣を身に付けさせるとともに、自立心を育成し、心身の調和のとれた発達を図るよう努めるものとする。

2　国及び地方公共団体は、家庭教育の自主性を尊重しつつ、保護者に対する学習の機会及び情報の提供その他の家庭教育を支援するために必要な施策を講ずるよう努めなければならない。

第11条（幼児期の教育）幼児期の教育は、生涯にわたる人格形成の基礎を培う重要なものであることにかんがみ、国及び地方公共団体は、幼児の健やかな成長に資する良好な環境の整備その他適当な方法によって、その振興に努めなければならない。

第12条（社会教育）個人の要望や社会の要請にこたえ、社会において行われる教育は、国及び地方公共団体によって奨励されなければならない。

2　国及び地方公共団体は、図書館、博物館、公民館その他の社会教育施設の設置、学校の施設の利用、学習の機会及び情報の提供その他の適当な方法によって社会教育の振興に努めなければならない。

第13条（学校、家庭及び地域住民等の相互の連携協力）学校、家庭及び地域住民その他の関係者は、教育におけるそれぞれの役割と責任を自覚するとともに、相互の連携及び協力に努めるものとする。

第14条（政治教育）良識ある公民として必要な政治的教養は、教育上尊重されなければならない。

2　法律に定める学校は、特定の政党を支持し、又はこれに反対するための政治教育その他政治的活動をしてはならない。

第15条（宗教教育）宗教に関する寛容の態度、宗教に関する一般的な教養及び宗教の社会生活における地位は、教育上尊重されなければならない。

2　国及び地方公共団体が設置する学校は、特定の宗教のための宗教教育その他宗教的活動をしてはならない。

第3章　教育行政

第16条（教育行政）教育は、不当な支配に服することなく、この法律及び他の法律の定めるところにより行われるべきものであり、教育行政は、国と地方公共団体との適切な役割分担及び相互の協力の下、公正かつ適正に行われなければならない。

2　国は、全国的な教育の機会均等と教育水準の維持向上を図るため、教育に関する施策を総合的に策定し、実施しなければならない。

3　地方公共団体は、その地域における教育の振興を図るため、その実情に応じた教育に関する施策を策定し、実施しなければならない。

4　国及び地方公共団体は、教育が円滑かつ継続的に実施されるよう、必要な財政上の措置を講じなければならない。

第17条（教育振興基本計画）政府は、教育の振興に関する施策の総合的かつ計画的な推進を図るため、教育の振興に関する施策についての基本的な方針及び講ずべき施策その他必要な事項について、基本的な計画を定め、これを国会に報告するとともに、公表しなければならない。

2　地方公共団体は、前項の計画を参酌し、その地域の実情に応じ、当該地方公共団体における教育の振興のための施策に関する基本的な計画を定めるよう努めなければならない。

第4章　法令の制定

第18条　この法律に規定する諸条項を実施するため、必要な法令が制定されなければならない。

4.　学校教育法（抄）

（昭和22年3月31日法律第26号）
最終改正：平成30年6月1日法律第39号

第1章　総則

第1条　この法律で、学校とは、幼稚園、小学校、中学校、義務教育学校、高等学校、中等教育学校、特別支援学校、大学及び高等専門学校とする。

第2条　学校は、国、地方公共団体及び私立学校法第3条に規定する学校法人（以下学

校法人と称する。）のみが、これを設置することができる。

2　この法律で、国立学校とは、国の設置する学校を、公立学校とは、地方公共団体の設置する学校を、私立学校とは、学校法人の設置する学校をいう。

第6条　学校においては、授業料を徴収することができる。ただし、国立又は公立の小学校及び中学校、義務教育学校、中等教育学校の前期課程又は特別支援学校の小学部及び中学部における義務教育については、これを徴収することができない。

第7条　学校には、校長及び相当数の教員を置かなければならない。

第8条　校長及び教員の資格に関する事項は、別に法律で定めるもののほか、文部科学大臣がこれを定める。

第9条　次の各号のいずれかに該当する者は、校長又は教員となることができない。
一　成年被後見人又は被保佐人
二　禁錮以上の刑に処せられた者
三　教育職員免許法第10条第1項第2号又は第3号に該当することにより免許状がその効力を失い、当該失効の日から3年を経過しない者
四　教育職員免許法第11条第1項から第3項までの規定により免許状取上げの処分を受け、3年を経過しない者
五　日本国憲法施行の日以後において、日本国憲法又はその下に成立した政府を暴力で破壊することを主張する政党その他の団体を結成し、又はこれに加入した者

第11条　校長及び教員は、教育上必要があると認めるときは、文部科学大臣の定めるところにより、児童、生徒及び学生に懲戒を加えることができる。ただし、体罰を加えることはできない。

第12条　学校においては、別に法律で定めるところにより、幼児、児童、生徒及び学生並びに職員の健康の保持増進を図るため、健康診断を行い、その他その保健に必要な措置を講じなければならない。

第2章　義務教育

第16条　保護者は、次条に定めるところにより、子に9年の普通教育を受けさせる義務を負う。

第17条　保護者は、子の満6歳に達した日の翌日以後における最初の学年の初めから、満12歳に達した日の属する学年の終わりまで、これを小学校、義務教育学校の前期課程又は特別支援学校の小学部に就学させる義務を負う。ただし、子が、満12歳に達した日の属する学年の終わりまでに小学校、義務教育学校の前期課程又は特別支援学校の小学部の課程を修了しないときは、満15歳に達した日の属する学年の終わり（それまでの間においてこれらの課程を修了したときは、その修了した日の属する学年の終わり）までとする。

2　保護者は、子が小学校、義務教育学校の前期課程又は特別支援学校の小学部の課程を修了した日の翌日以後における最初の学年の初めから、満15歳に達した日の属する学年の終わりまで、これを中学校、義務教育学校の後期課程、中等教育学校の前期課程又は特別支援学校の中学部に就学させる義務を負う。

第18条　前条第1項又は第2項の規定によつて、保護者が就学させなければならない子で、病弱、発育不完全その他やむを得ない事由のため、就学困難と認められる者の保護者に対しては、市町村の教育委員会は、文部科学大臣の定めるところにより、同条第1項又は第2項の義務を猶予又は免除することができる。

第19条　経済的理由によつて、就学困難と認められる学齢児童又は学齢生徒の保護者に対しては、市町村は、必要な援助を与えなければならない。

第20条　学齢児童又は学齢生徒を使用する者は、その使用によつて、当該学齢児童又は学齢生徒が、義務教育を受けることを妨げてはならない。

第21条　義務教育として行われる普通教育は、教育基本法第5条第2項に規定する目的を実現するため、次に掲げる目標を達成するよう行われるものとする。

一　学校内外における社会的活動を促進し、自主、自律及び協同の精神、規範意識、公正な判断力並びに公共の精神に基づき主体的に社会の形成に参画し、その発展に寄与する態度を養うこと。

二　学校内外における自然体験活動を促進し、生命及び自然を尊重する精神並びに環境の保全に寄与する態度を養うこと。

三　我が国と郷土の現状と歴史について、正しい理解に導き、伝統と文化を尊重し、それらをはぐくんできた我が国と郷土を愛する態度を養うとともに、進んで外国の文化の理解を通じて、他国を尊重し、国際社会の平和と発展に寄与する態度を養うこと。

四　家族と家庭の役割、生活に必要な衣、食、住、情報、産業その他の事項について基礎的な理解と技能を養うこと。

五　読書に親しませ、生活に必要な国語を正しく理解し、使用する基礎的な能力を養うこと。

六　生活に必要な数量的な関係を正しく理解し、処理する基礎的な能力を養うこと。

七　生活にかかわる自然現象について、観察及び実験を通じて、科学的に理解し、処理する基礎的な能力を養うこと。

八　健康、安全で幸福な生活のために必要な習慣を養うとともに、運動を通じて体力を養い、心身の調和的発達を図ること。

九　生活を明るく豊かにする音楽、美術、文芸その他の芸術について基礎的な理解と技能を養うこと。

十　職業についての基礎的な知識と技能、勤労を重んずる態度及び個性に応じて将来の進路を選択する能力を養うこと。

第3章　幼稚園

第22条　幼稚園は、義務教育及びその後の教育の基礎を培うものとして、幼児を保育し、幼児の健やかな成長のために適当な環境を与えて、その心身の発達を助長することを目的とする。

第23条　幼稚園における教育は、前条に規定する目的を実現するため、次に掲げる目標を達成するよう行われるものとする。

一　健康、安全で幸福な生活のために必要な基本的な習慣を養い、身体諸機能の調和的発達を図ること。

二　集団生活を通じて、喜んでこれに参加する態度を養うとともに家族や身近な人への信頼感を深め、自主、自律及び協同の精神並びに規範意識の芽生えを養うこと。

三　身近な社会生活、生命及び自然に対する興味を養い、それらに対する正しい理解と態度及び思考力の芽生えを養うこと。

四　日常の会話や、絵本、童話等に親しむことを通じて、言葉の使い方を正しく導くとともに、相手の話を理解しようとする態度を養うこと。

五　音楽、身体による表現、造形等に親しむことを通じて、豊かな感性と表現力の芽生えを養うこと。

第24条　幼稚園においては、第22条に規定する目的を実現するための教育を行うほか、幼児期の教育に関する各般の問題につき、保護者及び地域住民その他の関係者からの相談に応じ、必要な情報の提供及び助言を行うなど、家庭及び地域における幼児期の教育の支援に努めるものとする。

第25条　幼稚園の教育課程その他の保育内容に関する事項は、第22条及び第23条の規定に従い、文部科学大臣が定める。

第26条　幼稚園に入園することのできる者は、満3歳から、小学校就学の始期に達するまでの幼児とする。

第27条　幼稚園には、園長、教頭及び教諭を置かなければならない。
2　幼稚園には、前項に規定するもののほか、副園長、主幹教諭、指導教諭、養護教諭、栄養教諭、事務職員、養護助教諭その他必要な職員を置くことができる。
4　園長は、園務をつかさどり、所属職員を監督する。
6　教頭は、園長を助け、園務を整理し、及び必要に応じ幼児の保育をつかさどる。
9　教諭は、幼児の保育をつかさどる。
10　特別の事情のあるときは、第一項の規定にかかわらず、教諭に代えて助教諭又は講師を置くことができる。〈以下略〉

第4章　小学校

第29条　小学校は、心身の発達に応じて、義務教育として行われる普通教育のうち基礎的なものを施すことを目的とする。

第30条　小学校における教育については、前条に規定する目的を実現するために必要な程度において第21条各号に掲げる目標を達成するよう行われるものとする。
2　前項の場合においては、生涯にわたり学習する基盤が培われるよう、基礎的な知識及び技能を習得させるとともに、これらを活用して課題を解決するために必要な思考力、判断力、表現力その他の能力をはぐくみ、主体的に学習に取り組む態度を養うことに、特に意を用いなければならない。

第31条　小学校においては、前条第1項の規定による目標の達成に資するよう、教育

指導を行うに当たり、児童の体験的な学習活動、特にボランティア活動など社会奉仕体験活動、自然体験活動その他の体験活動の充実に努めるものとする。この場合において、社会教育関係団体その他の関係団体及び関係機関との連携に十分配慮しなければならならない。

第32条　小学校の修業年限は、6年とする。

第33条　小学校の教育課程に関する事項は、第29条及び第30条の規定に従い、文部科学大臣が定める。

第34条　小学校においては、文部科学大臣の検定を経た教科用図書又は文部科学省が著作の名義を有する教科用図書を使用しなければならない。
2　前項の教科用図書以外の図書その他の教材で、有益適切なものは、これを使用することができる。

第35条　市町村の教育委員会は、次に掲げる行為の1又は2以上を繰り返し行う等性行不良であつて他の児童の教育に妨げがあると認める児童があるときは、その保護者に対して、児童の出席停止を命ずることができる。
一　他の児童に傷害、心身の苦痛又は財産上の損失を与える行為
二　職員に傷害又は心身の苦痛を与える行為
三　施設又は設備を損壊する行為
四　授業その他の教育活動の実施を妨げる行為
2　市町村の教育委員会は、前項の規定により出席停止を命ずる場合には、あらかじめ保護者の意見を聴取するとともに、理由及び期間を記載した文書を交付しなければならない。
4　市町村の教育委員会は、出席停止の命令に係る児童の出席停止の期間における学習に対する支援その他の教育上必要な措置を講ずるものとする。

第37条　小学校には、校長、教頭、教諭、養護教諭及び事務職員を置かなければならない。

2　小学校には、前項に規定するもののほか、副校長、主幹教諭、指導教諭、栄養教諭その他必要な職員を置くことができる。

3　第1項の規定にかかわらず、副校長を置くときその他特別の事情のあるときは教頭を、養護をつかさどる主幹教諭を置くときは養護教諭を、特別の事情のあるときは事務職員を、それぞれ置かないことができる。

4　校長は、校務をつかさどり、所属職員を監督する。

5　副校長は、校長を助け、命を受けて校務をつかさどる。

6　副校長は、校長に事故があるときはその職務を代理し、校長が欠けたときはその職務を行う。

7　教頭は、校長（及び副校長）を助け、校務を整理し、及び必要に応じ児童の教育をつかさどる。

8　教頭は、校長（及び副校長）に事故があるときはその職務を代理し、校長（及び副校長）が欠けたときはその職務を行う。

9　主幹教諭は、校長（及び副校長）及び教頭を助け、命を受けて校務の一部を整理し、並びに児童の教育をつかさどる。

10　指導教諭は、児童の教育をつかさどり、並びに教諭その他の職員に対して、教育指導の改善及び充実のために必要な指導及び助言を行う。

11　教諭は、児童の教育をつかさどる。〈以下略〉

第38条　市町村は、その区域内にある学齢児童を就学させるに必要な小学校を設置しなければならない。

第5章　中学校

第45条　中学校は、小学校における教育の基礎の上に、心身の発達に応じて、義務教育として行われる普通教育を施すことを目的とする。

第46条　中学校における教育は、前条に規定する目的を実現するため、第21条各号に掲げる目標を達成するよう行われるものとする。

第47条　中学校の修業年限は、3年とする。

第48条　中学校の教育課程に関する事項は、第45条及び第46条…〈中略〉…の規定に従い、文部科学大臣が定める。

第5章の2　義務教育学校

第49条の2　義務教育学校は、心身の発達に応じて、義務教育として行われる普通教育を基礎的なものから一貫して施すことを目的とする。

第49条の3　義務教育学校における教育は、前条に規定する目的を実現するため、第21条各号に掲げる目標を達成するよう行われるものとする。

第49条の4　義務教育学校の修業年限は、9年とする。

第49条の5　義務教育学校の課程は、これを前期6年の前期課程及び後期3年の後期課程に区分する。

第49条の6　義務教育学校の前期課程における教育は、第49条の2に規定する目的のうち、心身の発達に応じて、義務教育として行われる普通教育のうち基礎的なものを施すことを実現するために必要な程度において第21条各号に掲げる目標を達成するよう行われるものとする。

2　義務教育学校の後期課程における教育は、第49条の2に規定する目的のうち、前期課程における教育の基礎の上に、心身の発達に応じて、義務教育として行われる普通教

育を施すことを実現するため、第21条各号に掲げる目標を達成するよう行われるものとする。

第49条の7　義務教育学校の前期課程及び後期課程の教育課程に関する事項は、第49条の2、第49条の3及び前条の規定並びに次条において読み替えて準用する第30条第2項の規定に従い、文部科学大臣が定める。

第49条の8　第30条第2項、第31条、第34条から第37条まで及び第42条から第44条までの規定は…〈中略〉…準用する。この場合において、第30条第2項中「前項」とあるのは…〈中略〉…読み替えるものとする。

　　　第6章　高等学校

第50条　高等学校は、中学校における教育の基礎の上に、心身の発達及び進路に応じて、高度な普通教育及び専門教育を施すことを目的とする。

第51条　高等学校における教育は、前条に規定する目的を実現するため、次に掲げる目標を達成するよう行われるものとする。
一　義務教育として行われる普通教育の成果を更に発展拡充させて、豊かな人間性、創造性及び健やかな身体を養い、国家及び社会の形成者として必要な資質を養うこと。
二　社会において果たさなければならない使命の自覚に基づき、個性に応じて将来の進路を決定させ、一般的な教養を高め、専門的な知識、技術及び技能を習得させること。
三　個性の確立に努めるとともに、社会について、広く深い理解と健全な批判力を養い、社会の発展に寄与する態度を養うこと。

第52条　高等学校の学科及び教育課程に関する事項は、前2条…〈中略〉…の規定に

従い、文部科学大臣が定める。

第56条　高等学校の修業年限は、全日制の課程については、3年とし、定時制の課程及び通信制の課程については、3年以上とする。

第57条　高等学校に入学することのできる者は、中学校若しくはこれに準ずる学校を卒業した者若しくは中等教育学校の前期課程を修了した者又は文部科学大臣の定めるところにより、これと同等以上の学力があると認められた者とする。

　　　第7章　中等教育学校

第63条　中等教育学校は、小学校における教育の基礎の上に、心身の発達及び進路に応じて、義務教育として行われる普通教育並びに高度な普通教育及び専門教育を一貫して施すことを目的とする。

第64条　中等教育学校における教育は、前条に規定する目的を実現するため、次に掲げる目標を達成するよう行われるものとする。
一　豊かな人間性、創造性及び健やかな身体を養い、国家及び社会の形成者として必要な資質を養うこと。
二　社会において果たさなければならない使命の自覚に基づき、個性に応じて将来の進路を決定させ、一般的な教養を高め、専門的な知識、技術及び技能を習得させること。
三　個性の確立に努めるとともに、社会について、広く深い理解と健全な批判力を養い、社会の発展に寄与する態度を養うこと。

第65条　中等教育学校の修業年限は、6年とする。

第66条　中等教育学校の課程は、これを前期3年の前期課程及び後期3年の後期課程

に区分する。

第67条　中等教育学校の前期課程における教育は、第63条に規定する目的のうち、小学校における教育の基礎の上に、心身の発達に応じて、義務教育として行われる普通教育を施すことを実現するため、第21条各号に掲げる目標を達成するよう行われるものとする。

2　中等教育学校の後期課程における教育は、第63条に規定する目的のうち、心身の発達及び進路に応じて、高度な普通教育及び専門教育を施すことを実現するために、第64条各号に掲げる目標を達成するよう行われるものとする。

第68条　中等教育学校の前期課程の教育課程に関する事項並びに後期課程の学科及び教育課程に関する事項は、第63条、第64条及び前条…〈中略〉…の規定に従い、文部科学大臣が定める。

第71条　同一の設置者が設置する中学校及び高等学校においては、文部科学大臣の定めるところにより、中等教育学校に準じて、中学校における教育と高等学校における教育を一貫して施すことができる。

第8章　特別支援教育

第72条　特別支援学校は、視覚障害者、聴覚障害者、知的障害者、肢体不自由者又は病弱者（身体虚弱者を含む。以下同じ。）に対して、幼稚園、小学校、中学校又は高等学校に準ずる教育を施すとともに、障害による学習上又は生活上の困難を克服し自立を図るために必要な知識技能を授けることを目的とする。

第76条　特別支援学校には、小学部及び中学部を置かなければならない。ただし、特別の必要のある場合においては、そのいずれかのみを置くことができる。

2　特別支援学校には、小学部及び中学部のほか、幼稚部又は高等部を置くことができ、また、特別の必要のある場合においては、前項の規定にかかわらず、小学部及び中学部を置かないで幼稚部又は高等部のみを置くことができる。

第77条　特別支援学校の幼稚部の教育課程その他の保育内容、小学部及び中学部の教育課程又は高等部の学科及び教育課程に関する事項は、幼稚園、小学校、中学校又は高等学校に準じて、文部科学大臣が定める。

第80条　都道府県は、その区域内にある学齢児童及び学齢生徒のうち、視覚障害者、聴覚障害者、知的障害者、肢体不自由者又は病弱者で、その障害が第75条の政令で定める程度のものを就学させるに必要な特別支援学校を設置しなければならない。

5.　社会教育法（抄）

（昭和24年6月10日法律第207号）
最終改正：令和元年法律第26号

第1章　総則

第1条　この法律は、教育基本法の精神に則り、社会教育に関する国及び地方公共団体の任務を明らかにすることを目的とする。

第2条　この法律において「社会教育」とは、学校教育法又は就学前の子どもに関する教育、保育等の総合的な提供の推進に関する法律に基づき、学校の教育課程として行われる教育活動を除き、主として青少年及び成人に対して行われる組織的な教育活動（体育及びレクリエーションの活動を含む。）をいう。

第3条　国及び地方公共団体は、この法律及び他の法令の定めるところにより、社会教育の奨励に必要な施設の設置及び運営、集会の開催、資料の作製、頒布その他の方法により、すべての国民があらゆる機会、あらゆる場所を利用して、自ら実際生活に即する文化的教養を高め得るような環境を醸成するように努めなければならない。

2　国及び地方公共団体は、前項の任務を行うに当たつては、国民の学習に対する多様な需要を踏まえ、これに適切に対応するために必要な学習の機会の提供及びその奨励を行うことにより、生涯学習の振興に寄与することとなるよう努めるものとする。

3　国及び地方公共団体は、第1項の任務を行うに当たつては、社会教育が学校教育及び家庭教育との密接な関連性を有することにかんがみ、学校教育との連携の確保に努め、及び家庭教育の向上に資することとなるよう必要な配慮をするとともに、学校、家庭及び地域住民その他の関係者相互間の連携及び協力の促進に資することとなるよう努めるものとする。

第9条　図書館及び博物館は、社会教育のための機関とする。

2　図書館及び博物館に関し必要な事項は、別に法律をもつて定める。

第2章　社会教育主事及び社会教育主事補

第9条の2　都道府県及び市町村の教育委員会の事務局に、社会教育主事を置く。

第9条の3　社会教育主事は、社会教育を行う者に専門的技術的な助言と指導を与える。ただし、命令及び監督をしてはならない。

第9条の4　次の各号のいずれかに該当する者は、社会教育主事となる資格を有する。

一　大学に2年以上在学して62単位以上を修得し、又は高等専門学校を卒業し、かつ、次に掲げる期間を通算した期間が3年以上になる者で、次条の規定による社会教育主事の講習を修了したもの

イ　社会教育主事補の職にあつた期間

ロ　官公署、学校、社会教育施設又は社会教育関係団体における職で司書、学芸員その他の社会教育主事補の職と同等以上の職として文部科学大臣の指定するものにあつた期間

ハ　官公署又は社会教育関係団体が実施する社会教育に関係のある事業における業務であつて、社会教育主事として必要な知識又は技能の習得に資するものとして文部科学大臣が指定するものに従事した期間（イ又はロに掲げる期間に該当する期間を除く。）

二　教育職員の普通免許状を有し、かつ、5年以上文部科学大臣の指定する教育に関する職にあつた者で、次条の規定による社会教育主事の講習を修了したもの

三　大学に2年以上在学して、62単位以上を修得し、かつ、大学において文部科学省令で定める社会教育に関する科目の単位を修得した者で、第1号イからハまでに掲げる期間を通算した期間が1年以上になるもの

四　次条の規定による社会教育主事の講習を修了した者（第1号及び第2号に掲げる者を除く。）で、社会教育に関する専門的事項について前3号に掲げる者に相当する教養と経験があると都道府県の教育委員会が認定したもの

第9条の5　社会教育主事の講習は、文部科学大臣の委嘱を受けた大学その他の教育機関が行う。

2　受講資格その他社会教育主事の講習に関し必要な事項は、文部科学省令で定める。

第9条の6　社会教育主事及び社会教育主事補の研修は、任命権者が行うもののほか、文部科学大臣及び都道府県が行う。

第3章 社会教育関係団体

第10条 この法律で「社会教育関係団体」とは、法人であると否とを問わず、公の支配に属しない団体で社会教育に関する事業を行うことを主たる目的とするものをいう。

第5章 公民館

第20条 公民館は、市町村その他一定区域内の住民のために、実際生活に即する教育、学術及び文化に関する各種の事業を行い、もつて住民の教養の向上、健康の増進、情操の純化を図り、生活文化の振興、社会福祉の増進に寄与することを目的とする。

第21条 公民館は、市町村が設置する。

2 前項の場合を除くほか、公民館は、公民館の設置を目的とする一般社団法人又は一般財団法人でなければ設置することができない。

3 公民館の事業の運営上必要があるときは、公民館に分館を設けることができる。

第22条 公民館は、第20条の目的達成のために、おおむね、左の事業を行う。但し、この法律及び他の法令によつて禁じられたものは、この限りでない。

一 定期講座を開設すること。

二 討論会、講習会、講演会、実習会、展示会等を開催すること。

三 図書、記録、模型、資料等を備え、その利用を図ること。

四 体育、レクリエーション等に関する集会を開催すること。

五 各種の団体、機関等の連絡を図ること。

六 その施設を住民の集会その他の公共的利用に供すること。

第23条 公民館は、次の行為を行つてはならない。

一 もつぱら営利を目的として事業を行い、特定の営利事務に公民館の名称を利用させその他営利事業を援助すること。

二 特定の政党の利害に関する事業を行い、又は公私の選挙に関し、特定の候補者を支持すること。

2 市町村の設置する公民館は、特定の宗教を支持し、又は特定の教派、宗派若しくは教団を支援してはならない。

第42条 公民館に類似する施設は、何人もこれを設置することができる。

第6章 学校施設の利用

第44条 学校（国立学校又は公立学校をいう。以下この章において同じ。）の管理機関は、学校教育上支障がないと認める限り、その管理する学校の施設を社会教育のために利用に供するように努めなければならない。

第45条 社会教育のために学校の施設を利用しようとする者は、当該学校の管理機関の許可を受けなければならない。

第48条 文部科学大臣は国立学校に対し、地方公共団体の長は当該地方公共団体が設置する大学又は当該地方公共団体が設立する公立大学法人が設置する大学若しくは高等専門学校に対し、地方公共団体に設置されている教育委員会は当該地方公共団体が設置する大学以外の公立学校に対し、その教育組織及び学校の施設の状況に応じ、文化講座、専門講座、夏期講座、社会学級講座等学校施設の利用による社会教育のための講座の開設を求めることができる。

6.　教育公務員特例法（抄）

（昭和 24 年 1 月 12 日法律第 1 号）
最終改正：平成 19 年 6 月 27 日法律第 98 号

第 1 章　総則

第 1 条　この法律は、教育を通じて国民全体に奉仕する教育公務員の職務とその責任の特殊性に基づき、教育公務員の任免、給与、分限、懲戒、服務及び研修等について規定する。

第 2 章　任免、給与、分限及び懲戒
第 2 節　大学以外の公立学校の校長及び教員

第 11 条　公立学校の校長の採用並びに教員の採用及び昇任は、選考によるものとし、その選考は、大学附置の学校にあつては当該大学の学長が、大学附置の学校以外の公立学校にあつてはその校長及び教員の任命権者である教育委員会の教育長が、大学附置の学校以外の公立学校（幼保連携型認定こども園に限る。）にあつてはその校長及び教員の任命権者である地方公共団体の長が行う。

第 12 条　公立の小学校、中学校、義務教育学校、高等学校、中等教育学校、特別支援学校、幼稚園及び幼保連携型認定こども園（以下「小学校等」という。）の教諭、助教諭、保育教諭、助保育教諭及び講師（以下「教諭等」という。）に係る地方公務員法第 22 条第 1 項に規定する採用については、同項中「6 月」とあるのは「1 年」として同項の規定を適用する。

第 3 章　服務

第 17 条　教育公務員は、教育に関する他の職を兼ね、又は教育に関する他の事業若しくは事務に従事することが本務の遂行に支障がないと任命権者（地方教育行政の組織及び運営に関する法律第 37 条第 1 項に規定する県費負担教職員については、市町村（特別区を含む。）の教育委員会。第 23 条第 2 項及び第 24 条第 2 項において同じ。）において認める場合には、給与を受け、又は受けないで、その職を兼ね、又はその事業若しくは事務に従事することができる。

第 18 条　公立学校の教育公務員の政治的行為の制限については、当分の間、地方公務員法第 36 条の規定にかかわらず、国家公務員の例による。

第 4 章　研修

第 21 条　教育公務員は、その職責を遂行するために、絶えず研究と修養に努めなければならない。

2　教育公務員の任命権者は、教育公務員の研修について、それに要する施設、研修を奨励するための方途その他研修に関する計画を樹立し、その実施に努めなければならない。

第 22 条　教育公務員には、研修を受ける機会が与えられなければならない。

2　教員は、授業に支障のない限り、本属長の承認を受けて、勤務場所を離れて研修を行うことができる。

3　教育公務員は、任命権者の定めるところにより、現職のままで、長期にわたる研修を受けることができる。

第 23 条　公立の小学校等の教諭等の任命権者は、当該教諭等に対して、その採用の日から 1 年間の教諭又は保育教諭の職務の遂行に必要な事項に関する実践的な研修（以下「初任者研修」という。）を実施しなければならない。

2　任命権者は、初任者研修を受ける者（次項

において「初任者」という。）の所属する
学校の副校長、教頭、主幹教諭、指導教諭、
教諭、主幹保育教諭、指導保育教諭、保育
教諭又は講師のうちから、指導教員を命じ
るものとする。
3　指導教員は、初任者に対して教諭又は保
育教諭の職務の遂行に必要な事項につい
て指導及び助言を行うものとする。

第5章　大学院修学休業

第26条　公立の小学校等の主幹教諭、指導
教諭、教諭、養護教諭、栄養教諭、主幹
保育教諭、指導保育教諭、保育教諭又は
講師（以下「主幹教諭等」という。）で
次の各号のいずれにも該当するものは、
任命権者の許可を受けて、3年を超えない
範囲内で年を単位として定める期間、大
学（短期大学を除く。）の大学院の課程
若しくは専攻科の課程又はこれらの課程
に相当する外国の大学の課程に在学して
その課程を履修するための休業（以下「大
学院修学休業」という。）をすることが
できる。
一　主幹教諭、指導教諭、教諭、主幹保育教
諭、指導保育教諭、保育教諭又は講師にあ
つては教育職員免許法に規定する教諭の
専修免許状、養護をつかさどる主幹教諭又
は養護教諭にあつては同法に規定する養
護教諭の専修免許状、栄養の指導及び管理
をつかさどる主幹教諭又は栄養教諭にあ
つては同法に規定する栄養教諭の専修免
許状の取得を目的としていること。
二　取得しようとする専修免許状に係る基礎
となる免許状を有していること。
三　取得しようとする専修免許状に係る基礎
となる免許状について、教育職員免許法
別表第3、別表第5、別表第6、別表第6の
2又は別表第7に定める最低在職年数を満
たしていること。
2　大学院修学休業の許可を受けようとする
主幹教諭等は、取得しようとする専修免許
状の種類、在学しようとする大学院の課程

等及び大学院修学休業をしようとする期
間を明らかにして、任命権者に対し、その
許可を申請するものとする。

第27条　大学院修学休業をしている主幹教
諭等は、地方公務員としての身分を保有す
るが、職務に従事しない。
2　大学院修学休業をしている期間について
は、給与を支給しない。

7.　地方教育行政の組織及び運営に関する法律（抄）

（昭和31年6月30日法律第162号）
最終改正：平成26年6月20日法律第76号

第1章　総則

第1条（この法律の趣旨）この法律は、教育
委員会の設置、学校その他の教育機関の職
員の身分取扱その他地方公共団体における
教育行政の組織及び運営の基本を定め
ることを目的とする。

第1条の3（大綱の策定等）地方公共団体の
長は、教育基本法第17条第1項に規定す
る基本的な方針を参酌し、その地域の実情
に応じ、当該地方公共団体の教育、学術及
び文化の振興に関する総合的な施策の大
綱（以下単に「大綱」という。）を定める
ものとする。
2　地方公共団体の長は、大綱を定め、又は
これを変更しようとするときは、あらかじ
め、次条第1項の総合教育会議において協
議するものとする。
3　地方公共団体の長は、大綱を定め、又は
これを変更したときは、遅滞なく、これを
公表しなければならない。
4　第1項の規定は、地方公共団体の長に対
し、第21条に規定する事務を管理し、又
は執行する権限を与えるものと解釈して

はならない。

第１条の４（総合教育会議）地方公共団体の長は、大綱の策定に関する協議及び次に掲げる事項についての協議並びにこれらに関する次項各号に掲げる構成員の事務の調整を行うため、総合教育会議を設けるものとする。

一　教育を行うための諸条件の整備その他の地域の実情に応じた教育、学術及び文化の振興を図るため重点的に講ずべき施策

二　児童、生徒等の生命又は身体に現に被害が生じ、又はまさに被害が生ずるおそれがあると見込まれる場合等の緊急の場合に講ずべき措置

2　総合教育会議は、次に掲げる者をもつて構成する。

一　地方公共団体の長

二　教育委員会

3　総合教育会議は、地方公共団体の長が招集する。

4　教育委員会は、その権限に属する事務に関して協議する必要があると思料するときは、地方公共団体の長に対し、協議すべき具体的事項を示して、総合教育会議の招集を求めることができる。

5　総合教育会議は、第１項の協議を行うに当たつて必要があると認めるときは、関係者又は学識経験を有する者から、当該協議すべき事項に関して意見を聴くことができる。

6　総合教育会議は、公開する。ただし、個人の秘密を保つため必要があると認めるとき、又は会議の公正が害されるおそれがあると認めるときその他公益上必要があると認めるときは、この限りでない。

7　地方公共団体の長は、総合教育会議の終了後、遅滞なく、総合教育会議の定めるところにより、その議事録を作成し、これを公表するよう努めなければならない。〈以下略〉

第２章　教育委員会の設置及び組織
第１節　教育委員会の設置、教育長及び委員並びに会議

第２条（設置）都道府県、市（特別区を含む。以下同じ。）町村…＜中略＞…に教育委員会を置く。

第３条（組織）教育委員会は、教育長及び４人の委員をもつて組織する。ただし、条例で定めるところにより、都道府県若しくは市又は地方公共団体の組合のうち都道府県若しくは市が加入するものの教育委員会にあつては教育長及び５人以上の委員、町村又は地方公共団体の組合のうち町村のみが加入するものの教育委員会にあつては教育長及び２人以上の委員をもつて組織することができる。

第４条（任命）教育長は、当該地方公共団体の長の被選挙権を有する者で、人格が高潔で、教育行政に関し識見を有するもののうちから、地方公共団体の長が、議会の同意を得て、任命する。

2　委員は、当該地方公共団体の長の被選挙権を有する者で、人格が高潔で、教育、学術及び文化に関し識見を有するもののうちから、地方公共団体の長が、議会の同意を得て、任命する。

3　次の各号のいずれかに該当する者は、教育長又は委員となることができない。

一　破産手続き開始の決定を受けて復権を得ない者

二　禁錮以上の刑に処せられた者

4　教育長及び委員の任命については、そのうち委員の定数に１を加えた数の２分の１以上の者が同一の政党に所属することとなつてはならない。

5　地方公共団体の長は、第２項の規定による委員の任命に当たつては、委員の年齢、性別、職業等に著しい偏りが生じないように配慮するとともに、委員のうちに保護者

である者が含まれるようにしなければならない。

第5条（任期）教育長の任期は3年とし、委員の任期は4年とする。ただし、補欠の教育長又は委員の任期は、前任者の残任期間とする。

2　教育長及び委員は、再任されることができる。

第7条（罷免）地方公共団体の長は、教育長若しくは委員が心身の故障のため職務の遂行に堪えないと認める場合又は職務上の義務違反その他委員たるに適しない非行があると認める場合においては、当該地方公共団体の議会の同意を得て、これを罷免することができる。
＜以下略＞

第8条（解職請求）地方公共団体の長の選挙権を有する者は、政令で定めるところにより、その総数の3分の1以上の者の連署をもつて、その代表者から、当該地方公共団体の長に対し、教育長又は委員の解職を請求することができる。
＜以下略＞

第11条（服務）教育長は、職務上知ることができた秘密を漏らしてはならない。その職を退いた後も、また、同様とする。

2　教育長又は教育長であつた者が法令による証人、鑑定人等となり、職務上の秘密に属する事項を発表する場合においては、教育委員会の許可を受けなければならない。

3　＜省略＞

4　教育長は、常勤とする。

5　＜省略＞

6　教育長は、政党その他の政治的団体の役員となり、又は積極的に政治運動をしてはならない。
＜以下略＞

第12条　前条第1項から第3項まで、第6項及び第8項の規定は、委員の服務について準用する。

2　委員は、非常勤とする。

第14条（会議）
教育委員会の会議は、教育長が招集する。

2　＜省略＞

3　教育委員会は、教育長及び在任委員の過半数が出席しなければ、会議を開き、議決をすることができない。

4　教育委員会の会議の議事は、…出席者の過半数で決し、可否同数のときは、教育長の決するところによる。

5　＜省略＞

6　＜省略＞

7　教育委員会の会議は、公開する。ただし、人事に関する事件その他の事件について、教育長又は委員の発議により、出席者の3分の2以上の多数で議決したときは、これを公開しないことができる。
＜以下略＞

第15条（教育委員会規則の制定等）教育委員会は、法令又は条例に違反しない限りにおいて、その権限に属する事務に関し、教育委員会規則を制定することができる。
＜以下略＞

第2節　事務局

第17条（事務局）教育委員会の権限に属する事務を処理させるため、教育委員会に事務局を置く。
＜以下略＞

第18条（指導主事その他の職員）都道府県に置かれる教育委員会の事務局に、指導主事、事務職員及び技術職員を置くほか、所要の職員を置く。

2　市町村に置かれる教育委員会の事務局に、前項の規定に準じて指導主事その他の所要の職員を置く。

3　指導主事は、上司の命を受け、学校（学

校教育法第1条に規定する学校をいう。以下同じ。）における教育課程、学習指導その他学校教育に関する専門的事項の指導に関する事務に従事する。

4　指導主事は、教育に関し識見を有し、かつ、学校における教育課程、学習指導その他学校教育に関する専門的事項について教養と経験がある者でなければならない。指導主事は、大学以外の公立学校の教員をもって充てることができる。

＜以下略＞

第3章　教育委員会及び地方公共団体の長の職務権限

第21条（教育委員会の職務権限）　教育委員会は、当該地方公共団体が処理する教育に関する事務で、次に掲げるものを管理し、及び執行する。
一　教育委員会の所管に属する学校その他の教育機関の設置、管理及び廃止に関すること。
二　学校その他の教育機関の用に供する財産（以下「教育財産」という。）の管理に関すること。
三　教育委員会及び学校その他の教育機関の職員の任免その他の人事に関すること。
四　学齢生徒及び学齢児童の就学並びに生徒、児童及び幼児の入学、転学及び退学に関すること。
五　学校の組織編制、教育課程、学習指導、生徒指導及び職業指導に関すること。
六　教科書その他の教材の取扱いに関すること。
七　校舎その他の施設及び教具その他の設備の整備に関すること。
八　校長、教員その他の教育関係職員の研修に関すること。
　＜九～一一省略＞
十二　青少年教育、女性教育及び公民館の事業その他社会教育に関すること。
十三　スポーツに関すること。
十四　文化財の保護に関すること。

十五　ユネスコ活動に関すること。
＜以下略＞

第22条（長の職務権限）　地方公共団体の長は、大綱の策定に関する事務のほか、次の各号に掲げる教育に関する事務を管理し、及び執行する。
一　大学に関すること。
二　私立学校に関すること。
三　教育財産を取得し、及び処分すること。
四　教育委員会の所掌に係る事項に関する契約を結ぶこと。
五　前号に掲げるもののほか、教育委員会の所掌に係る事項に関する予算を執行すること。
＜以下略＞

第28条（教育財産の管理等）教育財産は、地方公共団体の長の総括の下に、教育委員会が管理するものとする。
2　地方公共団体の長は、教育委員会の申出をまって、教育財産の取得を行うものとする。
3　＜省略＞

第4章　教育機関
第2節　市町村立学校の教職員

第34条（教育機関の職員の任命）教育委員会の所管に属する学校その他の教育機関の校長、園長、教員、事務職員、技術職員その他の職員は、この法律に特別の定めがある場合を除き、教育委員会が任命する。

第37条（任命権者）市町村立学校職員給与負担法第1条及び第2条に規定する職員（以下「県費負担教職員」という。）の任命権は、都道府県委員会に属する。
2　＜省略＞

第38条（市町村委員会の内申）都道府県委員会は、市町村委員会の内申をまって、県費負担教職員の任免その他の進退を行う

ものとする。

2 ＜省略＞

3 市町村委員会は、次条の規定による校長の意見の申出があつた県費負担教職員について第一項又は前項の内申を行うときは、当該校長の意見を付するものとする。

第39条（校長の所属教職員の進退に関する意見の申出）市町村立学校職員給与負担法第1条及び第2条に規定する学校の校長は、所属の県費負担教職員の任免その他の進退に関する意見を市町村委員会に申し出ることができる。

第43条（服務の監督）市町村委員会は、県費負担教職員の服務を監督する。

＜以下略＞

第46条（勤務成績の評定）県費負担教職員の勤務成績の評定は、地方公務員法第40条第1項の規定にかかわらず、都道府県委員会の計画の下に、市町村委員会が行うものとする。

第47条の2（県費負担教職員の免職及び都道府県の職への採用）都道府県委員会は、…その任命に係る市町村の県費負担教職員並びに講師で次の各号のいずれにも該当するものを免職し、引き続いて当該都道府県の常時勤務を要する職（指導主事並びに校長、園長及び教員の職を除く。）に採用することができる。

一 児童又は生徒に対する指導が不適切であること。

二 研修等必要な措置が講じられたとしてもなお児童又は生徒に対する指導を適切に行うことができないと認められること。

2 事実の確認の方法その他前項の県費負担教職員が同項各号に該当するかどうかを判断するための手続に関し必要な事項は、都道府県の教育委員会規則で定めるものとする。

＜以下略＞

第4節　学校運営協議会

第47条の6　教育委員会は、教育委員会規則で定めるところにより、その所管に属する学校ごとに、当該学校の運営及び当該運営への必要な支援に関して協議する機関として、学校運営協議会を置くように努めなければならない。ただし、2以上の学校の運営に関し相互に密接な連携を図る必要がある場合として文部科学省令で定める場合には、2以上の学校について1の学校運営協議会を置くことができる。

2 学校運営協議会の委員は、次に掲げる者について、教育委員会が任命する。

一 対象学校（当該学校運営協議会が、その運営及び当該運営への必要な支援に関して協議する学校をいう。以下この条において同じ。）の所在する地域の住民

二 対象学校に在籍する生徒、児童又は幼児の保護者

三 社会教育法第9条の7第1項に規定する地域学校協働活動推進員その他の対象学校の運営に資する活動を行う者

四 その他当該教育委員会が必要と認める者

3 ＜省略＞

4 対象学校の校長は、当該対象学校の運営に関して、教育課程の編成その他教育委員会規則で定める事項について基本的な方針を作成し、当該対象学校の学校運営協議会の承認を得なければならない。

5 ＜省略＞

6 学校運営協議会は、対象学校の運営に関する事項（次項に規定する事項を除く。）について、教育委員会又は校長に対して、意見を述べることができる。

7 学校運営協議会は、対象学校の職員の採用その他の任用に関して教育委員会規則で定める事項について、当該職員の任命権者に対して意見を述べることができる。この場合において、当該職員が県費負担教職員であるときは、市町村委員会を経由するものとする。

8　対象学校の職員の任命権者は、当該職員の任用に当たつては、前項の規定により述べられた意見を尊重するものとする。

＜以下略＞

第5章　文部科学大臣及び教育委員会相互間の関係等

第48条（文部科学大臣又は都道府県委員会の指導、助言及び援助）…文部科学大臣は都道府県又は市町村に対し、都道府県委員会は市町村に対し、都道府県又は市町村の教育に関する事務の適正な処理を図るため、必要な指導、助言又は援助を行うことができる。

＜以下略＞

第49条（是正の要求の方式）文部科学大臣は、都道府県委員会又は市町村委員会の教育に関する事務の管理及び執行が法令の規定に違反するものがある場合又は当該事務の管理及び執行を怠るものがある場合において、児童、生徒等の教育を受ける機会が妨げられていることその他の教育を受ける権利が侵害されていることが明らかであるとして地方自治法第245条の5第1項若しくは第4項の規定による求め又は同条第2項の指示を行うときは、当該教育委員会が講ずべき措置の内容を示して行うものとする。

第50条（文部科学大臣の指示）文部科学大臣は、都道府県委員会又は市町村委員会の教育に関する事務の管理及び執行が法令の規定に違反するものがある場合又は当該事務の管理及び執行を怠るものがある場合において、児童、生徒等の生命又は身体に現に被害が生じ、又はまさに被害が生ずるおそれがあると見込まれ、その被害の拡大又は発生を防止するため、緊急の必要があるときは、当該教育委員会に対し、当該違反を是正し、又は当該怠る事務の管理及び執行を改めるべきことを指示するこ

とができる。ただし、他の措置によつては、その是正を図ることが困難である場合に限る。

第51条（文部科学大臣及び教育委員会相互間の関係）文部科学大臣は都道府県委員会又は市町村委員会相互の間の、都道府県委員会は市町村委員会相互の間の連絡調整を図り、並びに教育委員会は、相互の間の連絡を密にし、及び文部科学大臣又は他の教育委員会と協力し、教職員の適正な配置と円滑な交流及び教職員の勤務能率の増進を図り、もつてそれぞれその所掌する教育に関する事務の適正な執行と管理に努めなければならない。

第53条（調査）文部科学大臣又は都道府県委員会は、第48条第1項及び第51条の規定による権限を行うため必要があるときは、地方公共団体の長又は教育委員会が管理し、及び執行する教育に関する事務について、必要な調査を行うことができる。

2　文部科学大臣は、前項の調査に関し、都道府県委員会に対し、市町村長又は市町村委員会が管理し、及び執行する教育に関する事務について、その特に指定する事項の調査を行うよう指示をすることができる。

8.　教育職員免許法（抄）

（昭和24年5月31日法律第147号）
最終改正：平成20年6月18日法律第73号

第1章　総則

第3条　教育職員は、この法律により授与する各相当の免許状を有する者でなければならない。

2　前項の規定にかかわらず、主幹教諭（養護又は栄養の指導及び管理をつかさどる主幹教諭を除く。）及び指導教諭については各相当学校の教諭の免許状を有する者を、養護をつかさどる主幹教諭については養護

276

教諭の免許状を有する者を、栄養の指導及び管理をつかさどる主幹教諭については栄養教諭の免許状を有する者を、講師については各相当学校の教員の相当免許状を有する者を、それぞれ充てるものとする。

3　特別支援学校の教員（養護又は栄養の指導及び管理をつかさどる主幹教諭、養護教諭、養護助教諭、栄養教諭並びに特別支援学校において自立教科等の教授を担任する教員を除く。）については、第1項の規定にかかわらず、特別支援学校の教員の免許状のほか、特別支援学校の各部に相当する学校の教員の免許状を有する者でなければならない。

4　中等教育学校の教員（養護又は栄養の指導及び管理をつかさどる主幹教諭、養護教諭、養護助教諭並びに栄養教諭を除く。）については、第1項の規定にかかわらず、中学校の教員の免許状及び高等学校の教員の免許状を有する者でなければならない。

第2章　免許状

第4条　免許状は、普通免許状、特別免許状及び臨時免許状とする。

2　普通免許状は、学校（中等教育学校を除く。）の種類ごとの教諭の免許状、養護教諭の免許状及び栄養教諭の免許状とし、それぞれ専修免許状、一種免許状及び二種免許状（高等学校教諭の免許状にあつては、専修免許状及び一種免許状）に区分する。

3　特別免許状は、学校（幼稚園及び中等教育学校を除く。）の種類ごとの教諭の免許状とする。

4　臨時免許状は、学校（中等教育学校を除く。）の種類ごとの助教諭の免許状及び養護助教諭の免許状とする。

5　中学校及び高等学校の教員の普通免許状及び臨時免許状は、次に掲げる各教科について授与するものとする。

一　中学校の教員にあつては、国語、社会、数学、理科、音楽、美術、保健体育、保健、技術、家庭、職業（職業指導及び職業実習（農業、工業、商業、水産及び商船のうちいずれか1以上の実習とする。以下同じ。）を含む。）、職業指導、職業実習、外国語（英語、ドイツ語、フランス語その他の外国語に分ける。）及び宗教

二　高等学校の教員にあつては、国語、地理歴史、公民、数学、理科、音楽、美術、工芸、書道、保健体育、保健、看護、看護実習、家庭、家庭実習、情報、情報実習、農業、農業実習、工業、工業実習、商業、商業実習、水産、水産実習、福祉、福祉実習、商船、商船実習、職業指導、外国語（英語、ドイツ語、フランス語その他の外国語に分ける。）及び宗教

6　小学校教諭、中学校教諭及び高等学校教諭の特別免許状は、次に掲げる教科又は事項について授与するものとする。

一　小学校教諭にあつては、国語、社会、算数、理科、生活、音楽、図画工作、家庭及び体育

二　中学校教諭にあつては、前項第1号に掲げる各教科及び第16条の3第1項の文部科学省令で定める教科

三　高等学校教諭にあつては、前項第2号に掲げる各教科及びこれらの教科の領域の一部に係る事項で第16条の4第1項の文部科学省令で定めるもの並びに第16条の3第1項の文部科学省令で定める教科

第5条　普通免許状は、別表第1、別表第2若しくは別表第2の2に定める基礎資格を有し、かつ、大学若しくは文部科学大臣の指定する養護教諭養成機関において別表第1、別表第2若しくは別表第2の2に定める単位を修得した者又はその免許状を授与するために行う教育職員検定に合格した者に授与する。ただし、次の各号のいずれかに該当する者には、授与しない。

一　18歳未満の者

二　高等学校を卒業しない者（通常の課程以外の課程におけるこれに相当するものを修了しない者を含む。）。ただし、文

部科学大臣において高等学校を卒業した者と同等以上の資格を有すると認めた者を除く。

　三　成年被後見人又は被保佐人

　四　禁錮以上の刑に処せられた者

　五　第10条第1項第2号又は第3号に該当することにより免許状がその効力を失い、当該失効の日から3年を経過しない者

　六　第11条第1項から第3項までの規定により免許状取上げの処分を受け、当該処分の日から3年を経過しない者

　七　日本国憲法施行の日以後において、日本国憲法又はその下に成立した政府を暴力で破壊することを主張する政党その他の団体を結成し、又はこれに加入した者

2　前項本文の規定にかかわらず、別表第1から別表第2の2までに規定する普通免許状に係る所要資格を得た日の翌日から起算して10年を経過する日の属する年度の末日を経過した者に対する普通免許状の授与は、その者が免許状更新講習の課程を修了した後文部科学省令で定める2年以上の期間内にある場合に限り、行うものとする。

3　特別免許状は、教育職員検定に合格した者に授与する。ただし、第1項各号のいずれかに該当する者には、授与しない。

4　前項の教育職員検定は、次の各号のいずれにも該当する者について、教育職員に任命し、又は雇用しようとする者が、学校教育の効果的な実施に特に必要があると認める場合において行う推薦に基づいて行うものとする。

　一　担当する教科に関する専門的な知識経験又は技能を有する者

　二　社会的信望があり、かつ、教員の職務を行うのに必要な熱意と識見を持っている者

5　第7項で定める授与権者は、第3項の教育職員検定において合格の決定をしようとするときは、あらかじめ、学校教育に関し学識経験を有する者その他の文部科学省令で定める者の意見を聴かなければならない。

6　臨時免許状は、普通免許状を有する者を採用することができない場合に限り、第1項各号のいずれにも該当しない者で教育職員検定に合格したものに授与する。ただし、高等学校助教諭の臨時免許状は、次の各号のいずれかに該当する者以外の者には授与しない。

　一　短期大学士の学位又は準学士の称号を有する者

　二　文部科学大臣が前号に掲げる者と同等以上の資格を有すると認めた者

7　免許状は、都道府県の教育委員会（以下「授与権者」という。）が授与する。

第9条　普通免許状は、その授与の日の翌日から起算して10年を経過する日の属する年度の末日まで、すべての都道府県において効力を有する。

2　特別免許状は、その授与の日の翌日から起算して10年を経過する日の属する年度の末日まで、その免許状を授与した授与権者の置かれる都道府県においてのみ効力を有する。

3　臨時免許状は、その免許状を授与したときから3年間、その免許状を授与した授与権者の置かれる都道府県においてのみ効力を有する。

＜以下略＞

第9条の2　免許管理者は、普通免許状又は特別免許状の有効期間を、その満了の際、その免許状を有する者の申請により更新することができる。

2、3　＜省略＞

4　第1項の規定により更新された普通免許状又は特別免許状の有効期間は、更新前の有効期間の満了の日の翌日から起算して10年を経過する日の属する年度の末日までとする。

＜以下略＞

第9条の3　免許状更新講習は、大学その他

文部科学省令で定める者が、次に掲げる基準に適合することについての文部科学大臣の認定を受けて行う。

（基準は省略）

2　前項に規定する免許状更新講習の時間は、30時間以上とする。

3　免許状更新講習は、次に掲げる者に限り、受けることができる。

一　教育職員及び文部科学省令で定める教育の職にある者

二　教育職員に任命され、又は雇用されることとなつている者及びこれに準ずるものとして文部科学省令で定める者

＜以下略＞

9.　生涯学習の振興のための施策の推進体制等の整備に関する法律（抄）

（平成2年6月29日法律第71号）

最終改正：平成14年3月31日法律第15号

第1条　この法律は、国民が生涯にわたって学習する機会があまねく求められている状況にかんがみ、生涯学習の振興に資するための都道府県の事業に関しその推進体制の整備その他の必要な事項を定め、及び特定の地区において生涯学習に係る機会の総合的な提供を促進するための措置について定めるとともに、都道府県生涯学習審議会の事務について定める等の措置を講ずることにより、生涯学習の振興のための施策の推進体制及び地域における生涯学習に係る機会の整備を図り、もって生涯学習の振興に寄与することを目的とする。

第2条　国及び地方公共団体は、この法律に規定する生涯学習の振興のための施策を実施するに当たっては、学習に関する国民の自発的意思を尊重するよう配慮するとともに、職業能力の開発及び向上、社会福祉等に関し生涯学習に資するための別に講じられる施策と相まって、効果的にこれを行うよう努めるものとする。

第3条　都道府県の教育委員会は、生涯学習の振興に資するため、おおむね次の各号に掲げる事業について、これらを相互に連携させつつ推進するために必要な体制の整備を図りつつ、これらを一体的かつ効果的に実施するよう努めるものとする。

一　学校教育及び社会教育に係る学習（体育に係るものを含む。以下この項において「学習」という。）並びに文化活動の機会に関する情報を収集し、整理し、及び提供すること。

二　住民の学習に対する需要及び学習の成果の評価に関し、調査研究を行うこと。

三　地域の実情に即した学習の方法の開発を行うこと。

四　住民の学習に関する指導者及び助言者に対する研修を行うこと。

五　地域における学校教育、社会教育及び文化に関する機関及び団体に対し、これらの機関及び団体相互の連携に関し、照会及び相談に応じ、並びに助言その他の援助を行うこと。

六　前各号に掲げるもののほか、社会教育のための講座の開設その他の住民の学習の機会の提供に関し必要な事業を行うこと。

2　都道府県の教育委員会は、前項に規定する事業を行うに当たっては、社会教育関係団体その他の地域において生涯学習に資する事業を行う機関及び団体との連携に努めるものとする。

第4条　文部科学大臣は、生涯学習の振興に資するため、都道府県の教育委員会が行う前条第1項に規定する体制の整備に関し望ましい基準を定めるものとする。

2　文部科学大臣は、前項の基準を定めようとするときは、あらかじめ、審議会等で政令で定めるものの意見を聴かなければならない。これを変更しようとするときも、同様とする。

10.　学制布告書（学事奨励に関する被仰出書）

人々自ら其身を立て其産を治め其業を昌にして以て其生を遂るゆゑんのものは他なし身を修め智を開き才芸を長するによるなり而て其身を修め智を開き才芸を長するは学にあらされは能はす是れ学校の設あるゆゑんにして日用常行言語書算を初め士官農商百工技芸及ひ法律政治天文医療等に至る迄凡人の営むところの事学あらさるはなし人能く其才あるところに応し勉励して之に従事ししかして後初て生を治め産を興し業を昌にするを得へしされは学問は身を立るの財本ともいふへきものにして人たるもの誰か学はすして可ならんや夫の道路に迷ひ飢餓に陥り家を破り身を喪の徒の如きは畢竟不学よりしてかゝる過ちを生するなり従来学校の設ありてより年を歴ること久しといへとも或は其道を得さるよりして人其方向を誤り学問は士人以上の事として農工商及ひ婦女子に至つては之を度外におき学問の何物たるを弁せす又士人以上の稀に学ふものも動もすれは国家の為にすと唱へ身を立るの基たるを知すして或は詞章記誦の末に趨り空理虚談の途に陥り其論高尚に似たりといへとも之を身に行ひ事に施すこと能さるもの少からす是すなはち沿襲の習弊にして文明普ねからす才芸の長せすして貧乏破産喪家の徒多きゆゑんなり是故に人たるものは学はすんはあるへからす之を学ふには宜しく其旨を誤るへからす之に依て今般文部省に於て学制を定め追々教則をも改正し布告に及ふへきにつき自今以後一般の人民華士族農工商及婦女子必す邑に不学の戸なく家に不学の人なからしめん事を期す人の父兄たるもの宜しく此意を体認し其愛育の情を厚くし其子弟をして必す学に従事せしめさるへからさるものなり高上の学に至ては其人の材能に任かすといへとも幼童の越度たる子弟は男女の別なく小学に従事せしめさるものは其父兄へき事但従来沿襲の弊学問は士人以上の事とし国家の為にすと唱ふるを以て学費及其衣食の用に至る迄多く官に依頼し之を給するに非されは学さる事と思ひ一生を自棄するもの少からす是皆惑へるの甚しきものなり自今以後此等の弊を改め一般の人民他事を抛ち自ら奮て必す学に従事せしむへき様心得へき事

右之通被仰出候条地方官ニ於テ辺隅小民ニ至ル迄不洩様便宜解訳ヲ加ヘ精細申諭文部省規則ニ随ヒ学問普及致候様方法ヲ設可施行事

明治五年壬申七月

11. 教育ニ関スル勅語

朕惟フニ我カ皇祖皇宗国ヲ肇ムルコト宏遠ニ徳ヲ樹ツルコト深厚ナリ我カ臣民克ク忠ニ克ク孝ニ億兆心ヲ一ニシテ世々厥ノ美ヲ済セルハ此レ我カ国体ノ精華ニシテ教育ノ淵源亦実ニ此ニ存ス爾臣民父母ニ孝ニ兄弟ニ友ニ夫婦相和シ朋友相信シ恭倹己レヲ持シ博愛衆ニ及ホシ学ヲ修メ業ヲ習ヒ以テ智能ヲ啓発シ徳器ヲ成就シ進テ公益ヲ広メ世務ヲ開キ常ニ国憲ヲ重シ国法ニ遵ヒ一旦緩急アレハ義勇公ニ奉シ以テ天壌無窮ノ皇運ヲ扶翼スヘシ是ノ如キハ独リ朕カ忠良ノ臣民タルノミナラス又以テ爾祖先ノ遺風ヲ顕彰スルニ足ラン

斯ノ道ハ実ニ我カ皇祖皇宗ノ遺訓ニシテ子孫臣民ノ倶ニ遵守スヘキ所之ヲ古今ニ通シテ謬ラス之ヲ中外ニ施シテ悖ラス朕爾臣民ト倶ニ拳々服膺シテ咸其徳ヲ一ニセンコトヲ庶幾フ

明治二十三年十月三十日

御名御璽

■ 編著者紹介

曽我　雅比児　（そが　まさひこ）
　　　1951年　大阪市に生まれる
　　　1975年　大阪大学文学部教育学科卒業
　　　1980年　同大学院文学研究科教育学専攻博士課程修了
　　　　　　　文学修士
　　現　在　岡山理科大学名誉教授
　　専　攻　教育行政学、科学教育制度史

　　・主要著書・論文
『現代社会の教育構造』（共著）学術図書出版、1981年
『学校と学級の経営』（共著）第一法規出版、1984年
『教師教育の連続性に関する研究』（共著）多賀出版、1989年
『21世紀の教育』（共著）法律文化社、1991年
『現代公教育の構造と課題』（共著）学文社、1994年
『科学教育学講義』（単著）大学教育出版、1994年
『共生社会における教育を問う』（編著）大学教育出版、2005年
『公教育と教育行政』（単著）大学教育出版、2007年

皿田　琢司　（さらだ　たくじ）
　　　1964年　広島市に生まれる
　　　1987年　広島大学教育学部教育学科卒業
　　　1992年　同大学院教育学研究科教育学専攻博士課程修了
　　　　　　　教育学修士
　　現　在　岡山理科大学准教授（教職課程）
　　専　攻　近代日本教育史、内外教育交渉史

　　・主要著書・訳書・論文
『新教育事典』（執筆協力）勉誠出版、2002年
「ヘンリー・ダイアーの日本教育観―『大日本』第5章の典拠資料にみる実証性の検討」（単著）『岡山理科大学紀要』第38号B（人文・社会科学）2003年3月
Henry Dyer-Pioneer of Engineering Education in Japan（共訳［英訳］）、Global Oriental 2004
「日本の中等教育課程と教育法に関する基礎的研究（第1報～第4報）」（共著）『常磐大学人間科学部紀要』23（1）、24（2）、25（1）、28（1）、2005～2010年
『生涯学習社会の構築』（共著）福村出版、2007年

改訂版　現代教育の理論と実践

2015年4月30日　初　版第1刷発行
2020年4月1日　改訂版第1刷発行
2024年4月1日　改訂版第2刷発行

■編著者───曽我　雅比児・皿田　琢司
■発行者───佐藤　守
■発行所───株式会社　大学教育出版
　　　　　　〒700-0953　岡山市南区西市855-4
　　　　　　電話（086）244-1268代　FAX（086）246-0294
■印刷製本───モリモト印刷（株）

© Masahiko Soga and Takuji Sarada 2015, Printed in Japan

ISBN978-4-86692-071-9